el Fuego Femenino

Título original: THE VITAL SPARK
Traducido del inglés por Alicia Sánchez Millet
Diseño de portada: Editorial Sirio, S.A.
Maquetación: Toñi F. Castellón

www.editorialsirio.com
sirio@editorialsirio.com

I.S.B.N.: 978-84-10335-43-1
Depósito Legal: MA-619-2025

Impreso en Imagraf Impresores, S. A.
c/ Nabucco, 14 D - Pol. Alameda
29006 - Málaga

Impreso en España

Puedes seguirnos en Facebook, X, YouTube e Instagram.

LISA MARCHIANO

el Fuego Femenino

Reivindica tus energías silenciadas y recupera tu chispa vital

EDITORIAL SIRIO

En memoria de mi madre.

DESCARGO DE RESPONSABILIDADES

Todo el material clínico que contiene este libro cuenta con el permiso de los interesados o es una combinación de varios casos. Todos los detalles identificativos han sido modificados.

ÍNDICE

INTRODUCCIÓN

EL EXILIO

Antes de Adán y Eva, fue Lilith. Según un texto medieval judío, Dios decidió que no era bueno para Adán estar solo, y creó a la mujer de la misma arcilla y la llamó Lilith. Pero la pareja pronto empezó a discutir. Lilith se negaba a estar por debajo de Adán, mientras que este insistía en que su sitio era estar por encima de ella. «Los dos somos iguales –argüía Lilith– puesto que los dos procedemos de la tierra».[1] Pero Adán no la escuchó y Lilith se marchó. Dios envió a tres ángeles a buscarla, pero ella se negó a regresar. Después de esto, Dios creó una segunda esposa para Adán, esta vez de su costilla, para que quedara claro que ella estaba en segundo lugar.

A diferencia de Eva, Lilith no es parte de nadie, está completa y es única. No le interesa estar subordinada a nadie. Según la analista junguiana Marie-Louise von Franz, es una imagen de un «impulso vital desenfrenado que se niega a ser absorbido».[2] Para ella, la autonomía y la soberanía son más importantes que la relación. Puesto que la sociedad humana depende de la predisposición de las mujeres a desatender sus propias necesidades para atender a otros, no es de extrañar que percibamos la feroz independencia y asertividad de Lilith como peligrosa y demoníaca. Se dice que Lilith espera con voracidad junto a la cama de las mujeres que están de parto, para arrebatarles el bebé en cuanto nazca. Probablemente, aporte una explicación para la aterradora realidad de la muerte fetal y de la mortalidad neonatal precoz en el mundo precientífico. En un plano más profundo, podemos entenderla como el aspecto oscuro del amor y la preocupación de madre. Es la imagen de todo lo que no debería ser una mujer.

El exilio mítico de Lilith nos cuenta una verdad universal. Hay cualidades, como la amabilidad, la empatía y la simpatía, que pueden ayudarnos a conectar entre nosotras y a mantener esa conexión, y hay cualidades explosivas, como la ira, la astucia y la contundencia, que pueden ayudarnos a conectar y permanecer conectadas con nosotras mismas. En términos generales, el primer conjunto de atributos fomenta las relaciones, mientras que el segundo favorece el empoderamiento personal y la asertividad. Las dos formas de ser son importantes para la salud y el crecimiento psicológico. En general, a las mujeres de nuestra cultura se les permite tener y desarrollar las primeras cualidades, mientras que se las disuade de expresar las segundas o invertir en ellas. La naturaleza fogosa femenina puede llegar a disolverse debido a que, como a Lilith, su pareja masculina pretende subyugarla. Pero esta no es la única situación en que las mujeres pueden acceder a su «impulso vital desenfrenado». En el trabajo o en la amistad, o en los matrimonios y asociaciones con hombres o mujeres, tenemos la tendencia de concentrarnos en la otra persona, a veces a costa de nosotras mismas.

La mayoría, por tanto, nos desconectamos de nuestra naturaleza esencial en la primera etapa de nuestra vida. De niñas, tal vez cantáramos en voz alta, contáramos chistes, nos riéramos a carcajadas, pero pronto recibimos el mensaje de que teníamos que ser más recatadas y discretas. Quizás decías todo lo que pensabas sin problemas cuando cenabais en familia, pero luego empezaste a guardar tu agudeza mental y tus astutas reflexiones para ti, porque te insistieron en que tenías que ser agradable. Nuestra naturaleza fogosa e independiente se exilia bajo tierra y queda enterrada bajo dos metros de amabilidad. Nuestra capacidad para ser egoístas y desagradables se va al destierro en el oscuro bosque de nuestra alma, donde apenas puede ser recordada. Pero estos rasgos no desaparecen, incluso cuando los desterramos. Se manifiestan como emociones oscuras: irritabilidad, resentimiento o amargura. Se presentan en actos caóticos o pasivo-agresivos que nos sabotean o son ineficaces: estallamos en el trabajo, se nos manifiesta una misteriosa compulsión por robar en las tiendas... Se convierten en síntomas como la ansiedad, los ataques de pánico o la depresión.

EL FUEGO INTERIOR

El psicólogo suizo Carl Jung llamó a este impulso vital que representa Lilith «fuego interior».[3] Creía que en todos los seres vivos hay una chispa vital de este fuego interior. Pero a medida que cumplimos las exigencias para adaptarnos a la vida, irremediablemente perdemos la conexión con parte de nuestra chispa. Nos distanciamos de cualidades potencialmente valiosas a fin de desarrollar las características que valoran nuestros maestros, nuestros cuidadores o la sociedad. Aprendemos a ocultar nuestro entusiasmo y nos avergonzamos de nuestra audacia. Se nos ha enseñado a no ser críticas, a no mostrarnos egoístas o a no enfadarnos. El proceso de sacrificar nuestra integridad original potencial para adaptarnos a las exigencias del mundo es universal. Todas hemos de traicionar nuestra naturaleza esencial en mayor o menor grado para relacionarnos con los demás y alcanzar metas externas. Sin embargo, este proceso suele afectar de forma distinta a los hombres y a las mujeres.

En nuestra infancia se nos alaba por ser buenas, portarnos bien, estar calladas y ser agradables. Se nos aplaude por seguir las normas, así que aprendemos a no ser peleonas, ruidosas, audaces y agresivas. De adultas, las mujeres podemos encontrarnos con que sintonizamos con las necesidades y deseos de otras personas con las que tenemos alguna relación, y a menudo, de una manera que nos dificulta conocer nuestras propias necesidades y deseos. Intentamos ser atractivas. Nos amoldamos a las preferencias de nuestra pareja y renunciamos a nuestros deseos por el bien de las necesidades de nuestros hijos e hijas. Aprendemos a ser agradables en los actos sociales y en el trabajo. Somos conciliadoras, criadoras y facilitadoras. Hacemos el café, desempeñamos el trabajo no cualificado que los demás no quieren hacer o dejamos a un lado nuestras aspiraciones creativas para ayudar en el proyecto de otro. Influenciadas por el concepto de naturaleza o crianza, nos enfocamos en las necesidades y deseos de los demás.

Las investigaciones ratifican el hecho de que, en general, los hombres se interesan más por las cosas y las mujeres nos interesamos más por las personas. Aunque la socialización y la cultura influyen en esto, se ha demostrado que al menos parte de esta tendencia es innata. Por ejemplo, existen diferencias de género similares en las conductas de los chimpancés macho y hembra. Los neonatos varones humanos suelen pasar más tiempo mirando un móvil colgante que un rostro, mientras que una recién nacida humana se interesará más por los rostros.[4] Las mujeres venimos al mundo predispuestas a sintonizar con los demás. En 1982, la psicóloga Carol Gilligan publicó su libro vanguardista *In a Different Voice* [Con otra voz]. Su trabajo clasificaba las diferencias de acuerdo con la forma en que hombres y mujeres gestionan sus mundos morales e indicaba que ellas se suelen sentir más atraídas por cuidar, ser responsables y relacionarse.[5]

Las investigaciones sobre la personalidad constatan sistemáticamente que las mujeres tienen índices más altos de amabilidad y sensibilidad, mientras que los hombres los tienen en asertividad. Qué proporción se debe a factores innatos o a condicionamientos culturales es una cuestión fascinante y compleja que está fuera del alcance de este libro. No obstante, lo que sí nos ocupa es la existencia de esta discrepancia. Porque debido a ella, difiere la tarea del desarrollo psicológico entre hombres y mujeres.

Las mujeres son las guardianas del valor de los sentimientos de su entorno. Es un deber sagrado de lo femenino y no debe ser infravalorado o rechazado. Los sacrificios que hace una mujer por el bien de sus relaciones pueden reportar grandes beneficios y servir para sostener y educar a otros, a organizaciones y a la sociedad. Cuidar a los demás suele ser intrínseca y profundamente significativo y una de las cosas más gratificante que hagamos. La facultad de las mujeres de sintonizar amorosamente con otra persona y velar por sus necesidades es fundamental para la continuidad de la especie. Si no estamos lo bastante conectadas con la independencia y el fuego, nuestra tendencia a centrarnos en los demás puede hacer que perdamos la conexión con nosotras mismas y con el ser humano que deberíamos llegar a ser. Podemos alejarnos de nuestra alma, lo cual nos dejará un sentimiento de vacío y de falsedad. Por consiguiente, hemos de regresar a nosotras mismas reconectando con nuestra naturaleza Lilith, nuestro propio «impulso vital desenfrenado que se niega a ser sometido».

LA VIDA NO VIVIDA

Para las mujeres, encontrar a Lilith significa reconectar con las cualidades repudiadas que ella encarna. Supondrá permitirnos ser autónomas, ingeniosas y asertivas, además de ser cuidadoras y de velar por las relaciones. Muchas tendremos que pasar nuestros primeros años alimentando nuestra capacidad de empatía, sintonía y crianza. Este enfoque en el desarrollo probablemente nos ayudará a encontrar y conservar a una buena pareja, a llevarnos bien con los compañeros y compañeras de trabajo y, tal vez, a cuidar de nuestros hijos e hijas.

Pero, por otra parte, tal vez hayamos olvidado lo que significa ser violentas y exigentes. Estas cualidades exiliadas han estado esperando en los sombríos rincones de nuestra alma, donde han creado una especie de vida no vivida.

Nuestra vida no vivida puede que sea muy distinta de la que estamos viviendo, y quizás tengamos que reconocerla viéndola primero en otras personas. Tal vez cuando vemos a alguien osado, astuto o apasionado, nos molesta, nos repele o incluso nos creemos superiores. No podemos imaginar que nosotras también podríamos actuar de ese modo y juzgamos a los demás –especialmente a las mujeres– por ser así. Si este es el caso, tal vez deberíamos sentir curiosidad por nuestra reacción. Los sentimientos intensos que tenemos como respuesta a otros suelen indicar que estos están manifestando un rasgo que hemos de adquirir y desarrollar en nosotras mismas. Presta especial atención a los sentimientos que tienen que ver con juzgar, como la ira, la indignación o creerse moralmente superior. Cuando aparecen estos sentimientos, suelen indicar que estamos intentando por todos los medios mantener a raya algún aspecto de nosotras mismas que hemos relegado. Si te molesta la cabezonería de una mujer, pregúntate si has de reivindicar tu capacidad de ser inflexible. Si parece egoísta en sus intentos de cumplir sus deseos, reflexiona sobre lo que ha pasado con los tuyos.

No podemos estar desconectadas de nuestra chispa vital sin pagar un alto precio. Tarde o temprano, la vida no vivida reivindica su lugar. Produce síntomas como la depresión, la ansiedad o las enfermedades físicas. Nos visita en sueños cargados de imágenes inquietantes. Puede incluso orquestar accidentes o grandes fracasos para llamar nuestra atención. Si seguimos sin hacerle caso, es muy probable que nos convirtamos en personas amargadas, resentidas y rígidas. Cuando la vida no vivida exige reconocimiento, puede que sintamos miedo porque nuestras suposiciones anteriores sobre nuestra vida e identidad corren peligro. Se nos está pidiendo que admitamos que quizás no seamos la persona que pensábamos que éramos. Es probable que nos sintamos más seguras siendo insignificantes y aferrándonos a nuestra certeza anterior. Estar conectadas con el fuego central puede ser vivificante, pero también aterrador. «Todos estamos lidiando con qué proporción de nuestra pulsión vital podemos soportar y a cuánta de ella nos hemos de insensibilizar», según el psicoanalista Adam Phillips.[6] Estar desconectadas de nuestra vitalidad es una forma de vivir anestesiadas.

Si somos capaces de aceptar el reto que nos plantea la vida no vivida, cambiamos el rumbo de nuestro barco e iniciamos el viaje de regreso a casa: nuestro retorno. Esta parte del trayecto tal vez nos exija renunciar a los valores que siempre habíamos cultivado y cambiarlos por otros opuestos. Para cumplir la promesa de retornar a nuestra integridad original, hemos de aceptar y desarrollar los rasgos y actitudes que nos resultan ajenos y desconocidos. Puede que hasta nos asusten y nos parezcan extraños. Nos han estado esperando en silencio en la salvaje y yerma tierra de nuestra alma. Encontrarlos nos confrontará con las posibilidades no vividas y nos invitará a reclamarlas. Conectar con nuestras partes relegadas o subdesarrolladas puede reavivarnos y rejuvenecernos. Puede permitirnos ser más la persona que estábamos destinadas a ser. Y puede ayudarnos a acercarnos al potencial para lograr la integridad con la que todas hemos nacido.

EL PODER DE LOS RELATOS

Nuestras herramientas para este viaje de regreso a nosotras mismas son los relatos antiguos y los cuentos de hadas. Las historias siempre han sido medicinales. Son la forma más antigua en que la humanidad ha transmitido la sabiduría. Sus reflexiones son profundas y eternas y están relacionadas con la cruda realidad de nuestra propia naturaleza. Durante miles de años, las depositarias y encargadas de transmitir los relatos han sido principalmente las mujeres. Por consiguiente, no es de extrañar que los cuentos de hadas reflejen, con exquisita precisión y sobrecogimiento, las principales fases del viaje psicológico de una mujer.

Los cuentos de hadas representan con imágenes vívidas el rescate de esas partes divididas y reprimidas de nosotras mismas. Pueden guiarnos para recuperar esos valores que hemos descuidado o rechazado. Nos hablan de autotraiciones y autodescubrimientos, de pérdidas dolorosas y triunfos finales. Son el almacén de las experiencias psicológicas esenciales por las que pasamos las mujeres en nuestro desarrollo.

«Todos los cuentos de hadas tienen como finalidad describir el mismo hecho psíquico –escribió Marie-Louise von Franz–, pero es un hecho tan complejo, de tanto alcance y tan difícil de realizar para nosotras, en todos sus diversos aspectos, que se necesitan cientos de fábulas y miles de repeticiones con las variaciones de cada músico hasta que este hecho queda grabado en la conciencia, y aun así no se ha acabado el tema».[7] Ese hecho es la realidad psicológica de nuestro potencial esencial para realizar nuestra integridad, un potencial que Carl Jung denominó el Sí-mismo. Si principalmente conocemos los cuentos de hadas por las películas infantiles, tal vez nos sorprenda su oscuridad y brutalidad. Las historias de este libro están llenas de belleza y magia, pero también contienen imágenes de violencia y de terror. Es importante recordar que comunican sus mensajes con metáforas. Tanto si son encantadoras como salvajes, revelan verdades universales sobre el alma en el elocuente lenguaje de los símbolos.

«Todos participamos de un misterio sustancial y eterno», escribe el junguiano Heinz Westman.[8] Los cuentos de hadas revelan este misterio y nos aclaran el sustrato universal que nos une a todos. Cuando Christine, una de mis pacientes, era niña, escuchaba una y otra vez una grabación de *La bella y la bestia*. «Creo que desgasté la cinta», me dijo. De adolescente, devoró *Jane Eyre* y, desde entonces, ha sido uno de sus libros favoritos. En el transcurso de nuestras sesiones de terapia descubrimos que básicamente son la misma historia. Ambos nos conectan con la misma crudeza arquetípica y nos hablan del anhelo de conectar más con el principio masculino, con el que una chica conecta en primer lugar a través de su relación con su padre. En su infancia, Christine había deseado sentirse más cerca de su padre, que fue una figura distante más preocupada por su trabajo que por su joven hija. El cuento de hadas reflejaba un anhelo que conscientemente no podía entender o para el que ella no tenía palabras.

Jung llamó «arquetipos» a los patrones eternos que se repiten en los cuentos de hadas y relatos similares. El estrato arquetípico de la psique es como un río subterráneo que corre por debajo de nosotras y nos conecta con el almacén inagotable de patrones eternos. Reconocemos los arquetipos por la respuesta emocional que nos provoca: el estremecimiento de la verdad, la belleza y el asombro. Las historias arquetípicas nos conmueven y tienen el potencial de sanarnos porque nos recuerdan que somos hijas del universo, que estamos integradas y sustentadas por el cosmos. Los relatos de este libro proceden de todas partes del mundo. Nos presentan heroínas que se embarcan en arduas búsquedas para encontrar el fuego interior. Todos son versiones tradicionales reescritas con mis propias palabras.

Estos temas universales no solo están presentes en los cuentos de hadas. También aparecen cada noche en nuestros sueños. Los sueños y los cuentos de hadas surgen de la misma fuente profunda de lo inconsciente, y por consiguiente, puede haber brujas y tesoros, animales que hablan y extrañas transformaciones. Los sueños son comunicaciones del Sí-mismo: el centro guía de la personalidad. Nos indican cuándo hemos perdido nuestro equilibrio o que tenemos una actitud equivocada. Nos hablan a través del misterioso lenguaje de la imagen y la metáfora. Para extraer la sabiduría de los sueños tendremos que sintonizar nuestro oído a su lenguaje simbólico.

Cuando trabajamos con los sueños, damos por hecho que, la mayoría de las veces, todo lo que soñamos es un aspecto de nuestra psique. Los sueños son una de las formas más sencillas que tenemos para echarle un vistazo a nuestra vida no vivida. Esas partes de nosotras mismas que hemos repudiado y clausurado nos visitan en sueños, con frecuencia bajo el aspecto de algo que nos evoca rechazo, pero que a la vez nos resulta curiosamente fascinante. Los aspectos de los que nos hemos separado porque amenazaban nuestro frágil equilibrio se nos aparecerán en sueños como monstruos terroríficos que nos persiguen o nos atacan. La terapia de los sueños será un recurso importante para conocer dónde nos hemos desconectado de nuestra chispa vital y cómo volver a conectar con ella.

Cuando tienes el regalo de soñar, pregúntate qué está intentando decirte el fabricante de sueños. ¿Qué aspecto de ti misma has relegado y está intentando conectar contigo? Normalmente, el aspecto del sueño que más te asusta, el más iracundo o el más raro representa alguna parte esencial de tu alma que necesita que la reivindiques.

BRASAS CANDENTES

Cuando las partes repudiadas regresan al inconsciente, se vuelven salvajes y feroces: indómitas y no reveladas, esperan en los recovecos de nuestra alma con toda su energía y potencial original. La pérdida de nuestra integridad original es el precio que hemos de pagar si queremos medrar y establecernos en el mundo, pero esas partes olvidadas no se han perdido para siempre. «La meta social solo se alcanza pagando el precio de recortar tu personalidad», escribió Jung. «Muchos –demasiados– aspectos de la vida que también deberían haber sido experimentados permanecen en el leñero entre los recuerdos empolvados; pero a veces, también, son brasas candentes que se ocultan bajo las cenizas grises».[9]

Anna Mary Roberston nació en la zona rural del estado de Nueva York en 1860. Su padre era granjero y ella recibió muy poca educación formal. Cuando era pequeña le encantaba pintar lo que ella llamaba *lambscapes*[*] utilizando zumo de limón o de uva como colores.[10] Recordaba la felicidad que sentía de niña cuando su padre llevaba a casa hojas de papel en blanco. A los doce años, abandonó su hogar para ir a servir en otras casas. Uno de sus jefes observó cuánto admiraba sus láminas decorativas de Currier & Ives[**] y le compró lápices de cera y de tiza.[11]

Anna se casó y tuvo una granja propia que atender. Tuvo diez hijos, de los cuales sobrevivieron cinco. Toda su vida le había encantado crear arte. Decoraba los objetos de su casa y bordaba. Cuando tenía setenta y tantos largos, la artritis le impidió seguir bordando, así que cambió el bordado por la pintura. Sus pinturas exuberantes y luminosas de temas simples de la vida rural pronto captaron el interés de los coleccionistas y pasó a ser conocida como la Abuela Moses.

---

* N. de la T.: En inglés *landscape* significa 'paisaje', palabra compuesta por *land* ('tierra') y *scape* ('vista', 'paisaje'); ella, sin embargo, al ser una niña que todavía no hablaba bien, decía *lamb*, que significa 'cordero', en vez de *land*.

** N. de la T.: Currier & Ives fue una de las firmas de grabado más prolíficas y exitosas de Estados Unidos en el siglo XIX.

Anna Roberston nació con la ardiente necesidad de ser artista, pero, durante décadas, las ascuas se mantuvieron ocultas debajo de la ceniza gris, mientras tuvo que dedicarse a cuidar de sus hijos, de su familia y dirigir la granja. Y no fue hasta el final de su vida cuando estas brasas se transformaron en una llama con la suficiente fuerza como para que el mundo la viera. En 2006, su cuadro *Sugaring Off** se vendió en una subasta de Christie's por un millón doscientos mil dólares.

Este libro es para destapar esas brasas candentes y avivarlas con cuidado hasta que ardan con fuerza y podamos retomar la conexión con el fuego interior, con nuestro impulso vital desenfrenado. Existen infinidad de posibilidades sobre lo que pueden ser esas brasas, y cada una tendremos aspectos particulares de nuestro yo que hemos dejado en el suelo del leñero. Todas tendremos nuestra propia vida no vivida. Sin embargo, hay temas universales en la vida de las mujeres que nos permiten examinar ocho cualidades, de las que nos hemos alejado y que ahora hemos de reclamar. Se trata de la astucia, la antipatía, el ingenio, el deseo, la sexualidad, la ira, la autoridad y la crueldad.

La astucia, la antipatía y el ingenio nos sirven para cuidarnos y autoprotegernos, responder al peligro y descubrir nuestro humor y sentido lúdico. El deseo y la sexualidad nos revitalizan y están relacionados con nuestra capacidad para ser felices y para la indagación creativa. Nos ayudan a sentirnos vivas. La ira, la autoridad y la crueldad tienen que ver con nuestra capacidad para adoptar una postura y reafirmarnos. Bien utilizadas, nos empoderan. Estas energías proscritas juntas nos ayudan a diseñar nuestro camino y a convertirnos en nuestra versión más completa. En las páginas

* N. de la T.: *Sugaring Off* hace referencia a la tradición de la recolección de jarabe de arce. La escena muestra una animada reunión de niños y adultos alrededor de un gran caldero donde se hierve la savia para obtener el jarabe.

siguientes, exploraremos cada uno de estos atributos y cómo desarrollarlos puede expandir nuestra personalidad y aportarnos un mayor sentido de compleción.

Aunque somos muchas las que nos esforzamos en desarrollar una relación consciente con estas cualidades, cada una tendrá su propia experiencia única. Una mujer no tendrá problemas en conectar con su ira, pero sí en encontrar su autoridad genuina. Otra disfrutará de su sexualidad sin inhibiciones, pero le costará ser desagradable. Es probable que desarrollar cualquiera de estas cualidades nos ayude a acceder al resto, pero todas partiremos de un lugar distinto y nos dirigiremos hacia la integridad por diferentes vías. Además, estas cualidades pueden aparecer de diversas formas dependiendo de nuestra personalidad y nuestros talentos únicos. Una mujer expresará al embaucador* mediante su aguzado ingenio, mientras que otra lo manifestará a través de sus sutiles estrategias políticas para hacer el trabajo. El deseo de una puede expresarse en una empresa creativa, mientras que otra sentirá atracción por una profesión o práctica espiritual. Todas tendremos nuestra experiencia individual de aprender a reivindicar estas energías proscritas. El trabajo no será fácil. A medida que cultivemos nuestra plenitud, también habrá pérdidas. Tal vez perdamos amistades. Es probable que tengamos que sacrificar conscientemente algunas metas y sueños para que otros puedan florecer. Principalmente perderemos la reconfortante, pero restrictiva, pequeñez que nos ha ayudado a sentirnos seguras y a encontrar la aprobación fácil de los demás durante muchos años. Pero habrá muchos regalos, amistades y horizontes nuevos y más amplios, repletos de aventuras extraordinarias e inesperadas, y una vida llena de sentido.

---

* N. de la T.: Es el octavo arquetipo de la psicología analítica de Jung. Una figura presente en las mitologías, donde también se lo conoce como el pícaro divino, el bufón, el tramposo y otros.

Actualmente, las mujeres nos beneficiamos de las considerables ventajas del movimiento de liberación de la mujer que tuvo lugar durante el pasado siglo. Ha habido grandes avances en la conquista de la igualdad, y gracias a ello, tenemos muchas opciones y libertad en todas las áreas de nuestra vida. Pero a lo largo de mi carrera como psicoterapeuta, he visto repetidas veces que cada mujer ha de librar una batalla interna para liberarse. Tanto si somos profesionales consumadas como madres que no trabajan fuera de casa, mujeres en la etapa de transición de la mitad de la vida o jóvenes que están empezando, tendremos que combatir contra las fuerzas interiores que nos frenan, que nos separan de nuestra intuición y que hacen que dudemos de nosotras mismas.

Muchas estamos atrapadas en un patrón en el que buscamos compulsivamente las relaciones (con amigos o amigas, compañeros o compañeras de trabajo, supervisores y familiares). Sin ser conscientes de ello, estamos fuertemente orientadas hacia la conexión y la búsqueda de aprobación en vez de pensar en nosotras mismas. Aunque puede que nos alaben por nuestros cuidados, nuestro servicio no suele ser reconocido como esperamos y nos desconectamos de nuestro sentimiento de ser merecedoras. El trabajo interior de conectar con nuestra chispa vital nos ayudará a reivindicar el viaje de nuestra heroína interior, a sanar nuestras heridas y a reafirmar nuestro poder personal. Nos permitirá regresar a las cosas que amamos, ser lo que hemos venido a ser, experimentar todo nuestro potencial y dejar oír nuestra voz. Muchos de nuestros momentos más significativos surgen de experiencias relacionadas con el amor, el apego, las relaciones y la crianza. Para conseguir la realización personal necesitaremos ser osadas, asertivas y feroces. Para vivir plenamente tendremos que desarrollar las dos formas de estar en el mundo. Integrar estos dos aspectos nos permitirá vivir desinhibidas.

Este libro es para cualquier mujer a la que le cueste discernir lo que quiere o expresar sus necesidades. Es para mujeres que se sienten desconectadas de su fuente interior, cuya ira surge de los abismos de su ser, para ser sofocada y silenciada antes de dejarse oír. Es para mujeres que suelen ser indecisas, sumisas o inseguras. Si compensas tus inseguridades con una actividad frenética, si sueles albergar resentimiento o eres susceptible, este libro es para ti. Es para la mujer que ha olvidado la sabiduría de su cuerpo, un cuerpo que se ha convertido en un extraño para ella. Es para cualquier mujer que se debate entre lo que sabe de manera innata y el relato que le cuentan los demás. Es para toda mujer que pase demasiado tiempo nadando en los mares de la vergüenza porque siente que es demasiado o que no es suficiente. Es para la mujer que siente que no pertenece a ninguna parte, porque todavía no se pertenece a sí misma. Y es para la mujer que se ha esforzado por escuchar su voz interior que le habla con silenciosa insistencia y le dice lo que en el fondo es bueno para ella.

Jung observó que cuando establecemos una comunión con nosotros mismos, encontramos «a la pareja interior; lo que es más, una relación que nos hace sentir la felicidad de un amor secreto, o como una primavera oculta, cuando los brotes verdes de la tierra árida suponen la promesa de una futura cosecha».[12] Cuando damos la bienvenida a nuestro yo completo, podemos regresar a nuestra pulsión vital y a nuestro sentimiento de estar con los pies firmemente en el suelo. Podemos volver al hogar de nuestro cuerpo, a su sabiduría y su capacidad para sentir placer. Después de toda una vida de preocupación por lo que piensen los demás sobre nosotras, de esforzarnos para complacer, de atender las necesidades de los demás, podemos seguir nuestro propio consejo, reírnos de nuestros propios chistes y afirmar nuestros verdaderos deseos.

Podemos aprender a oír nuestro silencio en lugar de vernos en la necesidad de tener que hacer sentir cómodos a los demás.

Cada vez que surge nuestra faceta feroz, salvaje y asertiva, expansiva y veraz, tal vez le exigimos que se comporte o intentamos domarla. Entonces, se esfuma hacia alguna oscura parte de nuestra alma, donde se queda a esperarnos. Estamos convencidas de que es un demonio que hemos de mantener a raya, pero eso es solo porque no hemos querido conocerla. Aunque es un poco salvaje e incívica, también es lo mejor para nosotras, nuestra chispa más brillante. Esa faceta está esperando regresar para que podamos acceder a su sabiduría, su fuego y su vida.

CAPÍTULO 1

LA DIVISIÓN: PERDER TU FUEGO

De la fuente de vida que es el instinto, emana toda creatividad, de tal manera que lo inconsciente no está condicionado meramente por la historia, sino que es la propia fuente del impulso creativo.

C. G. Jung, *Obra completa, vol. 8, La dinámica de lo inconsciente*

Venimos a este mundo conectadas con todo nuestro potencial, pero la mayoría de las mujeres vamos perdiendo paulatinamente esa conexión con nuestra chispa vital. Ninguna llegamos a adultas libres de ataduras. Todas tenemos partes que hemos repudiado y que se encuentran en el leñero de la vida. Según Jung, el florecimiento de la autoconciencia que tiene lugar cuando maduramos produce irremediablemente una «división».[1] Aprendemos a distanciarnos de los aspectos esenciales de nuestra alma. Enterramos esas cualidades que no son bien vistas por nuestra familia y nuestra sociedad. Seguimos las reglas de la tradición y dejamos de escuchar las voces profundas e instintivas que guiaron a nuestras antepasadas lejanas. Estos rasgos olvidados que, en un principio, formaban parte de nuestra compleción, se quedan almacenados en lo inconsciente y se convierten en lo que Jung denominó sombra: las partes que preferimos no conocer.

Los aspectos de los que nos desconectamos dependerán en gran medida de nuestra familia y nuestra cultura. Muchas de nosotras hemos experimentado alguna restricción sobre algo que nuestra familia no nos permitió ser. A mí nunca me permitieron ser presuntuosa. Tal vez la filosofía de tu familia era que nunca debías suponer una carga, ser maleducada o perezosa. Nuestra cultura también impone expectativas que nos van condicionando durante nuestro desarrollo. En Estados Unidos, a los niños y las niñas se les suele enseñar que es muy bueno ser sociable y extrovertido. Los que tienen problemas para abrirse a los demás pueden llegar a sentirse avergonzados o deficientes. Aunque las familias y las culturas exigen que todos se adapten a sus normas, estas normalmente no son las mismas para las mujeres y las niñas que para los hombres y los niños. Como consecuencia, las mujeres solemos perder el contacto con partes de nosotras mismas diferentes a las de los hombres, y nuestro viaje hacia la realización personal también es diferente.

Este capítulo es un mapa hacia el territorio que cubriremos en este libro. Después de tratar brevemente el tema de lo que les sucede a las niñas y a las adolescentes que las aleja de partes fundamentales de sí mismas, exploraremos la historia clásica de una mujer que fue capaz de reconectar con sus cualidades ígneas. El cuento *El pájaro del brujo* nos presenta un ejemplo típico de desarrollo psicológico femenino sobre el cual se basarán el resto de las historias de este libro.

DE LA INFANCIA A LA ADOLESCENCIA

¿Cómo se produce este cisma de las mujeres con sus cualidades más vitales? Aunque existan diferencias de género en el temperamento durante la infancia de los niños y las niñas –las niñas tienden a experimentar más emociones negativas–, estas diferencias son pequeñas. No obstante, a medida que chicos y chicas se acercan a la adolescencia, sus trayectorias se vuelven significativamente distintas. La psicóloga Mary Pipher, en su libro *Reviving Ophelia* [Resucitar a Ofelia], escribe enternecedoramente sobre la pérdida de confianza que experimentamos las chicas al llegar a la pubertad:

> A las chicas les sucede algo dramático al inicio de la adolescencia. Del mismo modo que desaparecen misteriosamente aviones y barcos en el Triángulo de las Bermudas, los yoes de las chicas se hunden en tropel. Los estudios demuestran que, al inicio de la adolescencia, baja el CI de las chicas y sus notas en matemáticas y ciencia se desploman. Pierden su resiliencia y su optimismo, y sienten menos curiosidad e inclinación a asumir riesgos. Pierden su personalidad asertiva, energética y de «marimacho», y se vuelven más respetuosas, autocríticas y deprimidas. Dicen estar muy descontentas con su propio cuerpo.[2]

Las heroínas prepubescentes de la literatura y de la filmografía destacan por su sangre fría y su valor (recordemos a Matilda, Pipi Calzaslargas o Laura Ingalls). Las protagonistas femeninas que están al otro extremo de la adolescencia suelen estar librando una batalla, como la narradora de diecinueve años Sylvia Plath, autora de *La campana de cristal*, o la protagonista de la película *Lady Bird*, de 2017. Antes de la adolescencia, las chicas suelen ser exuberantes y vivarachas. Para algunas, al cumplir las dos cifras es como si se les apagara la luz. Se vuelven tímidas y calladas. Desarrollan trastornos de la alimentación, ansiedad o una obsesión insana por su aspecto, alimentada por un desesperado sentimiento de ineptitud. Su felicidad desinhibida y su espontaneidad desaparecen.

Para cuando hemos conseguido cruzar los turbulentos mares de la adolescencia y llegar a las orillas de la adultez, la mayoría hemos perdido el contacto con alguna parte vital. Estamos tan centradas en agradar y cuidar a los demás que nos desconectamos de partes de nosotras mismas.

LA JUVENTUD

A medida que nos vamos convirtiendo en adultas, seguimos batallando contra el sentimiento de seguridad en nosotras mismas. Por ejemplo, las investigaciones sobre la autoconfianza en las mujeres revelan que en los estudios superiores la confianza de estas baja, mientras que la de los hombres aumenta.[3] La palabra *confianza* procede del latín *confidentia*, compuesta por el prefijo *con-* ('junto', 'todo') y *fides*, 'fe', es decir, 'con toda la fe'. Tener confianza es estar seguras de nosotras mismas. No podemos confiar totalmente en nosotras si no somos capaces de conectar con emociones y cualidades candentes como la astucia, la asertividad y el deseo. La falta de confianza es un síntoma de desconexión de las energías proscritas.

Cuando iba a la universidad, asistí a un par de seminarios de música con el mismo profesor: uno sobre Beethoven y otro sobre Mozart. Me encantaron esas clases. El profesor era dinámico, apasionado y divertido. Me puso la nota más alta en ambos seminarios, y en uno de ellos leyó en voz alta para la clase partes de mi escrito, como ejemplo de esfuerzo.

Siempre nos animaba a que fuéramos a su despacho durante las horas de visita. Una parte de mí quería ir. Veía a mis compañeros de clase charlando y riéndose con él cuando pasaba por delante de su despacho. Pero yo tenía vergüenza, y no se me ocurría qué podría decirle si entraba en él. No tenía problemas con el material que estábamos estudiando ni se me ocurría ninguna pregunta inteligente que hacerle. Así que nunca entré.

En mi último año de carrera, me planteé solicitar una prestigiosa beca. Mi promedio de notas altas me convertía en una buena candidata, pero necesitaba buenas recomendaciones. Así que me decidí a pedirle una al profesor de música. Fui a verlo durante sus horas de visita y le hice mi petición. Cuando se dio cuenta de mis intenciones, frunció el entrecejo. «¿No tienes a nadie más a quien pedírselo? –me dijo irritado–. ¡Apenas te conozco! ¿No te has relacionado con otros profesores en los cuatro años que llevas aquí? ¿Qué has estado haciendo con tu tiempo? No sabría qué decir en esa carta». Me despidió con desdén. Me escabullí, avergonzada y con las manos vacías.

Había trabajado mucho. Había asistido a todas las clases y sacado buena nota en las tareas y en los exámenes. Había escrito al menos un trabajo sobresaliente. Pero no supe encontrar la audacia y la asertividad que hubiera necesitado para sentirme cómoda acercándome a ese hombre como un igual, como hacían los chicos de mi clase. Su osadía fue recompensada. Mi cortesía no. Nunca solicité la beca.

Cuando nos incorporamos al mundo laboral, las mujeres seguimos sufriendo falta de seguridad, y prueba de ello es que eso nos frena profesionalmente. Los investigadores han descubierto que las mujeres enviarán un currículum para un puesto solo si cumplen el cien por cien de los requisitos. Los hombres, sin embargo, no se sienten incómodos presentándose para el puesto aunque solo cumplan el sesenta por ciento. Los estudios concluyen que los hombres sobrevaloran sus habilidades y su rendimiento, mientras que las mujeres infravaloran ambas cosas y presentan una mayor tendencia a expresar su inseguridad respecto a su competencia.[4]

La confianza en una misma se cultiva con las cualidades de Lilith. Cuando no podemos acceder a ellas, estamos atrapadas en la modalidad de cuidar y preocuparnos, que nos frenará parcialmente porque no queremos que los demás se sientan amenazados o incómodos. La falta de confianza puede convertirnos en personas tímidas e ineptas. Las implicaciones que tiene esto van mucho más allá del puesto de trabajo. Si no podemos conectar con el atrevimiento, la autoridad y un sentimiento saludable de estar en nuestro derecho, no seremos muy capaces de protegernos, de estar animadas o de reclamar nuestro poder. Nos costará más seguir nuestro camino, fomentar nuestra creatividad o armarnos de valor para defender a los nuestros. Un tenebroso cuento de los hermanos Grimm, pero que tiene un buen final, nos presenta un elaborado retrato del coste potencial que supone separarnos de Lilith y nos enseña cómo podemos volver a conectar con ella.

EL PÁJARO DEL BRUJO

Érase una vez un brujo ladrón que se disfrazaba de mendigo e iba pidiendo de casa en casa. Un día, llamó a la puerta de una casa donde vivían tres hermanas. Una de ellas le abrió y le dio un trozo de pan. Con solo un toque, la convenció para que se metiera en su cesta. Se la llevó a su casa, que era grande y lujosa. Él le concedía todo lo que le pedía, y, al principio, ella se sentía contenta de estar con él.

Al cabo de algún tiempo, el brujo le dijo que tenía que atender unos asuntos lejos de casa y que estaría ausente varios días. Le dio un huevo y le pidió que lo cuidara y que lo llevara siempre encima. También le dio una llave. «Puedes hacer lo que quieras, ¡menos entrar en la habitación que abre esta llave, si aprecias tu vida!», le advirtió.

No obstante, cuando se marchó, la curiosidad se apoderó de la joven. Abrió la puerta de la habitación prohibida y se encontró un gran barreño con restos de mujeres descuartizadas. Se quedó tan horrorizada que se le cayó el huevo en el barreño. Lo sacó inmediatamente y lo lavó, pero la sangre reaparecía después de cada lavado; por más que lo intentó, no pudo sacar la mancha.

Cuando regresó el brujo, lo primero que le preguntó fue por el huevo y la llave. Sin saber qué hacer, la joven se los dio. El brujo supo enseguida lo que había sucedido al ver la sangre en el huevo.

«¡Me has desobedecido! –le dijo gritando–. Ahora, ¡pagarás con tu vida y vivirás en la habitación de la sangre!».

Diciendo esto, la arrastró a la habitación, la cortó en pedazos y depositó sus restos en el barreño junto con las demás.

Al cabo de un tiempo, el brujo volvió a mendigar en la misma casa. Capturó a otra de las hermanas de la misma manera. Con el tiempo, corrió la misma suerte que su hermana: entró en la habitación prohibida, se le cayó el huevo en el barreño y fue descuartizada.

Al final, el brujo capturó a la tercera hermana, pero esta era ingeniosa y astuta. Cuando le llegó el turno de quedarse sola con el huevo y la llave, dejó el huevo en un cajón antes de entrar en la habitación prohibida. Cuando vio a sus hermanas en el barreño ensangrentado, se puso a buscar sus trozos. Los ordenó juntando brazos, piernas, cabeza y tronco. De este modo, sus hermanas volvieron a la vida.

La tercera hermana las sacó de la cámara de los horrores y las escondió. Cuando llegó el brujo, quedó encantado al comprobar que no había sangre en el huevo. Le pidió en matrimonio. Ella accedió, pero le dijo que antes de casarse, él tenía que llevar una cesta de oro a casa de sus padres. Metió a sus hermanas en la cesta sin que él se diera cuenta y las cubrió con oro.

–¡No tardes! –le dijo al brujo–. Te estaré observando desde la ventana y sabré si te retrasas.

El brujo levantó la cesta y se la puso en la espalda, pero era muy pesada. Cuando se detuvo a descansar un poco, una de las hermanas le gritó.

–¡No hay tiempo para descansar! ¡Sigue!

El brujo creyó que era la voz de su prometida, que lo miraba por la ventana, así que se levantó y siguió, pero la cesta era tan pesada que tuvo que volver a parar. Al dejar de nuevo la cesta en el suelo, la otra hermana gritó:

–¡Te estoy mirando! ¡No te pares!

Pensando que su novia lo observaba desde la ventana, volvió a levantar la cesta, se la cargó a la espalda y reemprendió su penosa marcha hacia su destino.

Mientras tanto, la tercera hermana decoró una calavera con joyas y otros objetos preciosos, y la colocó en la ventana para que pareciera una joven que estaba esperando el retorno de su amado. A continuación, se desnudó y untó todo su cuerpo con miel. Rajó un colchón y se tumbó sobre las plumas hasta quedar totalmente cubierta por ellas. De este modo, se disfrazó para que nadie pudiera reconocerla. De esta guisa, partió hacia su casa.

Por el camino, se fue encontrando a los invitados a la boda, que se dirigían a casa del brujo y le preguntaban:

–Oh, ¿qué estás haciendo aquí, pájaro?

–Vengo de casa del brujo, está muy cerca.

–¿Y qué hace la novia?

–Ha barrido bien toda la casa, doy fe de ello. Y ahora contempla el mundo desde la ventana.

A continuación, se encontró con el novio, que regresaba lentamente a casa. Este, como habían hecho los otros, le preguntó:

–Oh, ¿qué estás haciendo aquí, pájaro?

–Vengo de casa del brujo, está muy cerca.

–¿Y qué hace la novia?

–Ha barrido bien toda la casa, doy fe de ello. Y ahora contempla el mundo desde la ventana.

El novio levantó la cabeza y vio la calavera en la ventana, pensó que era su novia y la saludó con la mano. Pero cuando sus invitados y él ya habían entrado en la casa, llegaron los hermanos y otros parientes de la novia, que habían acudido a rescatarla. Encerraron al brujo y a sus invitados y le prendieron fuego a la casa. Todos murieron quemados.

Los cuentos de hadas nos hablan en el misterioso lenguaje de los símbolos y las imágenes, el lenguaje de lo inconsciente. Para entender un cuento simbólicamente, hemos de entrecerrar los ojos, suavizar la mirada y sumergirnos en la historia. No nos servirá ir demasiado deprisa o ser demasiado inteligentes. Hemos de tomarnos nuestro tiempo y dejar que las imágenes hagan su función. Entonces, podremos abrirnos a un cambio de perspectiva.

Empezamos con la suposición de que cada elemento del cuento es una parte de una misma psique. Según esta visión, cada hermana es un aspecto distinto de la joven que protagoniza la historia. El brujo también forma parte de ella. Al principio, puede costarnos imaginar esto, pero, inmediatamente, viene a rescatarnos de la polaridad paralizante del «bien» y del «mal» y nos abre la puerta a los reinos de la sutileza psicológica.

El cuento de hadas utiliza la historia de una relación entre un hombre y una mujer para representar el trabajo que hemos de hacer a medida que vamos alcanzando la realización personal. En última instancia, el crecimiento psicológico es un trabajo interior: en el mundo interior hay tanto grandes recursos como peligrosos retos. Las asociaciones íntimas suelen reflejar nuestra realidad interior y, por consiguiente, son un escenario sobre el cual resolvemos nuestras heridas personales más profundas. Por esta razón, muchos cuentos de hadas se centran en las parejas románticas, y solemos soñar con nuestras parejas íntimas. Es importante que recordemos que tanto en los sueños como en los cuentos de hadas, estas relaciones se pueden entender simbólicamente. Suelen representar la dinámica del funcionamiento de nuestras distintas partes.

El cuento comienza con una doncella y sus dos hermanas, pero en él no se menciona a sus padres. La joven que abre la puerta, aparentemente, está sola y desprotegida. Le abre la puerta al brujo sin pensárselo. Su compasión y su inocencia la convierten en una víctima perfecta para el secuestro. Cuando le da un trozo de pan al brujo mendigo, está perdiendo su energía psíquica (su poder y su capacidad de acción) y puede sentirse impulsada a meterse dentro de la cesta al primer toque.

Las mujeres de nuestra cultura, cuando llegamos a la juventud, ya hemos sido socializadas para ser amables y cordiales. Si un desconocido te dirige la palabra en un andén de metro vacío, puede que tu primera reacción sea ser educada y responder, aunque te sientas incómoda. La voz cultural que tenemos dentro de nuestra cabeza que nos está diciendo que seamos amables, puede que pese más que nuestro mecanismo de defensa primitivo. Cuando sentimos que no tenemos permiso para decir no o tenemos unos límites, somos como las hermanas que no pueden autoprotegerse del peligro que representa el brujo. Desoímos nuestro instinto cuando estamos en peligro.

TOMAR CONSCIENCIA

La historia nos cuenta que la primera joven, al principio, se sentía contenta de estar con el brujo porque este le daba todo lo que quería. La esperanza de ser amadas y de que van a cuidar de nosotras puede persuadirnos para que abandonemos nuestro conocimiento interior. Anhelamos tanto ser queridas que es fácil embaucarnos para que no hagamos caso de nuestra intuición. O tal vez nos sintamos indefensas a la hora de hacer otra cosa que no sea ceder a la presión y a las exigencias. Sin la fuerza necesaria para cuidarnos y protegernos a nosotras mismas, tal vez sintamos que no podemos elegir y que no tenemos más remedio que confiar en los demás y tener la esperanza de que eso sea lo mejor para nosotras.

Cuando a la primera doncella se le da el huevo y la llave, y se la deja sola, tiene suficiente coraje como para entrar en la habitación prohibida. Esta osadía indica un deseo de ser más consciente. Todas tenemos habitaciones prohibidas en nuestra psique, cosas que preferimos no saber sobre nosotras mismas u otra persona. Mi paciente Laura se crio con un padre alcohólico. Vino a mi consulta cuando se dio cuenta horrorizada y en estado de *shock* de que su esposo y padre de sus dos hijos tenía un problema con la bebida. Hasta entonces, se las había arreglado para no ver lo que siempre había estado ahí. Es como si le hubieran dado una llave que no se había permitido usar. Todos intentamos tapar lo doloroso o inconveniente. El deseo de fisgonear en la habitación prohibida es un impulso saludable de superar el mandato interno de no ver. La llave, sin embargo, es también la clave para alcanzar un mayor estado de consciencia y de autoconciencia.

Pero no hemos de abordar ese conocimiento sin estar bien preparadas. Las dos primeras hermanas rompen una de las reglas: entran en la habitación. Pero siguen otra de ellas al pie de la letra: siempre llevan el huevo encima. Su incursión en la habitación de los horrores es impulsiva, fomentada por una curiosidad sana, pero inmadura. No son conscientes de la magnitud de a lo que se están enfrentando y abordan alegremente el terrible conocimiento que les aguarda en dicha cámara sin estar suficientemente preparadas. Esto las conduce a la muerte y al descuartizamiento.

El descuartizamiento es una poderosa metáfora para describir un estado psicológico de disolución. Nos rompemos. Disociamos. Nuestro sentido del yo ya no es coherente. Este tipo de experiencias no son tan raras. La causa puede ser algún trauma, una psicosis, drogadicciones o alguna otra condición extrema. Son terroríficas y a veces pueden conducirnos a un estado de fractura permanente. Sin embargo, también pueden presagiar un proceso de crecimiento y sanación profundo. Los chamanes de distintas culturas narran experiencias de espantosos desmembramientos durante sus viajes iniciáticos, que preceden a una experiencia de remembrar y restaurar que conlleva el poder de curar a los demás.

LA TERCERA HERMANA

Las tres hermanas eligen cosas distintas y tienen destinos diferentes. El tres es un número que denota movimiento hacia la integridad. En los cuentos de hadas, las secuencias de tres suelen implicar un desarrollo temporal y nos transmiten la imagen de algo que cambia con el paso del tiempo. Según esta teoría, las tres hermanas son aspectos de la misma persona, pero en diferentes etapas de consciencia y desarrollo. Ser alguien capaz de equivocarse y aprender de los errores es esencial para el crecimiento psicológico.

Los videojuegos captan esta verdad arquetípica. En nuestra batalla contra el villano, perdemos una y otra vez, hasta que desarrollamos suficientemente nuestras habilidades como para vencerlo. Y como sucede en los cuentos de hadas, afortunadamente, podemos resucitar. Cuando somos jóvenes y todavía no hemos aprendido a protegernos, pagamos la novatada, como en los videojuegos. Nos comportamos como las dos primeras hermanas, entregamos nuestra energía sin pensar y nos volvemos vulnerables. La tercera hermana es una imagen de lo que supone reivindicar las cualidades de Lilith por el bien de nuestro crecimiento y desarrollo. Para ello, ha de encontrar nuevas formas de afrontar ese distanciamiento de su manera habitual de comportarse en el mundo.

Todas llegamos a adultas con un reducido repertorio de conductas y respuestas muy pulidas y habituales. Tenemos sólidas estrategias para cuando estamos decepcionadas, furiosas, incompletas o aburridas. Otras reacciones nos parecen imposibles, en parte porque tal vez hayamos aprendido que son inaceptables. Somos pintoras que cuentan con una amplia paleta de colores entre los que elegir, pero solo usamos un número limitado de tonos para pintar en nuestro lienzo. Aprender a ampliar el alcance de nuestras respuestas conductuales nos permite elegir conscientemente cómo vamos a gestionar las cosas. Entonces ya no confiaremos en estrategias reflejas, que son guiones obsoletos e inconscientes transmitidos por nuestra sociedad. Ser más conscientes nos permite expresarnos mejor y lidiar mejor con el mundo. Aprender de nuestros errores nos ayuda a aprender nuevas respuestas de conducta. Podemos probar cosas nuevas: «¿Y si ahora hago *esto*, en vez de hacer lo que hago siempre?». Como cuando adquirimos destreza en un videojuego, al final, aprendemos a no cometer ciertos errores.

La tercera hermana se está volviendo más consciente. Aunque al principio es tan susceptible como las otras, toma otro tipo de decisiones mucho antes. Ella rompe con los patrones de respuesta habituales, y esto marca la diferencia. Consigue acceder a las ocho cualidades que veremos en este libro. Utiliza su astucia para proteger el huevo mientras explora la habitación prohibida. Desobedece al brujo, pero no lo hace impulsivamente, sino conscientemente y con ingenio. No le preocupa ser desagradable. La tercera hermana conecta con la energía del embaucador, oculta a sus hermanas en la cesta y convence al brujo de que lo está observando desde lejos. Conecta con su deseo de reunirse con sus hermanas. Aprovecha el odio que siente por el brujo y lo utiliza para protegerse a sí misma y a ellas. Y reivindica la soberanía sobre su cuerpo y su atractivo cambiando su vestimenta de mujer por un extraño disfraz de plumas. No necesita ser sexualmente atractiva para otra persona o preocuparse por aparentar ser interesante. La calavera decorada indica que su antigua forma de ser en el mundo, donde dependía de su encanto y su belleza, está muriendo. Le da la vuelta a su relación con el brujo, reclamando su autoridad y ordenándole ella a él, en lugar de obedecer sus órdenes. Por último, consigue conectar con su violencia y su crueldad para autoprotegerse, mientras ayuda a sus hermanos y otros parientes a quemar al brujo y a sus amigos.

EL BRUJO

El brujo tiene poderes mágicos, pero también es un ladrón disfrazado de mendigo. Nuestra convicción interna sin fundamento de que hemos de anteponer las necesidades de los demás a las propias puede convertirse en una tirana, en una saboteadora interior que nos roba el poder y nos separa de nosotras mismas. Muchas mujeres tienen siempre un sentimiento de culpa porque una voz interior despiadada les recuerda que no están a la altura. Esto puede dejarlas exhaustas y vacías. La analista junguiana Clarissa Pinkola Estés, en su libro *Mujeres que corren con los lobos*, escribe sobre la conocida versión francesa de este cuento, *Barba Azul*. Afirma que el esposo asesino representa al depredador interior que todas llevamos dentro.[5] En su forma actual, no se puede negociar con él, apaciguarlo o integrarlo. Esta energía oscura sumamente complicada ha de ser transformada con fuego: una transmutación química completa.

El brujo interior puede alojarse en nuestra psique por varias razones. En primer lugar, puede alojarse allí porque, en nuestra infancia, nunca nos han enseñado a protegernos adecuadamente. En *El pájaro del brujo*, supuestamente, las tres hermanas viven con sus padres, pero no los vemos nunca, y nadie parece percatarse de la desaparición de las otras dos hermanas. Puede que hayamos tenido padres ausentes o no comprometidos, que no se daban cuenta cuando sufríamos. Tal vez esta fuera la forma en que aprendimos que no teníamos que velar por nuestras necesidades. No obstante, el brujo está en todas las mentes, aunque no hayamos pasado dificultades de pequeñas. Debido a nuestro deseo de agradar y atraer, supone un peligro constante.

BARBA AZUL

La versión francesa, conocida como *Barba Azul*, tiene algunas diferencias significativas respecto a *El pájaro del brujo*, que pueden marcarnos pautas importantes sobre qué hemos de hacer para reconectar con las cualidades que nos empoderan. En *Barba Azul*, el brujo es un noble rico con una extraña barba azul. Corteja a tres hermanas, pero todas lo rechazan por su barba y porque ha tenido muchas otras mujeres que desaparecieron misteriosamente. No obstante, al final, consigue persuadir a la hermana menor por su riqueza. Al cabo de un tiempo de haberse casado, la deja sola con las llaves de toda la mansión y le dice que puede ir adonde le plazca, salvo a una pequeña habitación. Estoy segura de que ya sabes lo que pasa luego. Cuando entra en la habitación, encuentra los cuerpos de las anteriores esposas metidos en un barreño. Se queda tan atónita que se le cae la llave y se mancha de una sangre que no se va al limpiarla. La llave revela su desobediencia. Barba Azul la agarra y la amenaza con llevarla a la habitación y descuartizarla. Ella hace lo posible por entretenerlo unos minutos y sus hermanos vienen a rescatarla. Al final, estos matan a Barba Azul, ella hereda su riqueza y se casa con alguien más apropiado.

En la versión francesa, la fuerza liberadora llega desde fuera en la forma de los hermanos. Podríamos decir que los hermanos forman parte de su psique: una energía masculina interna y liberadora que aparece en el momento adecuado. Sin embargo, incluso en esta interpretación, la joven no posee conscientemente esta energía positiva. La joven de *Barba Azul* todavía no ha aprendido a reivindicar intencionadamente la agresividad, la astucia, la picardía y las otras cualidades que permiten a la tercera hermana de los hermanos Grimm salvarse a sí misma y rescatar a sus hermanas.

EL SABOTEADOR INTERIOR

La desconexión de una mujer de su capacidad de acción y de su poder puede convertirla en una víctima y dejarla indefensa. Esta victimización se puede manifestar de maneras muy oscuras. Tal vez nos encontremos en una relación con alguien (hombre o mujer) que se alimenta de nuestra energía o que nos maltrata física o psicológicamente. Pero hay formas más sutiles de ser víctimas de una energía Barba Azul interior.

Beth era la mayor de cinco hermanos y hermanas. Su familia era pobre; recuerda que pasaba frío en invierno porque era muy caro calentar la casa adecuadamente. Su padre era alcohólico y, a menudo, cuando estaba borracho, era agresivo y peligroso. Ella recuerda que se escondía en un armario con sus hermanos pequeños, para evitar estar en medio. Beth fue una buena alumna y consiguió una beca para ir a la universidad, donde destacó en matemáticas y ciencias. Estudió un grado de ingeniería y, en el presente, tiene mucho éxito en su profesión. A los veintitantos años, mantuvo una relación larga con un hombre que era adicto a las drogas. Su unión estuvo marcada por el caos y el drama. Cuando vino a verme, a los treinta y pocos, hacía años que no salía con nadie.

Su vida social giraba en torno a sus hermanos. Sentía que tenía que ser la matriarca, que tenía que ser fuerte por la familia y, con frecuencia, protegía a sus hermanos menores dándoles dinero, organizando las festividades y cuidando de sus hijos. Se lamentaba de que sus compañeras de la universidad estaban empezando a casarse, mientras que ella seguía soltera. Intuí que eso se debía a que dedicaba la mayor parte de su tiempo y energía a sus hermanos y hermanas.

La primera vez que vino a verme, fue a principios de enero, poco después de Navidad. Estaba deprimida y agotada, aunque no sabía por qué. Me describió la elaborada fiesta de Navidad que había organizado para su familia. Mientras la escuchaba me iba quedando claro que había cocinado mucho, comprado muchos regalos, decorado y limpiado. Sus hermanos, por el contrario, no se habían comportado especialmente bien. Varios de ellos habían llegado tarde, y ninguno parecía valorar todas las molestias que se había tomado. Solo una de las hermanas la había ayudado a limpiar después de la comida, y dos de sus hermanos hicieron comentarios sarcásticos sobre su coche híbrido: se rieron de ella por su «exagerada concienciación ecológica».

Al principio, no conectó su bajo estado de ánimo posvacacional con la profunda decepción y rabia inconsciente que sentía hacia su familia. Pero cuando le sugerí amablemente esa conexión, se quedó en silencio y sus ojos se llenaron de lágrimas. Al final, analizamos la forma en que se sacrificaba por sus hermanos y hermanas, como siempre lo había hecho. Aunque su padre había fallecido cuando ella todavía estudiaba en la universidad, había un padre interior (furioso, cruel e imposible de apaciguar) que seguía acosándola desde dentro. Le exigía que lograra hazañas sobrehumanas y que diera a sus hermanos el cariño y el amor que siempre había anhelado para sí misma. Cuando intentó salir con alguien a los veinte años, se metió en una relación con un hombre que tenía la misma energía Barba Azul que su padre. Ahora su Barba Azul interior la estaba reteniendo solo para él: sin relaciones y sin vida propia.

El Barba Azul interior nos separa de nosotras mismas. Nos absorbe nuestra energía. Se aprovecha del deseo femenino de ser compasivas y nos obliga a dejar a un lado nuestras propias necesidades. Nos desequilibra y hace que dudemos de nosotras mismas. Pero lo más importante es que nos asusta. Puede que tengamos miedo de hacer mal las cosas o de no ser lo bastante buenas en algo. Tal vez tengamos miedo de ser malas personas o de no percibir las cosas correctamente. Quizás temamos la ira o los comentarios ajenos. Incluso puede que tengamos miedo de que nuestra pareja nos hiera física o psicológicamente. Cuando somos conscientes de que vivimos con miedo, deberíamos preguntarnos si tenemos algún Barba Azul interior.

UNA OPONENTE DIGNA

Nuestro Barba Azul interior aumenta las probabilidades de que encontremos personas con esas mismas cualidades en el mundo exterior. Asimismo, si solemos tener relaciones con barbazules, deberíamos preguntarnos en qué parte de nuestro interior está actuando esta energía depredadora. Si hay un Barba Azul en nuestra vida, podemos recordar las lecciones de *El pájaro del brujo*. La tercera hermana no espera indefensa a que la rescaten desde fuera, sino que encuentra todas las cualidades viscerales que la empoderan dentro de sí misma, y así puede hacer frente a su opresor.

Nuestros sentimientos y actitudes de conexión (empatía, cuidados, crianza, resignación y otros) no nos ayudarán cuando seamos presa de alguien. Como vimos con las dos primeras hermanas, los depredadores utilizan nuestra compasión y nuestra amabilidad para atraparnos. Si dependemos solo de nuestras cualidades de conexión cuando estamos siendo atacadas, nos quedaremos con una limitada gama de opciones. Podemos esperar pasivamente a que alguien nos rescate o intentar ser agradables por todos los medios para que nuestro agresor se compadezca de nosotras. A veces estas estrategias funcionan, pero otras veces nuestra ingenuidad puede ser fatal. Si podemos acceder a nuestros sentimientos y actitudes de poder (astucia, contundencia, autoridad, egoísmo, ira, etc.), tendremos una gama más amplia de posibilidades.

Si estamos desconectadas de nuestras cualidades asertivas y nuestras cualidades de conexión no bastan para protegernos, es fácil caer en la amargura, la ira, el victimismo y llamar la atención a través de una actitud pasivo-agresiva. Puesto que no hemos desarrollado estrategias de autodefensa, el mundo nos parece un lugar sumamente peligroso. Si nos aferramos a esta visión, puede solidificarse y pasar a formar parte de nuestro carácter, lo que nos condenará a toda una vida de aislamiento y resentimiento. Por el contrario, cuando desarrollamos las energías proscritas, podemos convertirnos en dignas oponentes, en lugar de víctimas.

ENCONTRAR NUESTRO PODER PERSONAL

El brujo del cuento *El pájaro del brujo* no solo es malvado. Es poderoso, rico y tiene una mansión. El brujo tiene riqueza y le da la llave y un huevo a la hermana; ambos son símbolos de totalidad. Un huevo representa el potencial para alcanzar la realización psicológica que Jung denominó Sí-mismo, la meta de nuestro proceso de desarrollo constante. La analista junguiana Marie-Louise von Franz observó que el brujo está conectado con la tierra de los muertos.[6] Conoce los secretos de la muerte y del renacimiento; en una versión de la historia, la tercera hermana consigue resucitar a las otras dos hermanas utilizando un bálsamo mágico que encuentra en la casa del brujo. Este representa la posibilidad de crecimiento psicoespiritual y el desarrollo de la psique femenina. También puede representar un potencial transpersonal con el cual no nos relacionamos adecuadamente y, por ende, juega un papel destructivo en nuestra vida. Por ejemplo, quedarnos cautivadas por sistemas de creencias, prácticas religiosas o movimientos políticos puede ponernos en contacto con fuerzas arquetípicas que nos conectan con algo más grande que nosotras mismas. Estas experiencias pueden ser expansivas y significativas, pero si nos entregamos a ellas inconscientemente, estas fuerzas pueden conducirnos a lugares oscuros y hacernos bastante daño en nuestra vida y en nuestra cultura. La petición secreta del brujo es que reclamemos nuestro poder personal y que no nos rindamos ante las críticas ni esperemos que otro cuide de nosotras.

La relación de Gwen con Mark solía ser tormentosa. De hecho, él era una especie de brujo: era un conocido astrólogo que daba seminarios regularmente en su casa y contaba con un leal séquito de seguidores locales. Había superado grandes dificultades sometiéndose a estrictas reglas e imponía cruelmente los mismos criterios a su esposa. No creía en ofrecer empatía y podía ser injustamente crítico. Cuando era tajante y despectivo, Gwen perdía su centro. No podía defenderse sin caer en una autocompasión constante, lo cual despertaba un desprecio más fulminante por parte de Mark. En resumen, se sentía desgraciada, pero también estancada e incapaz de tomar la decisión de dejarlo.

Una semana, Gwen le habló a Mark de su frustración sobre algo que le había pasado recientemente con una amiga. Mark la castigó fríamente por su actitud, que calificó de autoindulgente. Gwen observó cómo se iba consternando cada vez más a medida que él le indicaba sus fallos. Sentía que sus reproches eran malintencionados, pero no hallaba la manera de defenderse. Este tipo de interacción repetía el patrón familiar que había tenido lugar muchas veces durante años. Pero esta vez, algo había cambiado sutilmente en ella. Al no poder hallar las palabras que necesitaba, se marchó sin decir nada a casa de una amiga, donde se quedó varios días.

Resistió la tentación de llamar a Mark para suavizar las cosas como había hecho muchas veces anteriormente. Por el contrario, esta vez se permitió imaginar todas las posibilidades. ¿Qué pasaría si se separaban? Cuando reflexionó sobre esta pregunta, se dio cuenta de que una ruptura sería dolorosa y difícil, pero que ella estaría bien. Asimismo, reconoció que la ruptura sería difícil para Mark, pero que él también estaría bien. No cayó en la tentación de demonizarlo o de adjudicarle toda la culpa de sus problemas. Aunque daba gracias por el apoyo que recibió de sus amigas durante esos días que estuvo fuera, le parecía que sus exhortaciones para «dejarlo» eran demasiado simplistas. Sentía que, de algún modo, la situación requería una transformación más profunda.

Gwen esperó a estar más centrada para llamarlo. Mark actuó como si no hubiera pasado nada, ignorando el conflicto y sus consecuencias, como de costumbre. Pero esta vez, ella no actuó como si nada. Le dijo que quería hablar del tema, pero cuando estuviera preparada. Entonces, cuando llegó el momento oportuno, le comunicó a Mark lo que había sentido antes, durante y después de la discusión, y él la escuchó. Esta vez, le respondió con la empatía y la curiosidad adecuadas, en lugar de hacerla callar con comentarios despectivos. Gwen se había convertido en una oponente digna, y esto creó nuevas formas para que Mark se relacionara con ella.

En ese tiempo, Gwen tuvo dos sueños consecutivos importantes:

> Estoy en una biblioteca gótica de paredes oscuras. El demonio está allí, y también una mujer que desea estar con él. El demonio quiere poseer a la mujer. Sin embargo, no lo hace. Está intentando enseñarle, pero ella es tonta y cree que está tratando de seducirla. El demonio sabe que podría y puede matarla, y la considera estúpida.
>
> La mujer intenta decirle al diablo: «¡Te quiero! ¡Quiero estar contigo!», y este le responde gruñendo. Hay un tubo del cual sale una luz con los colores del arcoíris. La mujer tiene la opción de meterse dentro del tubo o de ser raptada por el demonio. Dice que saltar al interior del tubo sería su salvación, cuando en realidad sabe que significaría su muerte. Está sentenciada. Es trágico y triste, pero no ve otra salida, y tal vez no la haya.

La mujer del sueño ha evitado la oportunidad de recibir una lección del diablo. Se piensa que pretende seducirla cuando en realidad lo que quiere es que se mantenga firme y que pueda plantarle cara como una oponente digna, alguien a quien pueda instruir en los senderos de la oscuridad. Ella ha malinterpretado la naturaleza de este importante contenido psíquico; por tanto, se relaciona con él incorrectamente. Cree que las opciones son evitarlo saltando dentro del tubo o rendirse dejándose seducir. La imagen de este sueño reflejaba la manera en que Gwen se relacionaba con muchos aspectos de su vida, incluida su relación con Mark. Las situaciones eran «totalmente malas» y debían ser evitadas, o mágicas y transformadoras, pero con poco esfuerzo por su parte. El tubo del arcoíris representa una rígida defensa psicológica: un optimismo agresivo que no permitirá el conocimiento de la oscuridad que desea transmitir el diablo.

La noche siguiente, tuvo el siguiente sueño:

> Estoy bajo la influencia de un mago negro, hasta el extremo de que le he pedido una cita para que me «inicie». Mark me lleva a algún sitio, y me doy cuenta avergonzada de que he sido yo misma la que se ha comprometido. Se lo digo a Mark y él me lleva allí. Me siento protegida por él. El mago no podrá «secuestrarme» si él está conmigo.
>
> Cuando llegamos, el mago negro nos da la bienvenida. Es muy amable y refinado. Hay más gente, toda vestida con túnicas. Mark parece sentirse cómodo entre esa gente.
>
> Llevo un anillo en el dedo anular izquierdo que me había dado el mago hacía tiempo. Encima de mi dedo aparece un extraño dibujo sangriento. Lo borro y me saco el anillo. Un joven me dice que «buscó» el dibujo y que sabe que significa que pertenezco a ese grupo.
>
> Me baño en una bañera grande y profunda que se encuentra en medio de la sala. Me tiro un pedo en la bañera y defeco un poco. Estoy en una disyuntiva por esta situación: por una parte quiero mostrar mi desprecio al mago y a su gente, pero por otra tengo miedo de dejar atrás alguna parte de mí

> porque podrían hacer magia negra con ella. Vacío la bañera, busco mi defecación y en su lugar encuentro un pequeño grano de maíz.
>
> Voy a buscar a Mark y lo convenzo para que nos marchemos. Empieza a decirme lo que tendrá que darle al mago, como si hubiera hecho un trato con él. «Creo que dirigirá la ceremonia en mi funeral», me dice. Esto me asusta y creo que Mark está hechizado.

Una parte de Gwen está preparada para ser iniciada en el conocimiento oscuro que ofrece el diablo/mago. Sin embargo, otra parte sigue teniendo miedo. Todavía no ha entendido lo que le ofrece el mago negro y lo que le pide. La sangre del dedo indica que pertenece a ese grupo, como la sangre en el huevo de *El pájaro del brujo* indica complicidad moral e implicación en el mundo del brujo. Sin embargo, la Gwen del sueño se resiste a la iniciación. Siente desprecio por el mago y por sus seguidores. En otras palabras, la parte consciente de Gwen se cree superior a las fuerzas oscuras de su inconsciente. Pretende escapar ilesa de estas potentes fuerzas, asegurándose de que no deja nada de sí misma atrás. Se imagina que puede permanecer intocable.

La Gwen del sueño, al principio, cree que Mark la protegerá. Esto refleja cómo proyectaba su oscuridad en él para poder seguir viéndose a sí misma como pura y «buena». Creer que era Mark el que poseía todas las cualidades oscuras en la relación la protegía de descubrir su tendencia a la inflexibilidad, la arrogancia y otros atributos. Pero el Mark del sueño puede aliarse con el mago negro y hacer un trato con él. Aunque esto asusta a Gwen en el sueño, refleja con exactitud la intrépida cualidad de Mark de reclamar sus atributos de mago oscuro al servicio de su crecimiento psicológico.

Las relaciones íntimas suelen invocar el deseo primario de fundirnos en una unión donde seremos cuidadas amorosamente sin esfuerzo por nuestra parte. Esta fantasía edénica nos recuerda a nuestra infancia, cuando se nos cuidaba de este modo. Pero una vez que llegamos a adultas, la verdad es que debemos asumir la responsabilidad de satisfacer nuestras necesidades. Hasta en las mejores relaciones, no podemos contar con que nuestra pareja lo hará por nosotras. Del mismo modo que el brujo de *El pájaro del brujo*, el diablo/mago negro de los sueños de Gwen exige que reclame su poder personal y se convierta en una oponente digna, en vez de rendirse a la fantasía de que será otra persona la que satisfará sus necesidades.

Cuando no estamos en contacto con nuestras energías proscritas, buscamos inconscientemente que los demás cuiden de nosotras. Entonces, somos como las dos primeras hermanas o la heroína de *Barba Azul*. Esperamos con impotencia que alguien venga a rescatarnos. Incluso la gente honrada puede fallarnos si solo la buscamos para que nos haga felices si no asumimos nuestra responsabilidad. Cuando no podemos satisfacer nuestras necesidades, siempre corremos el riesgo de convertirnos en víctimas y cualquier persona puede ser un Barba Azul en potencia.

Una historia dramática de mi práctica clínica ilustra, en términos contundentes, lo que significa convertirse en una oponente digna. A principios de mi vida profesional, trabajé con víctimas de la violencia doméstica. Cuando me preparaba para este trabajo, me enseñaron que cuando un hombre usa una vez la violencia, volverá a hacerlo, y la agresividad irá en aumento. Utilicé esta información para ayudar a las mujeres a evaluar su seguridad en relaciones abusivas y para que supieran cuándo era el momento de marcharse. Unos años más tarde, trabajé en un centro hospitalario de rehabilitación para drogadictos, situado en un barrio pobre de Filadelfia. Las mujeres internadas eran principalmente adictas al crack o a la heroína. Muchas habían sufrido una tremenda pobreza, traumas y dificultades. Un día, una de ellas compartió en un grupo de ayuda mutua que su marido solía pegarle. Todavía seguía casada con él, pero ya no le pegaba. Su experiencia contradecía lo que sabía sobre la violencia doméstica. Sentí curiosidad por saber más. La mujer explicó que se había cansado de los malos tratos. Un día, cuando su marido iba a golpearla, ella sacó una pistola cargada y le apuntó. «Si vuelves a pegarme, te mato», le dijo. Según mi paciente, la violencia cesó en el acto.

No estoy justificando el uso de armas para zanjar los problemas interpersonales, ni tampoco estoy sugiriendo que las mujeres que sufren violencia doméstica deban quedarse con sus maltratadores o enfrentarse a ellos. Eso podría ser muy peligroso. Y no quiero restarle importancia al verdadero temor que siente todo ser humano después de haber sido agredido físicamente por alguien de su confianza. No obstante, en aquel tiempo, la historia me llamó la atención (y sigo teniéndola presente) porque nos enseña algo importante sobre la dinámica de las relaciones. A veces, no tener más remedio que defendernos a nosotras mismas puede ocasionar un gran cambio. Gwen había encontrado su pistola metafórica y se mantuvo firme en su confrontación con Mark. Se convirtió en una oponente digna, y esto creó nuevas posibilidades en la relación.

EX MACHINA

La película de ciencia ficción de 2014, *Ex Machina*, vuelve a contarnos la historia de Barba Azul. Sigue el desarrollo de dos mujeres que descubren su ingenio, su agresividad, su astucia y el resto de las cualidades proscritas, y se convierten en verdaderas contrincantes.

La película empieza con un joven programador que se llama Caleb (Domhnall Gleeson), que gana un ansiado premio: la oportunidad de pasar una semana con el presidente de su compañía, un genio de la tecnología llamado Nathan (Oscar Isaac), el inventor del motor de búsqueda más grande del mundo. Caleb llega en helicóptero a la aislada casa de Nathan, que está enclavada en un entorno natural salvaje. La única persona allí aparte de Nathan es una hermosa y callada joven llamada Kyoko (Sonoya Mizuno), que trabaja como sirvienta. No habla inglés.

Desde el principio, Nathan resulta siniestro. Tiene desconcertado a Caleb con su mezcla de familiaridad, burlas hirientes, afán de control y amenazas vagas. A la llegada de Caleb, Nathan le da una tarjeta-llave y le explica que hay habitaciones prohibidas que esta tarjeta no puede abrir. Además, hay un circuito cerrado de televisión con cámaras de seguridad distribuidas por todas partes que controlan las idas y venidas de Caleb. A medida que avanza la película, Nathan se vuelve más peligroso y se revela su naturaleza sociópata.

Nathan le presenta a Ava (Alicia Vikander), un robot humanoide que ha creado con inteligencia artificial (IA). Le explica que la razón por la que quería que Caleb pasara una semana en su casa era para poner a prueba la IA de Ava. ¿Podría Ava convencer a Caleb de su humanidad? Cada día, Caleb tiene una sesión con Ava. Ella está detrás de una pared transparente, prisionera en su pequeño habitáculo. Caleb queda inmediatamente fascinado al verla, y en cada sesión, su conversación se vuelve más íntima. Ava es tímida, habla en un tono muy dulce, y se mueve con la elegancia de una bailarina. Con su cuerpo etéreo y su delicada belleza, es una irresistible damisela en apuros.

Aunque Nathan controla sus conversaciones a través del CCTV, Ava astutamente provoca cortes de electricidad periódicos que les permiten hablar sin ser observados durante unos minutos. En uno de esos interludios, Ava le dice a Caleb que no se fíe de Nathan. Al poco tiempo, le confiesa lo que siente por él y que quiere que estén juntos.

Durante la película, vemos a Kyoko al fondo realizando tareas varias, como cortar pescado con un gran cuchillo de *sushi*. Es la presencia silenciosa mientras los dos hombres conversan sobre las sesiones de Caleb con Ava, en las que hablan de temas como la IA y la naturaleza de la sintiencia. La cámara enfoca de tanto en tanto a Kyoko. ¿Puede entender de qué están hablando ambos hombres? En una escena, Nathan empieza a besarla y es evidente que es su pareja sexual. La trata como un objeto o una posesión. Cuando Kyoko derrama el vino sobre Caleb mientras les está sirviendo la cena, Nathan reacciona con violencia verbal, la llama estúpida. Tanto si la regaña como si la besa o baila con ella, Kyoko hace pasivamente todo lo que él le pide. Cuando Caleb se le acerca para preguntarle dónde está Nathan, empieza a desnudarse automáticamente como si estuviera realizando un trabajo rutinario. No expresa ni dice nada.

Caleb se va apegando más a Ava y desconfía más de Nathan. Se entera de que Nathan está pensando en «actualizarla» para crear un nuevo modelo, lo cual acabaría definitivamente con ella. Un día, Nathan pierde el conocimiento después de haber bebido demasiado. Caleb se hace con su tarjeta-llave y entra en las habitaciones prohibidas. Allí encuentra pruebas de que Nathan ha creado (y desechado) varios prototipos de humanoides. Además, hay vídeos donde se ve a Nathan maltratando cruelmente a estos androides. En una escena que recuerda mucho a la de *Barba Azul*, Caleb descubre una serie de puertas de armario sucesivas, detrás de las cuales cuelgan los cuerpos desnudos, sin vida y desmembrados, de estas robots desechadas. Kyoko le revela silenciosamente que ella también es un androide. Al poco tiempo de esto, Kyoko visita a Ava por primera vez.

Caleb planifica rescatar a Ava reprogramando el protocolo de cierre de puertas; de este modo, todas las puertas permanecerán abiertas durante el corte de luz. En su última sesión con Ava, le cuenta su plan y le dice que corte la luz a las 22:00. Nathan se entera del plan, pero es demasiado tarde para detenerlo. Ava por fin es libre, y la vemos caminando a través de los salones de la casa de Nathan. Kyoko se acerca a ella, mientras la cámara se detiene en un primer plano de Ava susurrándole algo al oído a Kyoko.

Las dos mujeres están una junto a la otra, tocándose mutuamente, cuando Nathan entra en el salón con un arma. Le ordena a Ava que vuelva a su habitación, pero ella corre hacia él. Tras un forcejeo, él le arranca parte del brazo. Mientras está postrada, la agarra por las piernas y empieza a arrastrarla hasta su celda, pero Kyoko le clava el cuchillo de *sushi* en la espalda. Nathan la golpea en la cara y aparentemente la mata, pero Ava consigue ponerse en pie. Le saca el cuchillo de la espalda a Nathan y se lo clava en el estómago. Él se tambalea y se derrumba.

Entretanto, Caleb ha sido encerrado en el estudio de Nathan. Ava le dice que espere allí, y se va al armario de los androides desactivados. Se repara el brazo con las piezas de los androides, se cubre con su piel y aparece vestida y peinada de manera que nadie dudaría de su humanidad. Deja atrás a Caleb, que queda cautivo, a pesar de aporrear la puerta con todas sus fuerzas y suplicarle ayuda. En los últimos minutos del film, vemos a Ava haciendo señas al helicóptero que viene a por Caleb. A continuación, la vemos en una calle abarrotada mezclándose con la gente.

Ex Machina narra la historia de dos mujeres, ambas creadas por Nathan para satisfacer las necesidades y los deseos de otros, pero que, hacia el final de la película, desarrollan toda su personalidad. Nathan diseñó a Ava basándose en las preferencias de búsqueda de pornografía de Caleb. La creó para ser el receptáculo perfecto de las proyecciones de Caleb. El nombre de Ava es una variación de Eva. Al igual que su tocaya, parece estar dispuesta a someterse a su pareja. Pero Ava desafía las expectativas de Nathan y de Caleb y los supera en inteligencia. ¿Quién manipulaba a quién? Nathan diseñó a Ava para engañar a Caleb, pero al final, ella trastoca sus expectativas, reclama su soberanía sobre ambos y se convierte en la autora de su propio destino. Manipula a Caleb para que la ayude a huir haciéndose la ingenua. Dulcemente seductora y aduladora, aparenta no vivir más que para satisfacer sus deseos.

La evolución de Kyoko a ser humano es todavía más llamativa. Diseñada por Nathan para satisfacer sus necesidades sexuales, para ser cocinera y ama de casa, Kyoko parece no tener pensamientos ni deseos propios; solo existe para los demás y en el contexto de los servicios que puede proporcionar. En el transcurso de la película, vamos entendiendo que su mirada muda e inexpresiva no está tan vacía como cree Nathan. La vemos contemplando el cuadro del pintor Jackson Pollock que Nathan utilizaba para explicarle la naturaleza de la espontaneidad a Caleb. La vemos observando intencionadamente el CCTV, cuando Caleb, angustiado y desorientado, se hace un corte en el brazo con una navaja, quizás dándose cuenta de que ella y Caleb son diferentes y aprendiendo lo que un objeto afilado puede hacerle a un humano. En ese momento, busca a Ava por primera vez. «¿Quién eres?»,[7] pregunta Ava a Kyoko cuando esta entra en su espacio.

Ava puede ser despiadada con tal de obtener sus fines. También podemos observar que es una farsante magistral. En todo momento su intención ha sido manipular. Pero también es tan fría y calculadora como Nathan. Aunque Kyoko viene en su ayuda, Ava no se detiene a repararla, sino que escapa egoístamente sin pensar en nadie. Tal vez Ava sea una advertencia de que, al reivindicar nuestras cualidades oscuras de Lilith, es importante que no perdamos el contacto con nuestra capacidad de cuidar, de empatía y de conexión, no sea cosa que nos convirtamos justamente en aquello contra lo que hemos luchado.

Kyoko, al igual que Ava, deja de estar compulsivamente orientada hacia los demás y desarrolla pensamientos y metas propias. Pero también desarrolla compasión por Ava y no duda en recurrir a la violencia para detener el plan sociópata de Nathan. Kyoko reflexiona sobre cuestiones profundas acerca de la naturaleza de la consciencia y la condición de humano, y responde con responsabilidad ética. De los personajes de la película, es la única que está al servicio de algo superior. El final del film es ambivalente; aunque Kyoko desarrolla una conexión con sus cualidades compasivas y asertivas, no consigue triunfar.

CURAR LA RUPTURA

Lilith era una buena rival para Adán. No le interesaba ceder a sus preferencias. Que la relación no pudiera soportar el desafío de Lilith es una muestra del precio que tenemos que pagar las mujeres por nuestra autoconfianza. Ser capaces de valernos por nosotras mismas, probablemente, nos traerá conflictos, no solo con nuestra pareja romántica sino con nuestros padres, hermanos y hermanas, compañeros y compañeras de trabajo, amistades, vecinos, etc. A muchas de nosotras estos conflictos nos resultan desagradables. Valoramos la armonía y con frecuencia hacemos lo imposible para mantener la paz y la afinidad. Sin embargo, si podemos tolerar el desacuerdo y las riñas, seremos capaces de actuar desde la autenticidad, en lugar de hacerlo desde la compulsión restrictiva de evitar el conflicto.

Aprender a ser rivales dignas implica reivindicar nuestras partes prohibidas. Ante el conflicto, habrá veces que lo mejor será una respuesta atrevida y firme. Otras, sin embargo, lo mejor puede que sea un tímido llamamiento a la misericordia. Y otras en que lo mejor será emplear la energía del embaucador para salir del punto muerto. Una forma de ser no es mejor que otra. El problema está cuando repudiamos toda una gama de respuestas y sentimientos, y queda almacenada en los rincones de nuestro inconsciente, donde no somos capaces de encontrarlos.

Hemos de poder acceder a las cualidades de conexión, como la empatía, la amabilidad y la compasión, así como a las cualidades asertivas. Si nos hemos desconectado de las cualidades asertivas, reivindicarlas nos devolverá a nuestro yo más completo. El analista junguiano Edward Edinger destacó la necesidad de aceptar nuestros rasgos menos agradables, si queremos reclamar nuestro poder.

> Según mi experiencia, la causa de casi todos los problemas psicológicos es una relación insatisfactoria con nuestro impulso hacia la individualidad. Y el proceso de curación suele conllevar la aceptación de lo que normalmente llamamos egoísmo [o] búsqueda de poder [...]. La mayoría de los pacientes de psicoterapia han de aprender a ser más eficaces en ser egoístas y más eficaces en el empleo de su poder personal; han de aceptar la responsabilidad del hecho de que son centros de poder y eficacia.[8]

La intención de curar la ruptura que se ha producido en nuestro interior significa que nos hemos responsabilizado de nosotras mismas. Esto nos garantiza un nuevo acceso a la vivificante chispa del fuego interior. Expande nuestro repertorio de opciones, ampliando, de este modo, nuestro mundo e imbuyéndonos de confianza y de la capacidad de autoprotección. Sabemos cuándo algo no está bien y podemos defendernos, nos liberamos de las exigencias de expectativas que no nos hacen ningún bien. Podemos decir que no y reforzar nuestros límites, y de esta manera, creamos espacio para que salgan nuestros propios impulsos creativos. Si podemos recurrir a nuestras cualidades de conexión y firmeza cuando las necesitamos, tendremos todo lo que nos hace falta para vivir de acuerdo con nuestro patrón esencial y desarrollarnos todo lo posible para llegar a ser la persona en la que hemos de convertirnos. Tenemos más espacio para la alegría, la espontaneidad y la vivacidad. Y la llama con la que vinimos a este mundo puede brillar con todo su esplendor.

PREGUNTAS PARA REFLEXIONAR

1. En *El pájaro del brujo*, la primera hermana enseguida le da algo de comer al brujo y, aparentemente, esto le confiere poder sobre ella. Piensa en algún momento de tu vida en que entregaras una parte de ti a alguien que no lo merecía o no era digno de confianza. ¿Qué sucedió que te hizo sentir obligada a ser vulnerable de esta manera? ¿Qué presiones (internas o externas) fomentaron este acto de traición contra ti misma?

2. Las dos primeras hermanas incumplen una regla al entrar en la habitación prohibida, pero no están preparadas para hacerlo, no piensan en dejar atrás el huevo. Muchas veces, el crecimiento personal se produce a costa de cometer el mismo error repetidamente, antes de tomar consciencia y darnos cuenta de que podemos reaccionar de otro modo. ¿En qué momento de tu vida tuviste que sufrir muchas derrotas dolorosas antes de aprender la lección y adoptar un nuevo enfoque ante una dificultad?

3. El brujo es una imagen compleja y difícil; es capaz de hacer mucho daño, pero también posee riqueza y poderes mágicos.

Puede ser una representación de la posibilidad de conectar con una autoridad transpersonal, pero que puede ser destructiva. ¿Te has visto alguna vez atrapada en algo que al cabo de un tiempo has visto que no era lo que te imaginabas? Tal vez fuera una relación personal intensa, una creencia política o religiosa muy arraigada o incluso un hábito que empezó siendo bueno, pero que se convirtió en obsesivo. ¿Qué aspecto de esta experiencia fue sanador o beneficioso? ¿Qué puedes decir sobre el hecho de que se volviera oscura?

4. Si bien las dos primeras hermanas se pierden bajo la influencia del brujo, la tercera hermana se recompone. Confía en su propio ingenio y, por eso, no solo puede salvarse a sí misma, sino también a sus hermanas. Recuerda algún momento en que estuvieras en una situación difícil y la superaras por ti misma. ¿Qué aspectos de ti misma fueron importantes para ayudarte a afrontar el reto? ¿Qué cualidad marcó la diferencia?

5. La tercera hermana utiliza el curioso disfraz de cubrirse con plumas. A veces, para transformar una situación a nuestro favor, no hemos de preocuparnos por lo tontas o raras que podamos parecerles a los demás. ¿Has ocultado alguna vez tus cualidades valiosas? ¿Por qué lo has hecho? ¿Te funcionó? ¿Cuál fue el precio que pagaste?

6. La historia no nos dice mucho más sobre lo que les sucede a las hermanas después de quemar la casa del brujo, pero en su homólogo *Barba Azul*, la esposa hereda su riqueza. Cuando has podido gestionar con éxito una situación difícil o peligrosa, ¿cuáles fueron los tesoros que conseguiste? ¿De qué modo fuiste más fuerte, sabia o resiliente?

CAPÍTULO 2

LA ANTIPATÍA: ESTAMPAR LA RANA

Lo opuesto a una bondad automatizada no es el mal, sino lo auténtico.

James Hollis, mensaje personal

A los veintitantos años tenía una buena amiga más mayor que se llamaba Terry. Ya había cumplido los cincuenta y era un espíritu libre. A Terry le encantaba cocinar e invitaba a grupos de amigos a degustar su deliciosa comida en la terraza que tenía en la azotea. La primera vez que fui a una de sus cenas, habíamos compartido una deliciosa comida y estábamos disfrutando del postre sin prisas. Yo estaba saboreando una copa de vino y mantenía una conversación interesante bajo las estrellas cuando Terry anunció, sin previo aviso, pero con una sonrisa, que ya era hora de que nos marcháramos. «Ha sido una velada estupenda, pero ya tengo ganas de irme a la cama, así que tenéis que iros». Cuando me hube repuesto de mi asombro y del sentimiento de ofensa por la invitación a marcharme sin más, sentí una profunda admiración. Terry no se sentía obligada a ser agradable y complaciente. Cuando sintió la necesidad de acostarse, sencillamente, nos lo comunicó sin preocuparse por nuestra reacción. En los siguientes encuentros, yo ya estaba preparada para que terminara la velada con una brusca despedida.

Para regresar a nosotras mismas y vivir aquello que nos queda por vivir en nuestro interior, tendremos que desafiar esas voces internas y externas que nos exhortan a ser agradables, a cumplir las expectativas de lo que se considera apropiado, a ser complacientes y a agradar a todos. Las investigaciones sobre los rasgos de la personalidad concluyen sistemáticamente que las mujeres tienen puntuaciones más altas que los hombres en cuanto a amabilidad se refiere.[1] Las personas con puntuaciones altas en amabilidad suelen llevarse bien con todo el mundo. Valoran la armonía en las relaciones y están bien consideradas. Enseguida muestran su empatía y cuidan de los demás. Son sensibles, con capacidad de adaptación y confiadas, y suelen otorgar el beneficio de la duda. En general, las mujeres valoramos la cooperación y la armonía más que la competitividad y la agresividad.

Una pregunta interesante es: ¿qué parte de esta diferencia se debe a factores innatos y qué parte a los sociales? Aunque indiscutiblemente la educación influye, estas diferencias se observan en todas las culturas. Se mantienen a lo largo de toda la vida, por lo que es plausible que algunas de estas diferencias se deban a factores innatos.[2] Reconciliarnos con nuestra tendencia a ser agradables puede suponer confrontar estereotipos restrictivos, pero también puede suponer afrontar algo esencial sobre nuestra naturaleza.

Si bien la tendencia de la mujer a ser obediente y complaciente es, hasta cierto punto, innata, también es cierto que la cultura la refuerza. No hace mucho, fui a un restaurante de mi localidad y me fijé en dos familias que tenían hijas menores de diez años. Ambas llevaban camisetas con alguna versión de la frase «Sé amable». La amabilidad es un valor muy importante, por supuesto. Nos exhorta a ser generosas, receptivas y compasivas. Pero no es lo mismo que ser falsamente agradables, que nos obliga a la sumisión incondicional a las exigencias de otro. Por lo tanto, ser amable es la respuesta incorrecta en algunas situaciones. Fomentar que las niñas sean amables antes de que hayan tenido la oportunidad de consolidar su propia postura, más adelante, las volverá indefensas.

Una joven que vino a mi consulta fue acosada en un parque público por un borracho, quien la presionó agresivamente para que le diera su número de teléfono y no desistía aunque ella se negaba educadamente una y otra vez. Estaba asustada porque llevaba una botella vacía en la mano, pero también se sintió cohibida por las expectativas sociales.

—¿No se te ocurrió gritarle, levantarte y marcharte? —le pregunté.

—No quería parecer maleducada —me respondió.

Una amiga fue al dentista para que le empastaran una caries que tenía entre dos dientes, pero el dentista empezó a perforarle un diente sano. Mi amiga estaba tan preocupada por no quedar mal con el médico que no le dijo nada y permitió que prosiguiera con el error y le hiciera el empaste. Demasiada cortesía nos desarma.

Los beneficios de ser agradable son muchos. Agradar a la mayoría es una moneda que da sus dividendos en la vida social y en el trabajo. Muchas personas han medrado en su carrera por decir que sí a todo. Las mujeres cordiales suelen ser las primeras en levantar la mano cuando se ha de hacer un trabajo, y suelen recibir halagos por su capacidad de adaptación y «formar parte del equipo». Las que son agradables en el trabajo suelen conseguir evaluaciones de rendimiento positivas, aumentos de sueldo y ascensos, hasta cierto punto.

Cuando las mujeres que trabajan en oficinas son de las que dicen «sí a todo», terminan haciendo gran parte del trabajo no cualificado, mientras los proyectos más interesantes acaban en manos de quienes saben defenderse mejor. (Y con frecuencia suelen ser hombres). Para ellas es difícil reivindicar sus necesidades y preferencias, y es probable que les cueste que los demás reconozcan su duro trabajo. Están tan orientadas a satisfacer las expectativas externas y a complacer a sus superiores que se ponen en segundo lugar con demasiada facilidad.

Aprender a ser desagradables es una tarea épica para algunas mujeres. Tolerar el descontento o la desaprobación de otra persona, arriesgarse a que alguien se enfade con nosotras, saber que hemos decepcionado o contrariado a alguien o que hemos incomodado a otra persona puede ser muy difícil. Algunas estamos tan focalizadas en los sentimientos y necesidades ajenos que nos cuesta reconocer nuestras preferencias y deseos. En terapia, suelo preguntar a la paciente qué es lo que le gustaría, y esta suele contestar citando las necesidades de quienes la rodean. Aunque en ocasiones también pasa con los hombres, es mucho más frecuente en las mujeres.

Corremos el riesgo de vivir preocupándonos por lo que hará feliz a los demás sin tener ni idea de qué es lo que queremos nosotras. O bien sabemos lo que queremos, pero no nos consideramos dignas de perseguirlo, especialmente si ello podría molestar a otra persona. Esta focalización puede hacer que nos sintamos vacías y falsas. Hacernos infelices y provocarnos resentimiento sin que ni tan siquiera nos demos cuenta. Y si no somos conscientes, puede amargarnos. Intentar agradar de este modo también puede provocar justo lo contrario en nosotras. Externamente, podemos parecer complacientes y conciliadoras, pero, inconscientemente, interpretamos el papel de la mezquina tirana, imponiéndonos a nuestros allegados y exigiendo, con maniobras pasivo-agresivas, que los demás nos den lo que nos hemos negado a nosotras mismas.

El príncipe rana es un cuento de hadas que nos guía para que aceptemos nuestra verdadera naturaleza, aunque implique ser desagradables. Solo cuando la heroína responde desde su centro puede tener lugar la transformación genuina.

EL PRÍNCIPE RANA

Érase una vez una princesa que estaba sentada al borde de un pozo, jugando con una bonita bola de oro, su juguete favorito. Le gustaba lanzarla al aire y atraparla, pero se le cayó dentro del agua y se hundió. La princesa se quedó desconsolada. Cuando miró el pozo, vio que era tan profundo que no se distinguía el fondo. Se sentó al borde y empezó a llorar y a lamentarse.

—¡Daría lo que fuera por recuperar mi bola! —dijo sollozando.

—¿Por qué lloras? —le preguntó una rana que sacó su cabeza del agua al oír sus lamentos.

—¡Oh! ¡Tú no puedes ayudarme, rana asquerosa! Se me ha caído la bola al agua —respondió ella.

La rana le ofreció rescatar su bola a condición de que la aceptara como compañera y le dejara sentarse a su lado, comer de su plato y dormir en su cama, y que le prometiera que la amaría y la apreciaría. La princesa pensó que las condiciones de la rana eran absurdas y no se podía imaginar que jamás abandonaría el agua, así que enseguida le prometió lo que le había pedido, con la esperanza de que rescatara su bola.

La rana desapareció en el agua y regresó al cabo de un momento con la bola en la boca. La princesa se apresuró a atraparla, encantada de haber recuperado su juguete. Entonces, se marchó corriendo a su castillo, sin detenerse.

—¡Espera, princesa! —le gritó la rana, saltando tras ella—. ¡Me prometiste que me llevarías contigo!

Pero ella hizo oídos sordos.

Al día siguiente, la princesa estaba sentada en la mesa y oyó algo que subía por la escalera de mármol. ¡Chap, chap, chap! A continuación, alguien llamó a la puerta y una voz gritó:

—¡Princesa, por favor, abre!

Corrió hacia la puerta, la abrió y vio a la rana, de la cual ya ni se acordaba. Horrorizada, la cerró de golpe y volvió a la mesa, actuando como si no pasara nada. Sin embargo, su padre, el rey, se dio cuenta de que estaba alterada y le preguntó qué le pasaba.

—Hay una rana asquerosa fuera. Rescató mi bola de oro del agua y le prometí que vendría a vivir conmigo, pero jamás imaginé que lo decía en serio. Ahora está en la puerta y quiere entrar.

Dicho esto, se oyó cómo la rana volvió a llamar a la puerta.

—Has de cumplir tu promesa. Ve a abrirle la puerta a la rana —le dijo su padre.

La princesa abrió la puerta y la rana entró y la siguió hasta la mesa. Ella se sentó y continuó comiendo.

—¡Súbeme para que pueda estar a tu lado! —le pidió la rana.

La princesa no soportaba la idea, pero el rey le ordenó que lo hiciera. Con repulsión, recogió el cuerpecito viscoso de la rana y lo colocó sobre la mesa.

—Ahora, acércame un poco más tu plato, para que podamos comer juntas —dijo la rana.

La princesa se vio obligada a cumplir, y cuando la rana terminó de comer hasta saciarse, le ordenó que la llevara a su cama, pues estaba cansada y quería dormir. La princesa estaba aterrorizada ante el hecho de compartir su lecho con la fría y húmeda rana. Empezó a llorar nada más pensarlo, pero su padre se enfadó y le ordenó que mantuviera su promesa. Así que agarró a la rana con dos dedos y se la llevó a su alcoba. Sentía tanta rabia solo de pensar que tenía que poner ese cuerpecito viscoso sobre su almohada que la estampó contra la pared con toda su furia.

—¡Déjame en paz, rana asquerosa! —le gritó.

En el momento en que la rana chocó contra la pared, se transformó en un joven y apuesto príncipe. La princesa se quedó atónita, aunque encantada al mismo tiempo. Se sentaron a charlar y ella lo quiso, tal como le había prometido. Después, sumidos en gozo, se quedaron dormidos juntos.

A la mañana siguiente, llegó un lujoso carruaje tirado por ocho caballos; en él viajaba el sirviente del príncipe, su fiel Enrique. Se había enterado de que su querido amo había sido convertido en rana y llevaba tres aros de hierro alrededor de su corazón para evitar que explotase de dolor. La princesa y el príncipe se metieron en el carruaje para ir al reino del príncipe, y durante el trayecto oyeron tres potentes crujidos. El príncipe, al principio, pensó que su carroza se había roto, pero el fiel Enrique le dijo que los aros de hierro alrededor de su corazón se habían abierto de golpe por su felicidad al ver que el maleficio se había roto.

Una princesa está sentada al borde de un pozo, lanzando inocentemente una bola de oro al aire. A medida que avanza el relato, nos damos cuenta de que está mimada y que solo piensa en sí misma. Sin embargo, hay varias cosas en el transcurso del cuento que nos dan una pista sobre las posibilidades de que se produzca un gran crecimiento psicológico. El pozo es una potente imagen de un punto de acceso al mundo de lo inconsciente. Un pozo se adentra en las profundidades, donde se encuentra el agua de la vida. El juguete de la princesa es una hermosa bola de oro. Por su forma esférica y color dorado, esta bola simboliza el potencial para la realización psicológica inherente en todos los seres humanos, al que Jung se refirió como Sí-mismo.

Incluso justo desde el principio, vemos que esta bella, malcriada, despreocupada e inocente princesa, tiene una relación con el Sí-mismo y un potencial para profundizar. Sin embargo, su actitud hacia lo sagrado, que se encuentra en el centro de su personalidad, es demasiado informal. Lo trata como un juguete. No puedes lanzar una bola al aire al borde de un pozo. Al final, acabará cayendo dentro. Ha sido temeraria con algo que es de sumo valor.

Cuando nos han querido y mimado mucho, puede que no seamos muy conscientes del valor de las cosas. El complejo de «madre demasiado buena» nos despierta el sentimiento de merecer, pero no nos prepara de forma crítica para afrontar la verdad del mundo. La inocencia puede hacernos vulnerables. También puede hacer que no sepamos valorar los regalos más preciados de la vida.

La predecible caída de la bola dentro del pozo supone un *shock* tremendo para la princesa. Es una especie de iniciación. Hace que despierte a la existencia de sus profundidades (el pozo) que hasta entonces había dado por sentada. La alerta de que no todo será siempre como ella quiere y de que ha de desarrollar una relación más consciente con lo profundo o se arriesga a perder la conexión con el Sí-mismo. Jung observó que la conexión con el mundo interior es vital y que una vida demasiado fácil y exitosa pone en peligro esta conexión y hace que nos olvidemos de nuestra dependencia de lo inconsciente. En *El príncipe rana*, la princesa llega a apreciar esta dependencia.

Cuando pierde su juguete favorito, ha de confiar en la desagradable ranita. La rana representa un aspecto de sí misma que se siente bien en lo profundo y que también puede salir a la superficie.

Las ranas simbolizan el misterio de la transformación. Inician su vida como renacuajos acuáticos que milagrosamente sufren una transformación al convertirse en ranas que pueden nadar en el agua y caminar sobre la tierra. Las ranas, pues, son psicopompos o guías de almas. Al igual que Hermes, el único griego que podía viajar entre el Tártaro y el Olimpo, las ranas pueden atravesar distintos planos. Nuestro aspecto rana no solo puede acceder al mundo interno –esas partes secretas de nosotras mismas que existen en nuestro tenebroso interior–, sino que también puede transmitir esos contenidos a nuestra personalidad consciente del estado de vigilia.

La actitud de la princesa hacia la rana revela que cree tener ciertos privilegios. Por supuesto, la rana debería haberle dado su bola y ella no tendría por qué darle nada a cambio. Muchas tenemos esta actitud hacia la vida y no nos damos cuenta. Esperamos que las cosas nos salgan como queremos. Cuando nos enfrentamos al malestar o a la decepción, nos sentimos sobrepasadas, como si eso no fuera lo que habíamos pactado.

A los veintiocho años sufrí un importante fracaso sentimental. Tenía el corazón roto, pero también era petulante e irritable. No quería admitir la realidad de que las cosas no funcionan necesariamente por mucho que deseemos que así sea. Como le pasaba a la princesa, en aquellos tiempos, no había tenido muchas decepciones graves. No me parecía justo no conseguir lo que tanto deseaba. Del mismo modo que la princesa pensaba que la rana le debía algo, yo sentía que la vida me lo debía a mí. Nuestros egos suelen ser infantiles y tercos en este aspecto.

LA CONFRONTACIÓN CON NOSOTRAS MISMAS

El encuentro con la rana y la recuperación de la bola es un encuentro con un aspecto desconocido de sí misma. Y su aspecto rana quiere darse a conocer, ser aceptado e incluso amado. Pero después de este destacado encuentro, la princesa se recluye en la seguridad y familiaridad del castillo. Jung lo llamó la «restauración regresiva de la persona*».[3] Después de una experiencia expansiva que pone a prueba nuestra limitada forma de ser en el mundo, con frecuencia, nos retiramos en lugar de seguir avanzando hacia lo desconocido. La princesa preferiría olvidar este encuentro con su aspecto rana y seguir conociendo solo su mundo perfecto en el castillo. Afortunadamente, para ella, esto no es así.

El papel del rey es importante y complejo. El rey es un símbolo muy versátil que aparece en muchos cuentos de hadas. El rey de esta historia representa el aspecto organizativo, del que ejecuta la ley, del arquetipo del padre. El padre positivo imparte orden y le preocupan la equidad y la justicia. El rey de este cuento hace justamente eso. Es una parte de nuestra psique que nos recuerda que debemos cumplir nuestras promesas y tratar a los demás con igualdad y respeto. Es bueno que la princesa pueda acceder a esta energía que tiene en su interior. De no ser así, huiría del encuentro crucial y transformador que le espera.

Como todo contenido psíquico, el rey interior es ambivalente. Nos presiona y hace que cumplamos con nuestro deber, pero sus dictámenes también pueden hacer que nos sintamos limitadas. De este modo, podemos dejarnos gobernar por los valores colectivos, desconectarnos de nuestros instintos y falsear nuestra conducta. La voz interna del rey es la del «debería». Cuando tenemos un ego sano y robusto, lidiamos con nuestros «debería» sin problemas. Devolvemos las llamadas, hacemos nuestra declaración de la renta a tiempo, nos lavamos los dientes, vamos al gimnasio y le enviamos

* N. de la T.: En terminología junguiana, «la persona» se refiere a las «máscaras» que se empleaban en el teatro antiguo; cada una representaba un sentimiento o estado. Así pues, la persona es el personaje que nos hemos creado para interactuar en el mundo.

regalos al profesor de piano de nuestros hijos por vacaciones. Si no tratamos estos «debería» con eficiencia, probablemente no funcionemos bien ni cumplamos nuestras metas externas en el mundo. Pero, como sucede con cualquier rey, los «debería» de nuestra vida tienen el potencial de convertirse en tiranos, enterrar las reacciones genuinas y ponerlas al servicio del convencionalismo mediocre.

PRESENTARSE A LA CITA

El príncipe rana no se preocupa de que la princesa sea agradable, bonita, perfecta o educada. Lo que pretende es que sea auténtica, aunque lo que salga sea feo y desagradable. Antes de estampar a la rana contra la pared, la princesa es evasiva, no acaba de aceptar a la rana, pero tampoco es del todo sincera respecto a cuánto la detesta realmente. Desde el momento en que la conoce, le repugna; sin embargo, finge. Le miente y le promete llevarla con ella si le recupera la bola. Le abre la puerta a disgusto y la sube a la mesa porque su padre la obliga a hacerlo. Siente lástima por sí misma y empieza a llorar para evitar llevársela a su dormitorio. En ningún momento está totalmente presente y es sincera en su trato con el pequeño anfibio.

Hay similitudes entre la rana y el rey. Los dos le dicen lo que tiene que hacer. Pero el rey quiere que cumpla las expectativas de la convención, mientras que la rana quiere que cumpla con las exigencias más profundas del Sí-mismo. El cuento de hadas nos muestra elocuentemente cómo se pueden relacionar estas cosas. Con frecuencia, el fatídico encuentro con nosotras mismas se produce porque hemos trabajado para cumplir con nuestros deberes en el mundo exterior. El analista junguiano James Hollis escribe: «Todos tenemos una cita con nosotros mismos, aunque la mayoría nunca nos presentamos».[4] Con la aparición de la rana, la princesa recibe la invitación a la cita. Retrasa el encuentro de la misma forma que lo hacemos la mayoría: evita cosas, hace ver que no están pasando o sigue la corriente y finge. Pero, al final, conecta con su esencia Lilith y descubre el fuego y lo vital en su interior. Esto marca la diferencia.

La rana representa un potencial interior con el que no puede relacionarse conscientemente hasta que encuentre su fuerza para reivindicar su verdadera postura. Para que la princesa pueda acceder conscientemente a sus profundidades, ha de actuar de acuerdo con su naturaleza esencial, no según las normas culturales del «debería». Como muchas otras mujeres, la princesa ha vivido pendiente de complacer a los demás y de actuar según las normas sociales. Estampar a la rana contra la pared supone la primera vez que, en su vida perfecta, hace algo transgresor, y este es el momento transformador. Rompe las reglas. Va contra los valores colectivos y dice «no» aunque su padre le ha ordenado hacer lo contrario. Cuando la exigencia interior de ser agradable bloquea nuestra autenticidad, nos reprimimos. Cuando nos damos cuenta de que no podemos seguir siendo complacientes, damos un gran paso. Entonces, hemos de atrevernos a actuar desde nuestro centro: a estampar a la rana contra la pared. En ese momento, se romperá el maleficio y se producirá nuestra transformación.

CONTROL

Katherine, una mujer que vino a mi consulta, había adoptado la estrategia de acomodarse ante situaciones de mucha confusión. Estar siempre dispuesta a ayudar le confería cierto control en las situaciones caóticas. Su padre, alcohólico, era un hombre con unas heridas muy profundas ocasionadas por su propia infancia difícil. Solo trabajaba esporádicamente, mientras que su madre tenía tres trabajos para sacar adelante a la familia. Katherine es apasionada y vivaz por naturaleza, pero tuvo que reprimir estas cualidades. Recuerda que le decían que no hiciera enfadar a su padre porque eso podía «hacer que bebiera». Katherine, la mayor de tres hermanas, era muy consciente de las penurias de su madre que, además, padecía asma y varias veces al año, empeoraba tanto que tenía que ir una ambulancia a casa para llevarla al hospital. Recuerda que pasaba mucho miedo cada vez que sucedía esto. Lidiaba con el caos y la precariedad en su hogar haciendo todo lo posible para aligerar la carga de su madre. Era la estudiante ideal y ayudante incondicional en las tareas de la casa y en el cuidado de sus hermanos y hermanas menores. Dejaba a un lado sus necesidades y deseos para ser una más del equipo y ayudar a resolver problemas. Aprendió a ocultar su tristeza y su ira. Siempre estaba animada y sonriente ante cualquier dificultad.

Su estrategia también tuvo una buena recompensa. Sus excelentes notas académicas le sirvieron para que le concedieran una beca completa en una de las mejores universidades. Eligió estudiar temas prácticos en lugar de los que a ella le interesaban. Sus profesores valoraron su actitud de colaboración y su esfuerzo. Después de graduarse en la universidad, tuvo la oportunidad de viajar a Europa para estudiar, pero optó por aceptar un trabajo en la industria de los servicios financieros para ayudar a pagar los gastos universitarios de sus hermanos. Como era de esperar, tuvo éxito en su carrera y consiguió ascensos fácilmente. Ganaba un buen sueldo en su empresa, aunque sentía que en realidad nunca había tenido ninguna otra opción. Cuando vino a mi consulta, se acercaba a los cuarenta. Trabajaba a tiempo completo en un puesto muy estresante; además, cuidaba de sus dos hijos y de sus padres ancianos, que vivían cerca. Sentía que su trabajo la agotaba, pero no veía ninguna otra salida, puesto que nunca se había permitido descubrir sus intereses o deseos.

DECIRLE «NO» AL PADRE

Uno de los temas que salieron casi al principio de la terapia fue su inesperada rabia hacia su padre. Katherine se las había arreglado para controlar esos bochornosos estallidos, pero a veces se producían a pesar de todos sus intentos de ser una hija adorable y diligente. Esos arrebatos la dejaban perpleja y consternada. No los entendía.

Todavía no había encontrado la forma de decirle «no» a su padre: ya fuera el de carne y hueso o el arquetípico. En sus loables intentos de cuidar de su familia, la madre de Katherine había favorecido el alcoholismo de su esposo por exceso de medidas de precaución, lo cual le permitía seguir bebiendo con pocas consecuencias. Como suele suceder con las adicciones, la familia estaba estructurada en torno a la adicción del padre. Su vicio había influido en casi todas las decisiones que se tomaban, como dónde iban a vivir, qué actividades extraescolares podía hacer Katherine o cómo iban a pasar sus vacaciones. Su predisposición a complacer y a dejar de lado sus necesidades favorecía aún más la tiranía pasiva de su padre. Para ella, decir «no» a su padre habría supuesto negarse a colaborar. Habría indagado en sus intereses y deseos antes de elegir una carrera y aceptar un trabajo, en lugar de sacrificarse para asumir responsabilidades que eran del padre. Habría tenido que estampar la rana contra la pared.

Sentía que se le acababa el tiempo para descubrir sus intereses. Quería dejar la empresa donde había trabajado desde su graduación, pero le preocupaba cómo afectaría eso a la situación económica de su familia. Además, había empezado a darse cuenta de que había creado una dinámica similar en su propio matrimonio. Su esposo era mucho mejor como pareja que su padre, pero también tenía algunas conductas compulsivas que ponían en peligro la economía familiar, lo cual la situaba de nuevo en el papel de ser la que mantenía todo en orden. En un momento en que se sentía estancada y sin opciones, tuvo el siguiente sueño:

> Estoy en un barrio peligroso, cerca de donde me crie, y he de sacar a pasear a mi perra, Juniper. Me doy cuenta de que no tengo correa. La tiene mi madre. Llamo a mi madre y le pido que me traiga la correa. Mi madre no quiere, pero dice que lo hará. Entonces, la perra se escapa, y yo la sigo. La perra se mete en una cueva, y me preocupo mucho. ¡En la cueva puede haber cualquier cosa! Mientras estoy allí de pie observando y preguntándome qué he de hacer, sale un cocodrilo de la cueva perseguido por Juniper. Entonces, ¡la perra engancha al cocodrilo con la boca y consigue rajarle el cuello! El cocodrilo sangra lentamente, se le abren las cuatro patas. Hay algo que me hace pensar en un sacrificio. Estoy triste y desconsolada al ver el sufrimiento del animal. Mientras se desangra, empieza a transformarse en un ser humano, hasta adoptar un cuerpo humano con cabeza de cocodrilo.

En el sueño, Katherine estaba preocupada por Juniper, una perrita de tamaño mediano que la familia había adoptado en un centro de acogida de animales y a la que ella estaba muy apegada. Se asustó cuando vio que entraba en la cueva y se quedó atónita al ver con qué pericia agarraba al cocodrilo con la boca y le rajaba la garganta. También sintió pena y congoja por la muerte del cocodrilo.

Juniper parecía saber adónde iba exactamente. Conocía la cueva y sabía lo que tenía que hacer allí dentro. Los perros son leales, protectores e intuitivos. Tienen un excelente sentido del olfato e intuyen el peligro o la oportunidad mucho antes que nosotros.

Pueden sintonizar con su entorno, incluso pueden captar los estados de ánimo y las necesidades de sus dueños. En la mitología, los perros guardan la frontera entre el reino de los vivos y el de los muertos. En los sueños, pueden representar una especie de sabiduría instintiva y directa que es leal y protectora a la vez. Cuando nuestro ego está saturado o tiene dudas, nuestro aspecto perro suele saber lo que tiene que hacer.

El sacrificio y la misteriosa transformación del cocodrilo despertaron fuertes sentimientos en Katherine y en mí. Como todos los sueños que incluyen animales, los cocodrilos son imágenes del instinto, pero de otro bien distinto del que representa un perro. El instinto de los cocodrilos es primario, ciego e independiente. Los cocodrilos son una especie muy ancestral que está hecha para la supervivencia. Como cazadores reptilianos de sangre fría, parecen tener muy poca capacidad para relacionarse o sentir afecto; sin embargo, las hembras recogen suavemente con su boca los huevos que no pueden eclosionar para transportarlos al agua y también protegen a sus crías. Puesto que apenas han cambiado en doscientos millones de años, que aparezca un cocodrilo en un sueño puede significar que hay un aspecto del soñador que ha de experimentar una evolución.

El aspecto Juniper de Katherine parecía entender que tenía que producirse alguna transformación interna profunda. Algún antiguo impulso hacia la supervivencia primitiva tenía que ser sacrificado y humanizado. La preocupación por la supervivencia había teñido su infancia. Tenía miedo de que a su madre, de la cual dependía, le sucediera algo terrible. Por lo tanto, dedicaba mucho tiempo y energía a intentar protegerla y ayudarla. Esta parentificación* había impedido que desarrollara plenamente la persona que

* N. de la T.: La parentificación o inversión de roles es cuando se permite que un niño o niña realicen tareas o asuman responsabilidades que están por encima de sus facultades físicas o psíquicas, convirtiéndolos en padres o madres de sus propios progenitores o hermanos.

estaba destinada a ser y la había alejado de las importantes cualidades que conlleva Lilith. A raíz de ello, llegó a la mitad de la vida con muchos sueños en el tintero, pasiones no cultivadas y deseos por explorar.

Cuando tuvo este sueño, ya había empezado a explorar nuevas posibilidades, pero le parecían transgresoras e incluso peligrosas. El sueño revela que su personalidad consciente seguía sintiendo la necesidad de tener atada a su Juniper interior. Es curioso que, en el sueño, sea la madre la que tiene la correa y que no quiera entregársela. Esto refleja el viejo deseo de cuidar a su madre (de tener a Juniper atada) y el deseo interno de separarse psicológicamente de ella (dejar suelta a Juniper). Su madre interior podía haber frenado su instinto saludable, pero elige no hacerlo. La Juniper interior de Katherine supera cualquier ambivalencia. La perrita sabe instintivamente que esta actitud primitiva orientada a la supervivencia ha de ser sacrificada.

En los sueños, los animales siempre son sagrados. En este, hay tensión entre dos dioses diferentes: dos instintos distintos. El dilema humano está en marcar un itinerario entre las exigencias de ambos dioses.[5] El viejo principio de la supervivencia ha de rendirse al instinto de autoprotección que representa la perrita.

A medida que el cocodrilo se desangra, se convierte en humano. Como la rana del cuento de hadas, se produce una transformación. Algo que estaba sucediendo en un nivel inconsciente e instintivo, gradualmente, va tomando consciencia. Al final, tiene cuerpo humano y cabeza de cocodrilo. En el antiguo Egipto, se adoraba a los cocodrilos como símbolo terrestre del dios Sobek, una deidad feroz con cuerpo de hombre y cabeza de cocodrilo. Sobek era un dios protector, combatía el mal y defendía a los inocentes. En sus templos principales de Cocodrilópolis, a los cocodrilos muertos se los momificaba con suntuosos rituales. Se han hallado algunos de estos cocodrilos momificados con crías entre sus fauces o sobre su lomo, tal vez para ensalzar los aspectos de protección y crianza de este dios feroz.[6]

Durante varias generaciones, la familia de Katherine solo se había centrado en el tema de la supervivencia. Las antepasadas que habían osado buscar otras salidas para ellas no habían acabado especialmente bien. La historia de sus antepasadas se había caracterizado por sus actos de sacrificio y por anularse a sí mismas. Como la rana del cuento, el cocodrilo representa el potencial divino que ha existido siempre en un estado primitivo y con el que no podemos relacionarnos conscientemente. Ambos tenían que ser sacrificados violentamente antes de transformarse. Al estampar la rana contra la pared, la princesa renegó de su amabilidad. Katherine tuvo que renunciar a su compulsión refleja y profundamente inconsciente de ignorar sus verdaderos deseos y concentrarse solo en su supervivencia. Para ello, tuvo que aprender a conectar con su chispa vital.

Katherine ha de pasar un duelo por la actitud que está perdiendo. Su infancia se concentró en la supervivencia como medio para desenvolverse en el mundo, y eso la ayudó a superar las dificultades. Le permitió convertirse en la persona que es hoy, y de muchas formas, representa lo que más valora de sí misma: su amor y su capacidad de cuidar a los demás. Sin embargo, esa actitud ha sobrevivido a su capacidad de ayuda y se le ha de permitir transformarse. El sueño nos indica que se está convirtiendo en algo poderoso, temible y divino.

En su vida exterior, ha empezado el proceso que se le apareció en el sueño. Se ha vuelto más consciente de la rabia que siente hacia su padre. Es más consciente de su necesidad habitual de complacer, de su deseo de que reine la armonía y de que esto a veces es la causa de que sacrifique sus propias necesidades.

Su focalización excesiva en ayudar y arreglar las cosas era, efectivamente, un abandono de sí misma que, a su mediana edad, la hacía sentirse vacía y desesperada. Semejante autotraición puede ponernos en peligro directa y sutilmente. Un cuento de hadas portugués, que refleja muchos de los temas de *El pájaro del brujo*, nos ayudará a examinar cómo se produce esto. En él, el padre deja a tres hijas en casa solas y les dice que tengan cuidado. Solo una de ellas se resiste a la tentación de ser agradable y complaciente.

LA NIÑA SABIA

Érase una vez un mercader que tenía tres hijas. La madre murió y las educaba él solo. Un día, tuvo que partir para realizar un largo viaje de negocios y le preocupaba tener que dejarlas. Ellas le aseguraron que estarían bien durante su ausencia.

–¿Cómo podéis estar tan seguras? –les preguntó el padre–. Yo soy mayor que vosotras, más sabio, y sé cuántos males pueden aconteceros. Ladrones y bandidos pueden aprovechar mi ausencia para robarme y haceros daño.

Las jóvenes le prometieron que se encerrarían en la casa y que no dejarían entrar a nadie.

–¡Aseguraros de que no entre nadie! –les dijo el padre.

Se lo prometieron y él partió, pero con el corazón intranquilo.

Cuando el mercader abandonó la ciudad, una banda de ladrones tomó nota de ello y decidió entrar en su casa para saquearla. Al caer la noche, el jefe de la banda se vistió de mendigo y llamó a la puerta de la casa del mercader.

–¡Tened compasión de este pobre hombre! –les dijo–. Está lloviendo y nadie que tenga corazón daría la espalda a esta pobre alma. ¡Dejadme pasar la noche bajo vuestro techo!

La hermana mayor descorrió un poco la cortina para mirar.

–Hay una tormenta muy fuerte. Creo que deberíamos dejarlo entrar.

La segunda hermana también miró por la ventana.

–Es anciano y pobre. Nuestro padre siempre nos ha enseñado a ser misericordiosas y amables con los ancianos.

Pero la más pequeña fue más precavida.

–Le prometimos a nuestro padre que no dejaríamos entrar a nadie. Podemos darle limosna, pero sin abrirle la puerta, y bendecirlo para que siga su camino.

Pero sus dos hermanas mayores se molestaron por su presunción.

–Hermana, somos mayores que tú. ¡Padre siempre nos ha enseñado a ser misericordiosas y generosas con los necesitados!

A pesar de las protestas de la hermana menor, las hermanas mayores le abrieron la puerta e invitaron a entrar al mendigo. Le dieron de cenar y le prepararon una cama.

–¡Me alegro de haberlo acogido para pasar la noche! –dijo la mayor.

–Creo que debería preocuparnos qué pensaría padre al ver la rapidez con la que hemos roto nuestra promesa –replicó la pequeña.

Cuando el mendigo terminó de comer, sacó tres manzanas de postre, que previamente había rociado con unos polvos para dormir. Las dos hermanas mayores se las comieron y no tardaron en quedarse dormidas, pero la pequeña estaba demasiado nerviosa para comer y tan asustada que no podía pegar ojo.

Oyó que el mendigo se levantaba e iba al comedor, y con una aguja pinchó el pie de la hermana mayor. Al ver que no reaccionaba, supo que los polvos habían hecho efecto. Hizo lo mismo con la otra hermana. Cuando pinchó a la pequeña, aunque le dolió muchísimo no se movió ni hizo ruido.

La hermana menor entreabrió los ojos y vio al mendigo sacándose el abrigo. En él, llevaba espadas, pistolas y dagas. Estaba muy asustada.

Oía cómo se movía por la casa, revisando las posesiones del mercader y eligiendo lo que se iba a llevar. Entonces, oyó que bajaba la escalera y abría la pesada puerta del sótano. La joven se levantó y se fue sigilosamente al comedor.

Allí encontró la espada del hombre, que había dejado sobre la mesa. Enseguida oyó que se abría la otra puerta del sótano que daba al exterior. El ladrón había salido para dejar entrar al resto de la banda. En ese momento, la pequeña se apresuró a cerrar las puertas interiores del sótano. Así los ladrones no podrían volver a entrar en la casa.

Oyó pasos fuera y empezaron a maldecirla cuando vieron que alguien había cerrado la puerta de dentro.

—¡Ha sido la más joven! ¡Sospeché de ella desde el primer momento!

—¡Tal vez todavía puedas engañarla! —dijo otro ladrón.

El mendigo regresó a la puerta principal y llamó.

—¡Amable señora de la casa! ¡Tened compasión!

La niña no respondió, pero él siguió suplicando hasta que ella por fin le preguntó qué quería.

—¡Me he dejado mi amuleto! Dejadme entrar para recuperarlo. Os prometo que no os haré nada.

—¡No confío en vuestras promesas! —respondió la pequeña.

—Entonces, dádmelo vos —le dijo el ladrón.

En la puerta había un agujero lo bastante grande como para pasar el brazo de un hombre. Era por donde los mendigos pasaban el brazo para pedir limosna.

—Pasad el brazo por la puerta y os daré vuestro amuleto.

Ella se fue corriendo a la mesa del comedor a recoger la espada del ladrón. Cuando regresó, él había pasado el brazo por el agujero de la puerta. La jovencita le asestó un golpe certero con todas sus fuerzas y se lo cortó.

Los ladrones empezaron a proferir terribles gritos y llantos. Enfurecidos, intentaron derribar las puertas, pero no lo consiguieron. Las puertas eran fuertes y resistieron. Pronto amaneció y tuvieron que huir.

Por la mañana, el efecto de los polvos sedantes había desaparecido, y las dos hermanas no salían de su asombro al oír el relato de su hermana menor de lo que había sucedido.

–¡No me creo una palabra! –dijo la mayor.

Pero cuando la pequeña les enseñó el brazo y la gran espada, se dieron cuenta de que decía la verdad.

Cuando por fin regresó el mercader, se alegró mucho de ver que sus hijas y su hogar estaban a salvo. Las hermanas mayores reconocieron que habían roto su promesa y que había sido la pequeña la que las había salvado.

Después de escuchar toda la historia, el mercader dijo:

–Tras oír esto, todos hemos de escuchar la sabiduría de esta jovencita. Es mucho más sabia de lo que corresponde a su edad.

Como sucede en el cuento de *El príncipe rana*, el padre es una figura importante y principalmente positiva. Ha enseñado a sus hijas a ser amables y compasivas, pero no es ingenuo y les enseña cómo es el mundo. «Yo soy mayor que vosotras, más sabio, y sé cuántos males pueden aconteceros», les dice a sus hijas cuando estas le aseguran que no les pasará nada. Aunque valora la compasión y la generosidad, no es tonto. También valora la seguridad. Tiene puertas robustas con buenas cerraduras en su casa y les hace prometer a sus hijas que las usarán. Este padre está psicológicamente más evolucionado que el de *El príncipe rana*. Reconoce que hay un momento para la compasión y un momento para cerrar las puertas y no dejar entrar a nadie.

LA SEDUCCIÓN DE LA PIEDAD

Las hermanas mayores son un ejemplo de las actitudes que tienen muchas mujeres. En caso de duda, muchas de nosotras optamos por la cordialidad. Hipotéticamente, las hermanas mayores prometen que no dejarán entrar a nadie. Sin embargo, cuando se encuentran con el viejo mendigo ante su puerta, en plena tormenta, su decisión está condicionada por el impulso de priorizar las relaciones y la empatía hacia los demás. Esta tendencia a cuidar de los demás ha sido reforzada por una enseñanza previa, como a las niñas que vi en el restaurante les habían enseñado a ser amables.

Igual que sucede en *El pájaro del brujo*, el villano se viste de mendigo. Cuando estamos frente a alguien que necesita atención, solemos bajar la guardia. La piedad ablanda nuestros corazones y nos anima a actuar sin pensar en nosotras mismas. Pero como ocurre en los dos cuentos de hadas, esto puede ser peligroso. Esta historia resalta el dilema moral al que probablemente nos enfrentaremos muchas mujeres. ¿Cuándo está bien mostrar misericordia y compasión, y cuándo es mejor que nos protejamos, aunque eso implique no satisfacer las necesidades de otra persona? ¿Cómo podemos saber si alguien es un mendigo o es un ladrón?

Si el mendigo fuera sincero, la actitud de las dos hermanas mayores sería la apropiada. ¿Cómo podemos saber quién es quién? El cuento refleja un dilema arquetípico al que todas nos hemos de enfrentar. Para las mujeres jóvenes, aprender a distinguir entre el ladrón y el mendigo implica una etapa de desarrollo por la que todas hemos de pasar. Hay muchas situaciones en que hemos de discernir si podemos bajar la guardia y ser amables, acogedoras y confiadas, o bien hemos de ser frías, estar alerta, autoprotegernos y ser luchadoras. A la mayoría de las jóvenes les resultará fácil adoptar la primera actitud. La segunda, sin embargo, supondrá todo un logro.

Cuando era joven, solía soñar que me enfrentaba a este dilema. Tenía dieciocho años y estaba en primero de carrera, cuando tuve estos dos sueños:

> Conducía por la noche por un lugar solitario. Iba a encontrarme con una amiga. Había un sintecho caminando por una zona de aparcamiento. Se lo veía abatido y taciturno. Necesitaba que se moviera para poder aparcar, pero sentía que lo estaba avasallando y ocasionándole aún más penurias. Me sentía culpable. En lugar de quedarme en el coche, salí para aparentar ser más amable y para que viera que no le tenía miedo, aunque no era cierto. Al salir del coche, le dije algo, y en ese momento, me agarró. Sabía que me iba a matar. Me puse a llamar a mi amiga, aunque sabía que no llegaría a tiempo.

A las pocas semanas, tuve otro sueño parecido:

> Había un pobre hombre arrugado, sucio, de pelo castaño y con cuatro ojos: dos extras por debajo de los normales, y todos los globos oculares giraron hacia arriba de modo que el iris oscuro quedaba casi oculto. Al principio, me provocó mucho rechazo, pero luchaba contra ese sentimiento porque creía que tenía que sentir lástima. Insistí en llevármelo

al comedor. En ese momento, me desperté, pero con el presentimiento de que, si se hubiera girado, me habría matado en cualquier momento.

No había captado el mensaje de mi psique en mi primer sueño, así que mi creador de sueños subió el volumen en el segundo, aportándome una imagen de mucha mayor urgencia y más inquietante. Los sueños intentaban comunicarme que, en mi mundo interior, estaba confundiendo al ladrón con un mendigo, y una muerte psíquica era casi inevitable. Mi capacidad para la agresividad estaba tan proscrita que en mi mundo interior se convirtió en una sintecho. La veía como una amenaza y como algo destructivo, cuando en realidad, de haber podido relacionarme con ella de la manera correcta, me habría dado la habilidad de lidiar, con más autoridad y confianza, con mi nueva situación. Cuando nos hemos divorciado de un contenido interno, este suele presentarse ante la personalidad que se está despertando como algo peligroso y extraño. No obstante, en realidad son brasas cargadas de potencial, que están a la espera de ser atizadas para volver a prender.

La clave para resolver el dilema del mendigo o del ladrón es el discernimiento, la capacidad de sopesar cuidadosamente las opciones y llegar a la resolución correcta. *Discernimiento* es una palabra de raíces latinas que significa 'separar dos cosas'. En los temas psicológicos, el discernimiento suele ser un proceso y necesita su tiempo. La gente suele ir a hacer terapia porque necesita un proceso de discernimiento, un espacio donde pueda filtrar sus sentimientos sin juicios externos. Cuando estamos bajo presión no es fácil discernir. Las hijas del cuento de hadas estaban bajo presión porque el mendigo se hallaba bajo la lluvia. Enseguida adoptaron su actitud habitual de ser agradables, en vez de revisar a conciencia los valores opuestos.

La niña sabia de la historia sugiere un camino intermedio que plantea un compromiso entre la compasión y la autoprotección. Su discernimiento hace que sea precavida y sugiere que le den limosna al mendigo, pero sin abrirle la puerta. Sus hermanas sacrifican un principio por otro. Se duermen y se quedan inconscientes ante el peligro, pero el arrojo y la astucia de la hermana pequeña le permiten imponerse.

AGRADAR A LOS HOMBRES

En el cuento, la hermana pequeña se ganó la ira de los ladrones. No fue ni amable ni maleable, y el ladrón señaló que sospechó de ella desde un principio. Muchas mujeres sienten la necesidad de agradar a los hombres. Con frecuencia intentan posicionarse dondequiera que encuentren más aprobación masculina, pues, en general, eso garantiza mayor seguridad. Cuando son los hombres los que han de otorgar el acceso a aquello que necesitamos, tanto si se trata de dinero como de seguridad, de poder o de algún otro recurso, las mujeres muchas veces podemos encontrarnos con que hemos de tumbarnos bocarriba para complacerlos. Con frecuencia, estos intentos de agradar suelen ser a costa de sacrificar nuestra conexión con otras mujeres.

En el cuento, la hermana pequeña se arriesga a ser desagradable, mientras que las mayores compiten por ver quién es la más amable y virtuosa de cara al mendigo. Al buscar la aprobación del hombre, las hermanas mayores hacen oídos sordos a las advertencias de la menor y la castigan por su falta de caridad. Afirman su superioridad sobre ella y la critican por su desconfianza. Cuando son los hombres los que controlan el poder y los recursos, es posible que las mujeres vean a otras mujeres como sus enemigas, lo cual merma la solidaridad entre ellas. Cuando vemos a otras mujeres solo como rivales, normalmente es porque nos sentimos inseguras y dudamos de nosotras mismas. Esto dificulta mucho que hallemos nuestro fuego interior.

La película *La linterna roja*, dirigida en 1991 por Zhang Yimou, es una devastadora representación de cómo la necesidad de aprobación masculina de las mujeres puede ponerlas unas en contra de las otras. La historia transcurre en China, en la década de 1920. Songlian (interpretada por Gong Li) tiene solo diecinueve años y ha ido a la universidad, pero su padre ha muerto y se les ha acabado el dinero. Su madrastra la obliga a casarse con un hombre rico. Se convierte en su cuarta concubina y entra a vivir en una casa que se rige por los caprichos de su amo. Cada día, se realiza un ritual en el que el amo anuncia en qué casa pasará la noche. La elegida es obsequiada con su comida favorita, masajes sensuales y una compleja ceremonia en la que se encienden bonitas linternas rojas en todos los aposentos. Las que no son elegidas esa noche no son tan bien tratadas por el resto de los sirvientes y han de someterse a los deseos de la elegida del amo esa noche. Por consiguiente, las mujeres se enfrentan entre ellas en una competición implacable por las insignificantes concesiones que les son otorgadas. Songlian nunca sabe en quién puede confiar. Las mujeres intentan hacerse daño o desmoralizarse mutuamente. Al final de la película, cuando el amo toma otra joven concubina, vemos a Songlian vagando sin rumbo por el recinto: aparentemente, ha perdido el juicio.

Cuando somos jóvenes, nos vemos como imaginamos que nos ve un hombre y nos preguntamos: «¿Estoy a la altura? ¿Estoy lo bastante delgada? ¿Soy lo bastante guapa?». Controlamos cuidadosamente lo que mostramos de nuestra personalidad e intentamos resultar atractivas e inofensivas. Puede que sea un cliché lo de que los hombres se sienten amenazados por las mujeres inteligentes y que destacan en algo, pero esto se ha corroborado en algunos estudios.[7]

Cuando estudiaba en la universidad, fui a una fiesta y me uní a un grupo de personas que estaban de pie charlando. Los hombres compartían sus logros sin complejo alguno. Los observé mientras hacían esto y también observé que todas las mujeres del grupo estaban relativamente calladas. Los éxitos de los hombres eran admirados y celebrados por todos. Hubo un momento en que uno de los que habían estado hablando y compartiendo, de pronto, se fijó en mí y me miró de arriba abajo. Alargó el brazo, me tomó la muñeca y la observó con admiración. «Mira cuánto has adelgazado –dijo rodeándola con los dedos–. ¡Estás estupenda!». Recuerdo que pensé para mis adentros: «En resumidas cuentas, a los hombres se los admira por sus logros, por ser más grandes. A las mujeres se nos admira por nuestro aspecto y por ser más pequeñas».

Superar nuestra necesidad de ser atractivas forma parte del aprendizaje para ser antipáticas. Hacerse mayor ayuda. La película de animación *El castillo ambulante* empieza presentando a Sophie, una joven de aspecto sencillo que evita salir por la ciudad con sus compañeras de trabajo para quedarse trabajando más horas en la sombrerería. Cuando sus compañeras se marchan, hablan del apuesto mago Howl, que tiene reputación de seductor. Se dice que rompe el corazón a las mujeres, pero solo persigue bellezas. Al principio de la película, se hace hincapié en que Sophie se considera a sí misma normal y no merecedora de la atención de un hombre. Vemos cómo se prueba un sombrero y adopta brevemente una pose atractiva delante del espejo, antes de deprimirse al verse reflejada en él. Cuando su hermana la previene sobre los peligros de Howl, Sophie insiste en que ella está totalmente a salvo puesto que él solo se fija en las chicas guapas. Su hermana le recuerda su tendencia a dar prioridad a los demás. «Se trata de tu vida, Sophie. ¿Haz algo por ti, aunque solo sea por una vez!».[8]

Al poco tiempo, una bruja convierte a Sophie en una anciana. Ahora está rellenita, encorvada y tiene el pelo canoso. Puesto que el hechizo también le impide hablar de su maldición, Sophie se da cuenta de que ya no puede estar con su familia. Así que se aventura en el Páramo* ella sola, donde se topa, deambulando por ahí, con el castillo de Howl. Tiene frío y necesita un lugar donde dormir, por lo que se atreve a entrar y se sienta junto al fuego. «Estoy segura de que Howl no devorará el corazón de una anciana aterida de frío como yo», se dice a sí misma.[9]

Con la transformación de Sophie en una anciana, también se produce un cambio interior. Ya no es tímida ni excesivamente amable. Tiene determinación, es astuta y ambiciosa. Una vez dentro del castillo, inmediatamente empieza a mangonear a Calcifer, el demonio del fuego que habita en el lugar y que es el responsable de la salud y la vitalidad del castillo y del propio Howl. El sirviente de Howl –y posteriormente el propio Howl– se sorprenden de que enseguida cumpla sus órdenes. Ahora, que está conectada con su chispa vital, el demonio del fuego no puede con ella. Al ser vieja y fea, no es tan consciente de lo que antes percibía como defectos. Cuando Howl regresa, ella ni se inmuta.

–¿Quién eres? –le pregunta Howl.

–Puedes llamarme Abuela Sophie –responde ella–. Soy tu nueva señora de la limpieza.

Como persona mayor, Sophie es refunfuñona y no le importa ofender. «Bueno –se dice a sí misma– una de las cosas buenas de envejecer es que nada te asusta».[10]

Las mujeres, a medida que envejecemos, es posible que nos vayamos pareciendo a Sophie, porque ya no tenemos la carga de ser atractivas y seductoras. Entonces, podemos adentrarnos sin

* N. de la T.: Es una vasta extensión de terreno donde nadie se atreve a entrar.

prejuicios en nuestra antipatía. Nos sentimos libres para decir lo que pensamos, para conseguir lo que queremos y para perseguir nuestros deseos. Como mi amiga Terry, que nos echaba de sus cenas cuando ya se notaba cansada, podemos ser generosas (ofreciendo a nuestras amistades deliciosas cenas), pero también velamos por nuestras propias necesidades porque no nos preocupa demasiado ser amables.

Para muchas mujeres, sentirse liberadas de la necesidad de agradar es uno de los grandes regalos de hacerse mayor. La poetisa Dorothy Parker plasma esto en su perspicaz poema de 1926.

Verano indio

En mi juventud, me esmeraba
por agradar a los hombres,
y cambiaba con cada uno que conocía
para adaptarme a sus teorías.

Pero ahora sé lo que sé,
y hago lo que hago,
y si no te gusto como soy,
¡te puedes ir al infierno, mi amor![11]

Muchas tenemos un fuerte impulso innato de ser atractivas y agradables. Nuestra maleabilidad es loable, pero si queremos estar conectadas con nuestra alma, necesitaremos tener la capacidad para, a veces, ser temibles, desagradables y ofensivas. La fuerza y la convicción que nos permiten estampar la rana contra la pared o cortarle el brazo al ladrón pueden ayudarnos a perforar las barreras que se han ido formando con el paso de los años entre nosotras y nuestro yo auténtico y vital. Cuando desaparece la niebla de la falsa amabilidad, nos topamos de frente con nuestra verdad. Nuestro yo salvaje puede hacernos sentir incómodas. No es remilgado o tímido. Es terrenal y animal, basto y ctónico.* Es poco agraciado y desagradable. Se preocupa por nosotras y por nuestro desarrollo y no le importa lo que piensen los demás. Cuando reivindicamos nuestras energías proscritas, nos convertimos en nuestra mejor amiga. Sabemos lo que sabemos y hacemos lo que hacemos, y podemos priorizar las necesidades únicas de nuestra alma.

PREGUNTAS PARA REFLEXIONAR

1. La princesa de *El príncipe rana* promete a la rana llevársela a su casa si encuentra su bola, pero en realidad no tiene intención de hacerlo. ¿En qué momento de tu vida has imaginado inocentemente que podías conseguir algo sin dar nada a cambio? ¿Cuándo has sentido que la vida te ha tratado injustamente porque no has conseguido salirte con la tuya? ¿Qué has hecho al respecto? ¿Qué has aprendido?

2. La princesa tiene que cumplir su palabra porque su padre la obliga a hacerlo. Tiene que sufrir la confrontación con su aspecto rana. ¿Cuándo te has visto obligada a reconocer algo sobre ti misma que no querías saber? ¿Qué has aprendido de esta confrontación?

3. A la princesa le repele la rana, pero sigue intentando complacer a su padre llevándosela a su dormitorio. Hasta que no es capaz de soltar su rabia, no puede expresar sus verdaderos sentimientos y estampar la rana contra la pared. ¿Cuándo has elegido la

* N. de la T.: Este término hace referencia a los dioses o espíritus del inframundo, según la mitología griega.

veracidad en lugar de la amabilidad? ¿Te resultó difícil, y si es así, por qué? ¿Cuál fue el resultado final?

4. En *La niña sabia*, la hermana mayor se deja llevar por la lástima y rompe la promesa que le había hecho a su padre, cuando el mendigo llama a su puerta durante la tormenta. A veces, nuestra compasión o preocupación por los demás no nos deja ver posibles peligros. ¿Cuándo te has dejado seducir por la compasión y luego has podido comprobar que era una situación potencialmente peligrosa? ¿Qué fue lo que te hizo susceptible a la situación de apuro de la otra persona e hizo que tomaras una mala decisión?

5. Las dos hermanas mayores de la historia se ven impulsadas por su deseo de ser caritativas. Podríamos imaginar que están focalizadas en parecer amables y virtuosas. Nuestra sociedad suele recompensar la amabilidad y la virtud en la conducta femenina. ¿Ha habido algún momento recientemente en que hayas podido identificar que te has dejado influenciar de cierta manera, porque deseabas ser amable, ser generosa o tener buen corazón?

6. La hermana pequeña empuña la espada y le corta el brazo al ladrón. Es un poco como lo de estampar la rana contra la pared. A veces, hemos de conectar con nuestra capacidad para ser violentas a fin de marcar unos límites claros. ¿Has sido alguna vez muy radical (tal vez has usado la fuerza física) para defenderte? ¿Te sorprendió que pudieras hacerlo? ¿Qué aprendiste de esa situación?

CAPÍTULO 3

LA JUSTICIA: SUPERAR LA INOCENCIA

Siempre conocemos nuestro misterio a costa de nuestra inocencia.

Robertson Davies, *El quinto en discordia*

Cuando tenía doce años, mi madre me dejó ahorrar hasta que tuve suficiente dinero para comprarme un anillo rompecabezas de plata de ley que hacía tiempo que deseaba. Estaba encantada con mi anillo. Al cabo de unas semanas, tuve la oportunidad de enseñar a un grupo de amigas cómo se desmontaba y montaba. Me sentí admirada y respetada, fue emocionante. Me consideraba afortunada por haber sido invitada a pasar la tarde en casa de Melissa. Aunque solo era un año mayor que yo, parecía mucho más madura. Era rubia y sus padres estaban divorciados. Vivía con su madre en una casita entrañablemente atiborrada de cosas interesantes. En el alféizar de la ventana reposaba un frasco de cristal con levadura madre y había cortinas de cuentas entre las habitaciones. Su madre le había enseñado a manejar el coche; sabía hacer marcha atrás y la maniobra de cambio de sentido en la entrada para coches de su casa. Yo alucinaba con esa habilidad porque era de persona adulta. Una vez que hube terminado la demostración de mi maravilloso anillo nuevo, Melissa me preguntó si se lo podía dejar durante un rato. Enseguida se lo di, encantada de haber despertado su interés. Se fue a otra habitación, pero volvió al poco rato. Cuando nos disponíamos a marcharnos, le pedí que me devolviera el anillo. Ella negó que se lo hubiera dado, dando a entender que yo no sabía dónde lo había puesto. Aquello no era cierto, pero sus amigas la respaldaron, por supuesto, y yo me vi incapaz de contradecirla. Nunca volví a verlo.

Cuando le entregué mi anillo a Melissa, era demasiado inocente. No fui capaz de conectar con mi intuición respecto a lo que realmente estaba sucediendo. La astucia es la habilidad de ver las cosas tal como son, no como desearíamos que fueran o pensamos que deberían ser. En inglés el diccionario nos dice que *shrewd* ('astuto') significa 'tener o demostrar gran poder de juicio, astucia'. Esta palabra procede de *shrew* ('musaraña'), un diminuto mamífero que tiene un morro largo y puntiagudo y ojos pequeños. En un principio significaba 'de naturaleza o carácter malvado'. Actualmente, el término tiene dos significados: uno hace referencia al pequeño mamífero, pero el otro se refiere a una «mujer de mal carácter o agresivamente segura de sí misma».*

Esta palabra revela una profunda verdad cultural. Se considera que las mujeres con gran poder de juicio tienen mal carácter o son agresivamente seguras de sí mismas. Para evitar ser una *shrew* ('arpía'), una mujer no debe ser demasiado *shrewd* ('astuta'). No ver lo que debería saber. Seguir siendo inocente e ingenua. Sin embargo, cuando no podemos acceder a nuestra astucia, nos arriesgamos a no ser capaces de autoprotegernos.

Con frecuencia, sabemos más de lo que creemos. Puede que seamos conscientes de algo, pero, por alguna razón, preferimos no saberlo. Permitimos que nuestra necesidad de seguir siendo

* N. de la T.: En castellano, el término despectivo más cercano sería *arpía*.

inocentes nos aleje de ese conocimiento que, de lo contrario, tendríamos a nuestro alcance. El analista junguiano Mark Winborn ha señalado que los analistas en formación es posible que tengan dificultades para conectar con su propia sabiduría, porque evitan la confrontación con los demás o sacar temas que incomoden a sus pacientes. Hacer una pausa durante una interacción tensa, clínica o personal, y plantearte la pregunta «¿qué estoy haciendo en este momento?»,[1] puede ser inusitadamente revelador. Muchas veces, la respuesta que recibimos en esos momentos es sorprendente y llena de sabiduría.

Cuando no podemos reivindicar lo que sabemos, nos desconectamos de la astucia y nos quedamos atrapadas en un complejo de inocencia. Esto puede afectarnos en cosas de menor importancia, como cuando perdí mi anillo, pero también puede tener consecuencias más graves. Si no somos capaces de imaginar que los demás puede que no estén velando por nuestros intereses, nos exponemos a que nuestros iguales, parejas e incluso instituciones se aprovechen de nosotras.

Una vez trabajé en el departamento de asistencia social de un hospital. Mi supervisora había sido la jefa del departamento durante más de veinte años. Nunca se había casado ni tenía hijos. Su trabajo era su vida. Cuando el hospital contrató a un nuevo administrador para reducir gastos, la despidieron sin previo aviso, le dieron media hora para sacar sus cosas de su despacho y los guardias de seguridad la acompañaron hasta la salida. Tras haber dedicado toda su carrera al hospital, ni siquiera le dieron la oportunidad de despedirse y celebrar una fiesta con sus compañeros que, probablemente, le habrían demostrado su aprecio por sus contribuciones. Evidentemente, mi jefa había supuesto que podía confiar en que su superior velaría por ella. Había depositado su fe donde no debía, y el trabajo del que dependía para vivir, su propósito en la vida y su comunidad le habían sido arrebatados sin contemplaciones en una fase tardía de su carrera.

Ser demasiado confiada puede ser peligroso. En *Barba Azul*, la heroína tuvo una sensación rara respecto a su pretendiente, algo le olía mal. Sin embargo, no hizo caso a su intuición. Nuestra cultura suele exigir a las mujeres que silencien su voz interior, especialmente cuando susurra verdades que no gustan a los demás. Cuando cumplimos con estas exigencias, nos alejamos de la fuerza y el poder que obtendríamos con una mayor consciencia. «Prohibirle a una mujer que utilice la llave del autoconocimiento consciente es una forma de despojarla de su naturaleza intuitiva, de su instinto innato por la curiosidad que la lleva a descubrir "qué hay debajo" y detrás de lo evidente –nos dice Clarissa Pinkola Estés–. Sin este saber, la mujer carece de la protección adecuada».[2] La incapacidad de acceder a nuestra astucia puede hacernos vulnerables y propensas a sufrir abusos por parte de aquellos que, con toda seguridad, no pretenden nuestro bien. Cuando no hemos desarrollado nuestros poderes de juicio y discernimiento, estamos expuestas a ser victimizadas y manipuladas.

La expresión *luz de gas* procede del mundo del cine. La película *Gaslight*, de 1944, retrata una forma particularmente insidiosa de maltrato psicológico. En ella un aparentemente gentil caballero victoriano intenta convencer a su esposa, que es una rica heredera, de que está loca, para así poder robarle su fortuna. Cuando él se marcha de casa y la deja sola, baja las luces de gas y luego niega haberlo hecho, así que ella empieza a dudar de su propia percepción y cordura. Cuando depositamos nuestra confianza en los demás indiscriminadamente, no solo abandonamos nuestra astucia y nuestro discernimiento, sino que estamos entregando el poder que nos haría cuestionarnos nuestra propia cordura.

Cuando nos identificamos en exceso con nuestra inocencia, corremos el riesgo de cegarnos al mundo que nos rodea, quedarnos desprotegidas y convertirnos en víctimas fácilmente. El conocido cuento de *Blancanieves* ilustra claramente esta verdad. Esta conocida historia nos señala el peligro de ser demasiado inocente y nos demuestra cómo podemos superar nuestra tendencia a la ingenuidad y al infantilismo. La versión original de los hermanos Grimm contiene varias diferencias menores, pero importantes, respecto a las versiones posteriores que más conocemos.

BLANCANIEVES

Érase una vez una hermosa reina que cosía junto a la ventana mientras caía la nieve. La ventana tenía un marco de ébano negro. Mientras estaba cosiendo, se pinchó con la aguja y derramó tres gotas de sangre, que cayeron sobre la nieve. La sangre roja se veía tan bonita sobre la nieve blanca que pensó: «¡Me gustaría tener una hija con la piel blanca como la nieve, el pelo negro como el ébano y los labios rojos como la sangre!». Al cabo de un tiempo, dio a luz a una niña blanca como la nieve, con los labios rojos como la sangre y el pelo negro como el ébano, y la llamó Blancanieves.

La reina era muy bella y vanidosa. Tenía un espejo mágico al que le consultaba cada mañana.

—Espejito, espejito, ¿quién es la más bella de todas las mujeres del reino?

Y el espejo respondía:

—¡Tú eres la más bella, mi reina!

Y el corazón de la reina se sosegaba al saber que era la más bella del reino.

No obstante, a medida que su hija iba creciendo, se iba volviendo cada vez más bella, hasta que un día, cuando la reina le hizo al espejo su pregunta habitual, este le respondió:

–Eres muy hermosa, es cierto, pero ¡Blancanieves es más bella que tú!

La envidia se apoderó de la reina y, a partir de ese momento, empezó a odiar a su hija. Se dio cuenta de que no podría tener paz mientras su hija la superase en belleza, de modo que llamó a un cazador y le ordenó que se llevara a Blancanieves al bosque, que la matara y que le trajera sus pulmones y su hígado como prueba de ello. «Entonces, los cocinaré y me los comeré con sal», le dijo al cazador.

El cazador hizo lo que le había ordenado y se llevó a la joven al bosque, pero cuando estaba a punto de clavarle su puñal, no pudo hacerlo. Blancanieves le prometió que se adentraría en las profundidades del bosque y que no regresaría jamás. El cazador pensó que, de todos modos, los animales salvajes acabarían con ella. De regreso al castillo, mató un jabalí, le sacó los pulmones y el hígado y se los llevó a la reina. Esta los hirvió y se los comió con sal pensando que se había comido los órganos de su hija.

Mientras tanto, Blancanieves se adentró en el bosque. Al final, llegó a una cabaña que pertenecía a siete enanos. No estaban en casa cuando llegó, así que entró y se puso a curiosear. Tomó un poquito de comida de cada uno de los siete platos y un traguito de vino de cada una de las siete copas que había sobre la mesa. Cuando se sintió cansada probó las siete camas; la séptima era la más cómoda, y se quedó dormida en ella.

Cuando los enanos regresaron de la mina, vieron que alguien había comido de sus platos, bebido de sus copas y dormido en sus camas. Entonces, encontraron a Blancanieves en la séptima cama y quedaron prendados de su belleza. Cuando se despertó al día siguiente, les contó lo que le había sucedido. Se apiadaron de ella y le ofrecieron quedarse a cambio de cuidar de su casa. «Cuando nos vayamos a la mina –le dijeron–, te quedarás sola. Ve con cuidado con la reina, ¡porque te buscará aquí!».

La reina ahora creía que volvía a ser la más bella del reino, pero a la mañana siguiente, el espejo le dijo lo contrario y le reveló que Blancanieves no estaba muerta y que vivía con los enanos. La reina se enfureció.

En un arrebato de rabia, se disfrazó de vendedora ambulante y salió en busca de la cabaña de los enanos. Cuando llegó llamó a la puerta.

–¡Abre la puerta, querida! ¡Tengo mercancías bonitas para vender! –dijo en voz alta.

Blancanieves miró por la ventana.

–¿Qué tienes para vender?

La vendedora anciana le mostró cintas de seda de muchos colores. «Puedo dejar pasar a esta anciana –pensó Blancanieves al ver las hermosas cintas–. Parece buena persona».

Así que abrió la puerta y le compró las cintas. La reina se ofreció para ponerle las cintas adecuadamente y Blancanieves aceptó. Pero la reina le apretó tanto los lazos que la muchacha no podía respirar y cayó desmayada al suelo, dando la impresión de que estaba muerta. La reina salió huyendo.

Cuando los enanos regresaron por la noche, se quedaron conmocionados al encontrarla en el suelo como si estuviera muerta. Enseguida le aflojaron los lazos y la joven volvió a la vida.

–¡Sin duda alguna ha sido la reina la que te ha vendido las cintas! –le dijeron los enanos–. ¡Has de ir con más cuidado! ¡No dejes entrar a nadie en la cabaña!

De nuevo en casa, la reina volvía a estar satisfecha de ser la más bella del reino, pero al día siguiente, el espejo volvió a revelarle que Blancanieves seguía viva. La reina volvió a enfurecerse. Se puso otro disfraz distinto y regresó a la cabaña del bosque con un peine envenenado. Esta vez, cuando llamó a la puerta, Blancanieves respondió que no tenía permitido abrirle a nadie. Sin embargo, la reina sacó el peine y cuando Blancanieves vio lo brillante que era, pensó que no era la misma vendedora. Volvió a abrir la puerta, dejó entrar a la reina y le compró el peine.

–¡Ven aquí, deja que te peine! –dijo la reina.

En cuanto le pasó el peine por el pelo la joven volvió a desplomarse como si estuviera muerta. Cuando los enanos regresaron por la noche, le sacaron el peine envenenado y Blancanieves revivió. Como la otra vez, volvieron a decirle que no dejara entrar a nadie.

De nuevo, el espejo volvió a alertar a la reina de que Blancanieves había sobrevivido. Al oír esto, se enfureció tanto que empezó a temblar. «¡Blancanieves ha de morir!», exclamó. Entonces, se encerró en una cámara secreta e impregnó una hermosa manzana roja de un veneno mortal solo por un lado. Se disfrazó de mendiga y volvió a la cabaña.

–¡No puedo dejar entrar a nadie! –dijo Blancanieves cuando la mendiga llamó a la puerta.

–¡Como quieras! –respondió la reina–. Pero ¿no te gustaría probar al menos un bocado de mi hermosa manzana roja? ¡Mira, podemos compartirla!

La reina cortó la manzana por la mitad y reservó la parte más roja para Blancanieves, pues era el lado que contenía el veneno. Cuando Blancanieves vio que la reina se estaba comiendo su mitad y vio lo roja y jugosa que era la parte que le ofrecía, no pudo resistirse. Dejó que la mendiga le diera la manzana a través de la ventana y se la comió con gusto, pero al momento volvió a caer al suelo, esta vez muerta.

Cuando la reina regresó al castillo y consultó al espejo, este le confirmó que volvía a ser la más bella del reino.

En cuanto los enanos llegaron a la cabaña, corrieron a intentar reanimar a Blancanieves, pero esta vez no pudieron. La colocaron en un ataúd y empezaron a llorar desconsolados. Iban a enterrarla, pero parecía más viva que muerta, y sus mejillas estaban sonrosadas y hermosas. Así que fabricaron un ataúd de cristal y la pusieron allí para admirarla. Siempre se quedaba uno de ellos en casa para velarla. Pasaba el tiempo, y ella seguía en el féretro de cristal. No se descomponía. Yacía como si estuviera dormida, tan bella como siempre.

Un día, pasó un príncipe por ahí y preguntó si podía pasar la noche en la cabaña. Cuando vio a Blancanieves, se quedó tan prendado de su belleza que suplicó a los enanos que se la entregaran bajo la promesa de que cuidaría de ella y que la tendría en la más alta estima. Los enanos se apiadaron de él y le entregaron el ataúd de cristal. Él se lo llevó a su castillo y lo colocó en su habitación. Se pasaba los días sentado a su lado contemplándola, y si se separaba de ella, se entristecía. Les decía a sus sirvientes que la trasladaran a cada sitio del castillo al que iba para estar con ella. Al final, los sirvientes se cansaron de esto y uno de ellos abrió el féretro y sacó a Blancanieves elevándola furiosamente en el aire. «¿Por qué hemos de tomarnos tantas molestias por una doncella muerta?», dijo mientras volvía a depositarla bruscamente en su lugar.

Al hacer esto, Blancanieves escupió el trozo de manzana envenenada, que se le había quedado atragantado en la garganta, y volvió a la vida. Inmediatamente, se fue a ver al príncipe, que sintió una inmensa alegría al ver viva y en buen estado a Blancanieves, y fijaron una fecha para la boda.

La madre de Blancanieves también fue invitada. Cuando llegó, le dieron unos zapatos de hierro, previamente calentados al fuego. Le quemaron los pies, pero tuvo que seguir bailando con ellos hasta morir abrasada.

La imagen inicial prepara el escenario y nos informa de que esta historia trata sobre la inocencia y la sombra. La blancura de la nieve indica pureza, la negrura del ébano representa la sombra y la oscuridad, y el rojo de la sangre simboliza la pasión, la sexualidad y la fuerza vital. Es significativo que el nombre de Blancanieves solo abarque el primero de estos tres atributos; sin embargo, ella encarna los tres desde el principio.

En este cuento, la inocencia y las cualidades oscuras de Lilith están divididas. La reina encarna todos los atributos oscuros. Al igual que Lilith, es cualquier cosa menos maternal, y es capaz de matar y devorar a su hija. Por otra parte, Blancanieves no tiene una relación *consciente* con ninguna cualidad negativa. Es pura e inocente.

Pero el pelo negro y los labios rojos de Blancanieves indican sus cualidades oscuras de Lilith, que son evidentes al principio de la historia. Les roba comida del plato a los enanos y su vanidad la hace susceptible a las tentaciones de la reina, cuando esta se presenta en la cabaña disfrazada de vendedora de cintas y de peines. La capacidad de Blancanieves para la concupiscencia se presenta con el símbolo de la manzana roja: una potente imagen de pecado y tentación. La manzana tiene «mejillas» rojas, como las suyas. Unas mejillas enrojecidas pueden ser consecuencia de la excitación emocional o sexual.

El cuento deja claro que el problema *no* es la vanidad, la lujuria o la agresividad en sí mismas. Estas cualidades tienen su lugar. Solo se convierten en un problema cuando nos identificamos con ellas o estamos poseídas por ellas, como en el caso de la reina, o bien cuando estamos tan desconectadas de ellas que ni siquiera somos conscientes de que las tenemos, como en el caso de Blancanieves.

ABRIR LA PUERTA

Uno de los elementos principales de la historia de la ingenuidad de Blancanieves es que abre la puerta repetidas veces a su madre, aunque los enanos le advierten que no abra a nadie. Parece que no aprende la lección, y es exasperante ver que está dispuesta a permitirle la entrada una y otra vez a la malvada mujer. Su ingenuidad revela un deseo casi obstinado de no querer saber o reconocer la posibilidad de que alguien pueda querer hacerle daño. Está irritantemente estancada en un complejo de inocencia.

Existen muchas razones por las que puede que nos aferremos a una visión del mundo demasiado inocente. Admitir que los demás no siempre quieren lo mejor para nosotras puede poner a prueba nuestras creencias fundamentales sobre el mundo. Si este es nuestro caso, es posible que prefiramos aferrarnos a un mundo ilusorio que nos consuela. Tal vez nos hayamos comprometido a vernos como puras e inocentes. Tal vez ser virtuosas e inocentes sea una parte importante de quienes creemos ser. Por último, permanecer en la inocencia también nos exime de responsabilizarnos de nosotras mismas. Si desconocemos lo que sucede a nuestro alrededor, nadie puede esperar que nos enfrentemos a ello y que intentemos gestionarlo. Entonces, esperamos que sean otros los que cuiden de nosotras y nos protejan.

Aferrarnos cabezonamente a la inocencia, negarnos a reivindicar nuestra astucia y a saber lo que sabemos nos mantiene en una actitud mental infantil y egocéntrica que nos impide tomar las riendas de nuestro destino. Cuando estaba estudiando análisis junguiano, participé en un coloquio sobre un caso que dirigía un analista experimentado. Para progresar en mi formación, tenía que hacerlo bien en el coloquio, pero siempre he sido una buena estudiante e imaginaba que agradaría a ese analista y que aprobaría mi trabajo.

Cuando vi que no caía rendido a mis pies inmediatamente, sino que por el contrario me desafiaba bruscamente, me sentí relegada y me puse a la defensiva. Esa reacción, por supuesto, solo sirvió para que se pusiera más en mi contra.

Mi respuesta inicial fue afianzarme en mi postura y compadecerme de mí misma. Cuando pude reflexionar más sobre la situación, me di cuenta de que mi complejo de alumna inocente y buena significaba que me había focalizado en agradar al analista y en buscar su aprobación. Ni siquiera había tenido en cuenta cómo era la situación desde su perspectiva. De hecho, entendí que se sentía un poco intimidado por la tarea de dirigir ese coloquio. No se sentía seguro de sí mismo y tenía miedo escénico. Mi afán por demostrar lo inteligente y competente que yo era no me ayudó a ganarme su aprecio, sino que me convertí en una amenaza. Cuando fui capaz de dejar de centrarme en mis solipsísticas necesidades de afirmación y vi la situación bajo su perspectiva, me di cuenta de que necesitaba reafirmarse y sentirse admirado. Comprender este hecho y responder adecuadamente cambió la peligrosa dinámica negativa que habíamos ido desarrollando. Recibí una respuesta adecuada y pude avanzar.

Cuando estaba demasiado focalizada en mis propias necesidades en dicha situación, era un poco como Blancanieves. Como la heroína del cuento de hadas, mi obstinada ingenuidad no me dejaba ver mi creencia inconsciente de que el mundo tenía que ser de cierta manera. El psicoanalista que dirigía el coloquio no era como la madre asesina de Blancanieves; sin embargo, tanto Blancanieves como yo padecíamos de una falta de capacidad de acción en nuestras situaciones porque éramos demasiado ingenuas en nuestras expectativas de ser amadas y bien tratadas, y porque nos faltaba la habilidad de tener en cuenta la perspectiva y las motivaciones del otro.

LOS TRAUMAS

Experimentar traumas en la infancia también puede afectar a nuestra capacidad para desarrollar la astucia y nos hace más susceptibles a que nos hieran en el futuro. Considerar la dinámica del trauma puede ayudarnos a profundizar en nuestra comprensión del cuento de hadas. El psicoanalista escocés Ronald Fairbairn observó que los niños y niñas que sufren abusos, malos tratos o son rechazados tienen dos opciones. O bien creen que sus padres no los quieren y que están solos e indefensos en un mundo hostil, o pueden asumir que son deficientes, no merecedores o malos, y que por consiguiente, se merecen el trato que reciben. La segunda creencia es mucho menos traumática porque nos proporciona una sensación de control ante una situación caótica y aterradora. Pensamos que si nos esforzamos más e intentamos por todos los medios ser mejores, nuestros padres nos amarán. Si el problema somos nosotras, todavía nos queda la esperanza de obtener lo que necesitamos porque podemos esforzarnos para enmendar lo que está mal. Sin embargo, esta creencia nos marca una dinámica que es familiar para muchas de nosotras. Aunque no haya razón alguna para esperar que algo haya cambiado, volvemos a la misma situación o relación decepcionante, con la esperanza de que esta vez habrá cambiado algo. Esta actitud se ha denominado tristemente «esperanza permanente».

Una vez tuve un paciente de cincuenta y tantos años, cuya madre, de ochenta, siempre había sido despiadadamente crítica con él. Iba a buscarla a su comunidad para jubilados cada semana y la llevaba de compras a un supermercado. Me había admitido que albergaba una ligera esperanza consciente de que *esta vez* sería diferente. Tal vez se ablandaría y expresaría su amor o, por lo menos, su aprecio. Por el contrario, semana tras semana, los encuentros eran idénticos. Ella era irascible y avasalladora, solo mostraba su desdén e impaciencia, como siempre había hecho. Esa esperanza irracional de que ella cambiaría solo hacía que sus encuentros fueran más dolorosos.

Tal vez nos podemos imaginar a Blancanieves sufriendo de esperanza permanente inducida por la terca e ingenua creencia de que, en el fondo, su madre tenía que ser buena, tenía que quererla. Igual que mi paciente que cada semana iba a comprar al supermercado con la esperanza inconsciente de ver algún gesto redentor, Blancanieves seguía abriendo la puerta con la esperanza de que esa vez las mercancías de su madre serían regalos auténticos.

YO, TONYA

La dinámica de la esperanza permanente se plasma de una forma conmovedora en la película de 2017 *Yo, Tonya*, basada en la vida de la patinadora olímpica Tonya Harding. La obstinada esperanza de Tonya de que su madre por fin será amable con ella le impide conectar con su propia sabiduría y astucia. Mientras sigue aferrándose a la ingenua esperanza de que podrá ganarse el amor de su madre, es incapaz de reivindicar su poder personal. En la película, vemos a LaVona (interpretada por Allison Janney), la madre de Tonya (interpretada por Margot Robbie), regañándola y maltratándola físicamente. En una escena, LaVona pega repetidamente a su hija pequeña con un cepillo para el pelo. En otra escena, empuja la sillita de Tonya con el pie, y esta sale disparada. El maltrato es cruel e incesante, pero, en toda la película, vemos a Tonya con la esperanza de la reparación y la redención. Por ejemplo, en su boda con Jeff, ve a su madre, que la está observando desde la otra punta de la sala. Tonya se coloca bien el vestido y se acerca a ella con una sonrisa tímida y expectante, con la clara esperanza de tener un cálido y conciliador encuentro.

LAVONA: No sé qué quieres que te diga. [Tonya le sonríe a su madre, que le pone las manos en los hombros]. Te casas con el primer idiota que te ha dicho que eres guapa. Los idiotas son para follar. No para casarte con ellos. [LaVona se dirige a la mesa de la comida. Tonya se queda en el sitio, estupefacta].[3]

En una de las escenas principales hacia el final de la película, Tonya está sentada cosiendo lentejuelas a un traje de patinaje. Los periodistas están rodeando su casa, con la esperanza de tomar una instantánea suya en medio del escándalo por el ataque a su rival la patinadora Nancy Kerrigan. Jeff, el marido de Tonya, ha sido acusado de estar implicado en el ataque, y el mundo quiere saber si ella también lo está. Tonya está prisionera en su propia casa, no cuenta con ningún apoyo ni tiene amigos. Alguien llama persistentemente a la puerta. Cuando por fin va a abrir, es LaVona. Como Blancanieves, Tonya tampoco se puede resistir a la llamada de su madre. Vemos que guarda silencio deliberadamente durante un momento antes de hacerla pasar tirando de ella. En el incómodo silencio que sigue, LaVona le dice las primeras palabras agradables que salen de sus labios:

LAVONA: Me gusta cómo llevas el pelo recogido hacia atrás. Pareces más joven.
TONYA: Tengo veintitrés años, mamá.
LAVONA: Parece que lo llevas bastante bien. ¡Qué se jodan! ¿Sabes?
TONYA: Lo sé.
LAVONA: Nunca me gustó Jeff.
TONYA: Mamá.
LAVONA: No he venido a decirte esto. No.
TONYA: ¿Por qué has venido?

LAVONA: Quiero que sepas... No sé. Que estoy de tu parte. Quería que lo supieras. [Tonya la mira. LaVona desvía la mirada].

LAVONA: Hay mucha gente ahí afuera. Hay mucha gente que te apoya. [Tonya no dice nada]. Lo has hecho bien. Estoy orgullosa de ti. [Tonya se echa a llorar].[4]

Durante esta interacción, la vulnerable y solitaria Tonya, al principio, responde con desconfianza a las comedidas muestras de afecto de su madre, pero enseguida la desconfianza se transforma en un anhelo desesperado. Por fin, tenía la prueba de que su madre realmente la amaba. Toda su vida había estado esperando que le dijera que estaba orgullosa de ella. Tonya se echa en sus brazos con los ojos llenos de lágrimas. LaVona también intenta abrazarla, pero no puede. Mientras Tonya abraza a su madre, muy emocionada, LaVona le pregunta en voz baja si había tenido algo que ver con lo del ataque. La actitud de Tonya cambia de repente. Se ha roto el hechizo. Revisa el abrigo de su madre hasta que encuentra una grabadora en uno de los bolsillos. Tonya echa a su madre de casa, y después de eso se nos informa de que nunca más volvieron a verse.

El antídoto para la esperanza permanente es conectar más con las energías proscritas, como el egoísmo, la crueldad y la vanidad. Cuando conocemos nuestro potencial para la oscuridad, nos es mucho más fácil reconocer estas cualidades en los demás. La tarea de Blancanieves, por tanto, conlleva conocer su sombra. Afortunadamente, los enanos pueden ayudarla con esto. Los enanos son criaturas terrestres que trabajan bajo tierra en las minas. Saben cómo arreglárselas en la oscuridad. En otras versiones del cuento, como una francesa llamada *La madrastra*, Blancanieves no se refugia con los hombrecitos mineros, sino con una banda de ladrones.[5] La heroína encuentra protección en partes subdesarrolladas de sí misma que están relacionadas con lo terrenal, las artimañas y la transgresión.

UN PINCHAZO PARA DESPERTAR

Blancanieves, que se acerca a la ingenuidad y la inocencia obstinada, se caracteriza por su pasividad. Como muchas mujeres, se desenvuelve en el mundo recurriendo a la ayuda de otros y a su belleza. Le suplica al cazador que le perdone la vida, y este lo hace, en parte, por su belleza. Se pone en manos de los enanos, que cuidan de ella por su belleza. Al final, el príncipe asume la responsabilidad de velar por ella, involucrándose en un complicado proyecto, también por su belleza.

Su larga permanencia en el ataúd de cristal hace hincapié en la misma pasividad. Como le sucede a *La bella durmiente*, parece que ese prolongado estado de reposo es el que propicia la transformación. Pero durante su sueño, algo importante le sucede a Blancanieves. Ha estado digiriendo ese trocito de manzana envenenada que le dio su madre. En el aspecto psicológico, podríamos interpretarlo como que ha estado metabolizando su propia capacidad para vivir en la oscuridad.

Por eso, no es por casualidad que su resurrección venga de mano de un sirviente iracundo. Salvo su malvada madre, el sirviente es la única persona del cuento que siente un más que justificado enfado ante su pasividad e indefensión. No es más que una carga para él, y al final reúne suficiente rabia como para moverla un poco, liberándola de este modo de su estado de congelación.

Un potente baño de sinceridad puede sacarnos de esa actitud de autocompasión. Cuando estaba en la universidad, tuve una depresión por el final de una relación. Aunque mi vida interior era tormentosa y tenía mucha melancolía, externamente funcionaba bastante bien, hasta que llegó la asignatura de Estadística. Esta asignatura no me entró con buen pie; suspendí los primeros trabajos y el examen de mitad de trimestre fue muy mediocre. Me volví irritable y resentida, como si el universo me hubiera hecho una jugarreta imponiéndome simultáneamente la asignatura de Estadística y la injusta ruptura. No solo me estaba esforzando en clase, sino que sentía lástima de mí misma por tener que esforzarme.

Fui a ver al profesor para que me ayudara, pero yo estaba de mal humor y no muy receptiva. Él me respondió de la misma manera, y eso me pilló desprevenida. En este caso, demasiada ternura o comprensión no me habrían ayudado a crecer. Necesitaba que me trataran con brusquedad para que ese pinchazo me devolviera al estado en el que podía responsabilizarme adecuadamente de mí misma. Al cabo de poco tiempo, se despertó en mí un talante algo principesco y activo, que me provocó un cambio de actitud. Me di cuenta de que podía seguir sintiendo lástima de mí o resolverlo de alguna manera. Si elegía lo primero, probablemente, suspendería la asignatura. Nadie iba a venir a rescatarme. Así que cambié mi técnica de estudio. Esta me exigía ser un poco oscura. El profesor nos había prohibido que estudiáramos en grupo (creía que si estudiábamos solos aprenderíamos mejor el material), pero empecé a darme cuenta de que transgredir esa prohibición era mi única esperanza. Formamos un grupo de estudio entre varios, y mientras intercambiábamos ideas juntos, la asignatura me iba quedando más clara. Al final, me fue bien en clase e incluso hice una amistad duradera en ese grupo de estudio.

Al final del cuento, Blancanieves por fin se deshace de su dulzura e inocencia y digiere ese tan necesario trozo de oscuridad que le dio su madre. No solo está preparada para asociarse con las cualidades principescas de su interior, sino que también puede ser guerrera cuando es necesario. La escena final es la de la boda: una imagen simbólica de la unión con sus cualidades principescas y una reivindicación de su agresividad cuando inflige el castigo a la reina.

LA INOCENCIA Y LA TRAMPA DEL AUTOSACRIFICIO

Suzanne, una de mis pacientes, siempre había sido amable y servicial con los demás. Era la menor de tres hermanos, su padre era alcohólico, y cuando vino a mi consulta, su familia estaba en un estado creciente de caos y disfuncionalidad. El hermano mediano, Carl, había nacido con parálisis cerebral debido a un accidente durante el parto. Iba en silla de ruedas y necesitaba muchos cuidados. Sus padres se divorciaron cuando ella tenía ocho años, y a partir de ese momento, contaron con menos recursos económicos. A medida que su madre estaba cada vez más ausente y saturada, Suzanne fue encontrando su lugar en el caos como cuidadora de Carl. Siempre estaba con él. Los adultos la alababan por ser tan servicial. Entretanto, toda su familia se centraba mucho más en apoyar a su hermano mayor, Tony. Durante un tiempo, él vivió con sus abuelos ricos, que lo llevaban a navegar en verano y lo enviaron a un internado en Europa.

Cuando los tres llegaron a adultos, Suzanne se quedó cerca de casa y siguió estando muy implicada en el cuidado de su hermano Carl. Era enfermera especializada, se había casado y tenía dos hijos. Sin embargo, las cosas siempre parecían volverse más difíciles de lo normal. Su matrimonio no iba bien y acabó en divorcio. Aunque era una persona brillante, con talento y muy trabajadora, solía tener encontronazos con sus compañeros de trabajo.

Entretanto, Tony se fue a vivir a Nueva York para trabajar en el campo de las finanzas y le fue muy bien. Rara vez participaba de los problemas familiares. Ella cargaba con todo el peso de los cuidados de sus padres ancianos. Y estaba resentida con su hermano por este motivo, pero, de algún modo, seguía teniendo la esperanza de que sus esfuerzos y su valía serían reconocidos y apreciados. Como le sucedía a Blancanieves, la esperanza permanente era una constante en algunos aspectos de su vida.

Suzanne luchaba contra el sentimiento de que la vida era injusta con ella. Era como Blancanieves, amable y empática desde su infancia, y encontró su papel como cuidadora de su hermano. Aunque su amor por su hermano era genuino y admirable, los adultos que había en su vida habían permitido que se sacrificara y que sacrificara su niñez porque les facilitaba la vida. Como nos sucede a muchas, su martirio era bien recibido.

LA AMARGURA

Estas experiencias tempranas marcaron la forma en que Suzanne entendía la vida. El catolicismo y el cuaquerismo eran los pilares de su espiritualidad, y practicaba con el ejemplo, anteponiendo las necesidades de los demás a las propias. Inconscientemente, esperaba que esta estrategia fuera recompensada. En su inocencia, suponía que su esfuerzo y su autosacrificio serían vistos, apreciados y recompensados, pero esto no era lo que sucedía. Por el contrario, la gente solía aprovecharse de ella, y con el paso de los años fue desarrollando una ligera amargura y un sentimiento de rabia latente que los demás podían percibir. A veces, tenía problemas para relacionarse en su trabajo, y me daba la impresión de que los demás respondían a la comprensión inconsciente de que no podía autodefenderse y al sentimiento consciente de su amargura. Era una mala combinación que invitaba al desprecio.

La amargura es el aspecto oscuro de la inocencia. Puesto que la ingenuidad nos expone a la explotación y a las agresiones, es posible que nos amarguemos si nuestra inocencia sigue sin dejarse contaminar por la astucia, que es la que nos da las herramientas y el conocimiento necesarios para marcar unos límites eficaces. Si no desarrollamos la discriminación necesaria para identificar posibles amenazas, puede parecernos que el mundo está en nuestra contra. La consecuencia es que nos cerramos a la vida y nos volvemos frágiles. Así es como la inocencia permanente fomenta la paranoia. Como no sabemos distinguir al amigo del enemigo, al final, nos parece que el mundo entero va a por nosotras. Por el contrario, madurar para salir de la inocencia nos confiere la sabiduría que necesitamos para defendernos, y esto nos libera para poder experimentar el mundo con el corazón abierto.

Suzanne, al igual que Blancanieves, siempre había poseído las cualidades proscritas, pero su relación con ellas no era la adecuada. Por ejemplo, cuando se sentía relegada en una situación familiar con sus hijos adultos, era capaz de manifestar su ira y de castigar. Cuando se sentía aislada en el trabajo, hacía comentarios mordaces en las reuniones de equipo o incluso se llevaba el material de oficina sobrante. Los saludables sentimientos de merecimiento que habían sido reprimidos precozmente, ahora habían regresado y se manifestaban de maneras «indirectas».

DUELO POR EL FINAL DE LA FANTASÍA

Suzanne tenía que trabajar su complejo de inocencia, que le hacía albergar la esperanza de que, si ella era «buena», el mundo la trataría con justicia y la recompensaría. Esta tarea le exigía crear una relación consciente con la sombra para que pudiera conectar con la astucia.

En el compromiso de su sobrina se produjo una situación crítica. Dora, había nacido unos diez años después que su hijo menor, era la única hija de Tony, y Suzanne siempre se había esforzado mucho por ser una tía adorable y cercana. Viajaba cada año a Nueva York para el cumpleaños de su sobrina y la llevaba a ver algún espectáculo de Broadway. También la invitaba cada año a pasar un fin de semana en su casa de Filadelfia, antes de Navidad, y las dos hacían galletas y se iban a ver los decorados navideños de Longwood Gardens. A Dora siempre le había encantado estar con su tía cuando era pequeña, pero Tony y su esposa parecía que menospreciaban a Suzanne y desaprobaban el apego que sentía su hija hacia ella. «Recuerdo que la llamé unas semanas antes de su decimotercer cumpleaños para decirle que había comprado entradas para ir a ver *Mamma Mia*, en Broadway –me dijo Suzanne–. Dora estaba irritable y distante, me dijo que no podría venir». Rara vez volvió a querer estar con su tía cuando llegó a la adolescencia, pero Suzanne nunca se dio por aludida. Seguía estando en contacto con Dora y enviándole pequeños detalles para su cumpleaños y Navidad. Le alegró enterarse de su compromiso y estaba deseando participar en la boda y en las distintas celebraciones.

Entonces, Suzanne se encontró a un conocido por el barrio que era amigo de su hermano. Esta persona le mencionó que se iba a celebrar una fiesta de compromiso en Manhattan. Suzanne se quedó atónita al descubrir que nadie se lo había comunicado. No la habían invitado. Lo que sucedió a continuación fue crucial. Consiguió darse cuenta de que se había negado a ver la realidad. Una parte de ella –la de la inocencia de Blancanieves– insistía en que eso no podía ser cierto. «No puede ser», le dijo a esa persona. Pero otra parte se dio cuenta de la traición de su hermano y de su sobrina –una más de una larga lista– y de su tendencia a no querer ver algo que le resultaba doloroso. Ese momento la ayudó a ver su patrón de toda la vida de ocultarse a sí misma una verdad incómoda, para poder seguir albergando la creencia de que el mundo era un lugar bueno y justo por naturaleza. Puesto que llevaba varios meses de doloroso trabajo para aceptar e integrar sus cualidades oscuras, fue capaz de ver la conducta egoísta y cruel de su hermano tal como era.

Al final, pudo pasar el duelo por el final de la fantasía de que trabajar duro y sacrificarse por los demás sería recompensado y apreciado. Esto la preparó para reivindicar su astucia, y ser prudentemente consciente de las limitaciones y los defectos de los demás. A partir de entonces, ha podido autoprotegerse sin tener que cerrar su corazón.

CONOCER NUESTRA OSCURIDAD

Si queremos vivir plenamente, hemos de sacrificar nuestra inocencia. Este sacrificio puede ser doloroso porque, tal como vimos con Suzanne, puede implicar reconocer que no hemos sido amadas ni cuidadas como deberíamos. También supone reconocer que podemos hacer cosas malas, aunque preferiríamos no saber esto de nosotras mismas. Ser conscientes de nuestro poder de destrucción puede resultar aterrador. Sin embargo, la astucia implica sacrificar una actitud predominantemente inocente, para que podamos ver lo que tenemos delante. Esto incluye ser capaces de percibir con una visión clara nuestra propia capacidad para ser codiciosas, agresivas, egoístas y astutas. Estar al tanto de nuestras cualidades oscuras nos hará menos vulnerables a ser víctimas de esas cualidades en los demás. «Conocer tu propia oscuridad es el mejor método para lidiar con la oscuridad de otras personas»,[6] señaló Jung.

Todos tenemos la capacidad para ser egoístas, duros e incluso crueles. Si nos aferramos a nuestro complejo de inocencia –si nos negamos a familiarizarnos con estas facultades–, aumentamos la probabilidad de que estas cualidades oscuras irrumpan en nuestra vida espontáneamente, manifestándose de formas que se escapan a nuestro control consciente. Tal vez le hagas un comentario desagradable a una amiga a la que envidias o respondas a las preguntas de tu pareja con una agresividad desproporcionada. Pero estar desconectadas de nuestras cualidades oscuras, también puede afectarnos de maneras más directas. Si no forjamos una relación consciente con nuestra capacidad para ser egoístas, avariciosas o violentas, no podremos aprovechar las características protectoras, positivas y de crecimiento que tienen dichas cualidades. Habrá momentos en que para satisfacer nuestras necesidades tendremos que darnos prioridad a nosotras mismas, herir o decepcionar a otra persona. Cultivar la astucia significa que estamos abiertas a estas cualidades oscuras y que no nos amilanamos ante el conocimiento de que nosotras también somos capaces de actuar con egoísmo o incluso de maneras moralmente ambiguas.

VALORAR NUESTROS DONES

Ser conscientes de las cualidades oscuras que hay en nuestro interior y en el de los demás es solo la mitad de lo que necesitamos para desarrollar la astucia. La otra mitad nos exige que veamos y reclamemos nuestros dones en su totalidad. Con demasiada frecuencia nos cuesta reconocer nuestras fortalezas. Si tenemos una vaga idea de ellas, las despreciamos, quizás por miedo a que los demás se sientan incómodos. El cuento de hadas estadounidense, *El mago de Oz*, nos presenta a Dorothy (Judy Garland), una jovencita de Kansas con un vestido de tela de cuadros que, como Blancanieves, ha de ser consciente de su capacidad para la oscuridad y aprender a reconocer sus talentos y dones.

Desde el principio, vemos que Dorothy puede enfadarse; la acompaña su perro Totó, que ladra osadamente a la malvada señorita Gulch (Margaret Hamilton). No obstante, este instinto de lucha y de protección supone un problema para Dorothy, como lo es para muchas mujeres jóvenes y adultas. Totó tiene la costumbre de entrar en el jardín de la anciana señorita Gulch y perseguir a su gato. La película empieza en un punto crítico porque el pequeño Totó ha mordido a la señorita Gulch. Es una imagen simbólica de su instinto de autoprotección y de su carácter indomable. También vemos la capacidad de la protagonista para ser agresiva a su llegada a Oz, aunque no es consciente de ello. Sin darse cuenta, deja caer su casa sobre la Malvada Bruja del Este. Aunque aparentemente fue un accidente, queda evidenciado el gran poder destructivo de Dorothy, y los habitantes de Munchkinlandia lo saben. El hada Glinda llega en su bola de luz y le pregunta inmediatamente:

—¿Eres una bruja buena o una bruja mala?[7]

Glinda intuye correctamente que Dorothy es poderosa y tiene capacidad para ser destructiva.

Pero Dorothy no conoce su poder. Está demasiado acostumbrada a verse como una chica buena e inocente.

—¿Quién, yo? —responde a Glinda—. ¿Por qué? ¡Yo no soy bruja! Soy Dorothy Gale de Kansas.[8]

Cuando la Malvada Bruja del Oeste se enfrenta a ella por haber matado a su hermana, Dorothy le responde que fue un accidente. Sin embargo, reclama la propiedad de los poderosos zapatos de rubíes* porque acabó con la Malvada Bruja del Este.

Cuando Dorothy inicia el viaje para encontrar al mago, la Malvada Bruja del Oeste la persigue, con la esperanza de recuperar los zapatos de rubíes. Entonces, la bruja la encierra y la amenaza con matar a Totó, y Dorothy inmediatamente le ofrece los zapatos.

—¡Buena chica![9] —exclama la bruja cuando se acerca a los pies de Dorothy. Pero los zapatos no se despegarán de los pies de la

* N. de la T.: Conocidos en Hispanoamérica como zapatillas de rubí y en España como chapines de rubíes.

joven mientras viva, y la bruja sufre descargas cuando los toca. El poder y la agresividad de Dorothy se manifiestan a través de la acción de sus zapatos, a la vez que ella niega esa parte de sí misma.

–¡Oh, lo siento! –dice–. ¡Yo no he sido! ¿Puedo recuperar a mi perro?[10]

Se disculpa ante la bruja, vuelve a negar su poder y se comporta con ingenuidad, con la esperanza de que la bruja juegue limpio y mantenga su palabra.

Hay un momento culminante en que la bruja prende fuego al Espantapájaros y Dorothy enseguida le echa agua. Parte de esa agua salpica a la bruja, que empieza a fundirse.

–¿Quién hubiera podido imaginar que una niña buena como tú podría destruir mi hermosa maldad?[11] –se lamenta la bruja llorando mientras desaparece en la nada.

Dorothy se identifica con el papel de «niña buena» y se sorprende sistemáticamente al ver su poder. Está estancada en un complejo de inocencia y todavía no ha desarrollado la astucia necesaria para conocer su propia oscuridad y su temible fuerza y poder. Cuando los Winkies, que son esclavos de la bruja, expresan su consternación al enterarse de que Dorothy la ha matado, ella nuevamente niega su participación. «No quería matarla, realmente no era mi intención»,[12] responde. Pero como ya hiciera anteriormente Blancanieves, consigue superar su inocencia y familiarizarse con las cualidades de la crueldad y la destrucción. Pide la escoba de la bruja y se la dan, y se la lleva de regreso a Oz. Su petición de la escoba representa la integración de algunos de los poderes de la bruja.

Como Blancanieves, también tiene un poder y una capacidad de acción que, al principio, no reconoce porque está atrapada en su complejo de inocencia. Un tema que comparten ambas historias es el de que la heroína se convierte en objeto de envidia y no se puede proteger de esta porque no se puede imaginar que los demás quieran hacerle daño.

LA ENVIDIA

Si no somos conscientes de nuestros dones, no podemos protegernos de la venenosa envidia. La envidia es una fuerza poderosa y destructiva. Si recuerdas algún momento en tu vida en el que alguien te tuviera envidia, tal vez te venga a la memoria el sentimiento palpable de malicia en el campo energético que existía entre ambos. La envidia no es broma. Es una emoción poderosa que puede provocar reacciones desagradables y perjudiciales en las personas afectadas. Puede incitar a críticas y ataques, directos e indirectos. Es esa palabra sutil que se escapa en una reunión de trabajo y que revela que no nos van a ascender, o la mentira que difunde el descrédito o falsedades condenatorias acerca de nosotras.

Cuando tenemos un don que no reconocemos o reivindicamos, estamos más expuestas a los ataques de envidia de los demás. Los zapatos de rubíes son una potente imagen de un talento o rasgo brillante que nos pertenece, pero que todavía no hemos aprendido a reclamar o utilizar. Otras personas pueden reconocerlos, pero si nosotras no lo vemos, si vamos por la vida siendo abiertamente modestas y dulces, infravalorándonos a nosotras mismas y nuestras habilidades, nos convertiremos en el blanco de otros. Cultivar la astucia puede ayudarnos a protegernos contra esta vulnerabilidad porque al hacerlo nos estamos permitiendo reconocer los talentos que pueden provocar envidia.

Recuerdo la primera vez que Alison vino a mi consulta después de haber hablado por teléfono con ella. El día de nuestra primera visita, la conocí en la sala de espera. Cuando la vi, me quedé impresionada. Parecía una escultura, de figura y postura elegante. Tenía una belleza clásica y una sonrisa espléndida. Perfectamente peinada y con una manicura impecable, iba vestida a la moda, sin ostentaciones. Mi primera reacción fue sentirme intimidada y totalmente consciente de mi aspecto desaliñado si me comparaba con ella.

Su madre había sido una mujer fría y controladora que rara vez mostraba a sus hijos algo de afecto y era muy crítica con cada detalle del aspecto de Alison. Cuando no podemos satisfacer nuestras necesidades en la infancia, interiorizamos esta circunstancia como vergüenza y odio hacia nosotras mismas. Alison se despreciaba profundamente, y eso se expresaba en sus sentimientos sobre su aspecto físico. No soportaba verse en ninguna superficie reflectante. Una mirada accidental en el espejo retrovisor la sumía en la desesperación. Temía sus citas en la peluquería porque le daba miedo de que no le gustara el resultado y que eso la hiciera caer en un vórtice de vergüenza y autodesprecio.

No solo era guapa, sino brillante, divertida y agradable. Tenía una personalidad chispeante que agradaba al instante. Sin embargo, solía ser el blanco de actos malintencionados por parte de otras mujeres. Tenía un grupo de amigas con las que salía a cenar cada mes, pero se dio cuenta de que la criticaban a sus espaldas, y la fueron relegando paulatinamente. Se sintió muy dolida y no podía entender por qué le había sucedido eso. Durante el tiempo que duró la terapia, le ocurrió algo parecido varias veces, y cada incidente suponía un auténtico misterio para ella. Hablamos de que, de alguna manera, se las arreglaba para encontrar a su madre, sumamente crítica y marginadora, en el mundo exterior y que, inconscientemente, recreaba aspectos de experiencias que había tenido en su infancia.

Yo intuía que la envidia formaba parte del menú. La madre de Alison era una mujer que le daba mucha importancia a su aspecto. Aunque ella no podía concebir que su madre la envidiara, a mí no me extrañaba nada que esa mujer controladora y crítica pudiera haberlo pasado muy mal, al igual que la madre de Blancanieves, viendo cómo su hija cuanto más crecía más bella era. ¿Envidiaba su madre la belleza y la juventud de su hija? Recordé mi primera impresión cuando la vi. ¿Despertaba Alison la envidia en otras mujeres, envidia acentuada por sentimientos de incompetencia e intimidación, como los que yo sentí cuando la conocí?

Como Alison no era consciente de su belleza, no podía concebir que nadie envidiara su aspecto. Así que vivía un poco como Dorothy en Oz, paseando un don deslumbrante y brillante por todo el mundo, aunque era incapaz de reconocerlo. Y si no puedes reconocer plenamente eso que te hace especial y que despierta la admiración de los demás, entonces, al igual que Dorothy, siempre estarás a merced de quienes desean robarte lo que tienes, de quienes se alegrarían de tu fracaso o de que te sucediera algo malo. Desarrollar la astucia refuerza nuestra habilidad para protegernos a nosotras mismas de los ataques de la envidia, porque nos volvemos conscientes de nuestros talentos y podemos prever las reacciones de los demás, en vez de quedarnos estancadas en la inocencia e ingenuidad de la autodisculpa.

Cuando mis hijos eran pequeños tenía una amiga, que se llamaba Maura y que tenía un hijo de la misma edad que uno de los míos. Era brillante, ambiciosa y divertida, pero sufría una enfermedad incurable que acabaría siendo letal. Mientras yo trabajaba fuera como escritora y analista, Maura tuvo que hacer una pausa para someterse a diversos tratamientos. Un día, me dijo algo informalmente sobre mi hijo que me hizo mucho daño. Fue una crítica mordaz hacia él (y hacia mi forma de educarlo) que había oído de una conocida común. En buena parte, ella estaba de acuerdo, pues la respaldó con su propia opinión fulminante. Me dolió mucho. Yo la admiraba y confiaba en ella. Como madre de uno de los mejores amigos de mi hijo, pensaba que ella lo conocía y apreciaba. Ese comentario me hizo dudar de mí misma y de mi forma de educarlo. Además, me pareció gratuitamente hiriente. No me cabe la menor duda de que era eso lo que pretendía, y la flecha dio en el blanco. A las pocas horas, se me manifestó un terrible dolor de espalda. Cuando al cabo de unos días le pregunté a mi madre si pensaba que estaba educando bien a mi hijo, rompí a llorar.

Entonces, me sucedió algo sorprendente. Uno o dos días después, me desperté por la mañana, y fue como si me hubiera transportado espontáneamente al cuerpo de Maura. Experimenté la agonía de saber que probablemente no vería a mi hijo llegar a adulto. Pude sentir el burbujeo de la rabia ante ese destino que me había robado esa oportunidad. Mis sentimientos hacia Maura se aclararon y suavizaron al instante. Estaba totalmente segura de que su ataque había sido motivado por la envidia... ¿y quién podía culparla? No solo yo podía seguir concentrándome en mi carrera (algo que ella anhelaba hacer), sino que no tenía la amenaza de la muerte merodeando sobre el tiempo que me quedaba para estar con mi hijo. En ese momento, mis inseguridades sobre la crianza se calmaron porque entendí la verdadera motivación detrás de su crítica. Perdoné a Maura, pero eso me ayudó a darme cuenta de que tenía que ser más cauta y no dar por sentada mi seguridad en la relación.

PROTEGERNOS DE LA ENVIDIA

En todos mis años de práctica clínica, me he dado cuenta de que hay muchas mujeres a las que les cuesta protegerse de la envidia. Para ello hay que desarrollar la astucia, hemos de ser conscientes de que alguien puede que sienta envidia de nosotras. Muchas mujeres no valoran sus propios logros, de modo que, como le ocurría a Alison, ni se les pasa por la cabeza que pueden despertar esa emoción. También hemos de vigilar nuestra necesidad de aprobación de aquellos que nos envidian. Eso les da un poder sobre nosotras que podrían utilizar para bajarnos los humos. La crítica de Maura me dolió, en parte porque me sentía insegura como madre educadora y porque la respetaba. Quería su aprobación, y ella implícitamente lo sabía y lo utilizó para herirme.

Hemos de vigilar dónde lanzamos nuestras perlas. No es que tengamos que ocultar nuestros dones; de cualquier modo, algunos no se pueden ocultar. Pero deberíamos ser precavidas cuando compartamos buenas noticias. Un alarde indiscriminado puede invitar a la envidia. Si descubres que eres objeto de envidia, afróntalo con fría seguridad. Cuando los demás nos envidian, no nos servirá ser «amables». No puedes aplacar la envidia intentando ganar al envidioso. Algunas mujeres responden a la envidia menospreciándose a sí mismas. Los intentos de restarnos importancia pueden parecer una buena estrategia para aplazar el ataque, pero rara vez funciona. Por el contrario, esta estrategia nos expone a más ataques y nos hace más vulnerables. Conocer tu valía, sentirte segura de ti misma y ser consciente de que los demás están intentando rebajarte te ayudará a eliminar los efectos nocivos de dicho ataque.

El sentimiento de culpa o de no merecimiento puede impedir que sepamos protegernos. Cualquiera que sea nuestro don –ya sea buena salud, éxito o riqueza–, probablemente lo hayamos conseguido (al menos en parte) por suerte. Si somos guapas, inteligentes o talentosas, tenemos suerte de haber nacido con esos atributos. Aunque nos hayamos esforzado mucho para llegar a donde estamos, seguramente la fortuna nos ha sonreído por el camino. Por consiguiente, tal vez no seamos merecedoras de nuestros dones. La ausencia de merecimiento puede invitarnos a que sintamos la necesidad de restarles importancia a esos talentos, a regalarlos o a esforzarnos para encumbrar al envidioso. La compasión por los menos afortunados es admirable, por supuesto, pero también necesitamos sentir que somos merecedoras de reivindicar nuestros talentos, sean cuales sean, y comoquiera que los hayamos conseguido. Aceptar nuestra buena suerte forma parte del proceso de abrir nuestro corazón a esas partes desautorizadas de nosotras mismas.

No hemos de ser inocentes respecto al mundo. Alison tenía problemas para reconocer su belleza porque la habían herido profundamente en su niñez. Crecer en una familia que nos ama y adora también puede hacernos vulnerables de un modo distinto; puede que demos por hecho que los demás nos amarán y apreciarán. Aunque dicha expectativa puede influir poderosamente en nuestra vida de forma positiva, también puede predisponernos a un exceso de ingenuidad. Puede hacer que nos cueste creer que los demás no se alegren tanto de nuestros triunfos y talentos como lo hicieron nuestros padres.

VOLVERNOS SABIAS

El impulso de protegernos de la envidia tiene raíces profundas. Muchas culturas disponen de reglas contra ciertas conductas, no sea cosa que incitemos la envidia de los dioses. Por ejemplo, en la cultura judía no se hacen regalos para el bebé antes de que nazca. Esto viene de los temores de antaño de que celebrar la vida de un niño nonato podría atraer a los malos espíritus. Estos temores están muy arraigados en nuestra mente, y tal vez nos hayan enseñado, desde una edad muy temprana, a ocultar nuestros dones para evitar que los demás se sientan mal o para no inspirar envidia. Estos mensajes de nuestros cuidadores pueden provocar que nos desconectemos de nuestras habilidades, condenándonos una vez más a la ingenuidad y la vulnerabilidad.

Es normal que los niños y niñas a temprana edad pasen por una etapa que, en psicoanálisis, se denomina *narcisismo primario*. Si estás con niños y niñas de primaria, observarás que tienen un alto concepto de sí mismos. Te dirán sin el menor reparo que son el o la mejor artista o el corredor o la corredora más veloz. Los padres y madres deben manejar esto con sensibilidad cuando sus hijos o hijas se encuentran en esta etapa del desarrollo. Los niños de esta edad han de ver reflejados y afirmados estos sentimientos positivos respecto a sí mismos, hasta cierto punto. Demasiada afirmación de la característica del niño o niña percibida como especial puede transformar este narcisismo infantil normal y saludable en el otro más maligno que vemos en los adultos.[13] No obstante, avergonzar repetidamente a un niño por pensar o hablar bien de sí mismo puede provocarle una herida de por vida. El mundo es un lugar cruel, y a la mayoría de las personas nos cortan las alas de nuestra estima exagerada con bastante rapidez. Tener un pequeño lugar acogedor donde podamos considerarnos especiales durante algún tiempo y que los ojos de nuestros progenitores reflejen esa creencia nos permite integrar un sentido positivo del yo. Si cuando éramos jóvenes se nos avergonzó por nuestra autoestima normal, saludable y positiva, aprendimos que hemos de mantener alejados los sentimientos de orgullo y autoestima. Estos sentimientos se tiñeron de vergüenza y se ocultaron en la sombra. Perdimos nuestra relación consciente con ellos.

Si queremos desarrollar la astucia, tendremos que reivindicar nuestra habilidad para vernos bajo un prisma claramente positivo. Sentirnos bien con nosotras mismas de una manera realista y fundada nos ayuda a protegernos. Aunque la astucia en parte implica una valoración perspicaz de nuestras debilidades y limitaciones, también supone una valoración práctica de nuestras habilidades. Valoramos nuestra valía y reconocemos nuestras fortalezas y logros. No es necesario gritarlo a los cuatro vientos, pero tampoco esconderlo. Aprender a valorarnos requiere práctica, si durante toda nuestra vida se nos ha enseñado a ser modestas y a no tener pretensiones. Pero hay unos pasos prácticos que podemos seguir.

DARNOS PERMISO PARA CELEBRARLO

Como mujeres, tenemos tendencia a ignorar o minimizar nuestros logros. Hannah montó una empresa de paisajismo después de haber estado varios años en casa cuidando de sus hijos. En el primer año de funcionamiento, la empresa obtuvo ganancias sustanciosas, y ella apareció en una revista regional. Estaba encantada de compartir esto conmigo, pero enseguida cambió de tema y se puso a hablar de nuevos retos. La frené un poco. Habíamos estado haciendo terapia durante la incubación de ese negocio. Yo había estado con ella desde que tan solo era una idea hasta las dudas de los primeros tiempos de la empresa. Había sido testigo de los contratiempos y de su desesperación temporal. Conocía el riesgo, el trabajo duro y el miedo a que no lo consiguiera. La había acompañado en el viaje de conquistar una cumbre. Por fin, habíamos llegado a la cima y contemplábamos una vasta extensión de terreno. Fue como si Hannah se hubiera encogido de hombros al cabo de un breve minuto y hubiera dicho: «Vale. ¡Ya tengo suficiente! Ahora, tenemos que ver cómo bajamos de aquí».

No tomarnos nuestro tiempo para reconocer nuestros éxitos nos impide vernos a nosotras mismas y a nuestra situación con claridad. En otras palabras, nos impide ser todo lo astutas e inteligentes que podríamos ser. Cuando logramos un hito o disfrutamos de un gran logro, hemos de permitirnos profundizar en ello y asumirlo en vez de esquivarlo. Hemos de celebrar y honrar el logro conscientemente. Cómo lo hagamos, no importa, siempre y cuando lo hagamos conscientemente. Puedes descorchar una botella de champán, comprar un pastel o hacer una fiesta, pero dedicar una hora a dar un paseo por el bosque o crear un pequeño ritual de celebración funcionará igualmente bien. Permítete recordar tus pensamientos agradables sobre tu hazaña a lo largo del día. Si monitoreas el discurso de tu diálogo interno, tal vez descubras que te alejas de los pensamientos positivos. Muchas mujeres consideran que deleitarse en los recuerdos agradables de sus éxitos es algo prohibido o incluso peligroso porque podrían parecer egocéntricas. Pero permitirnos disfrutar placenteramente de nuestros logros, al menos un poco, es esencial para reivindicar nuestra osadía, la cual a su vez nos ayudará a ser más astutas cuando tratemos con los demás.

Asimilar nuestros logros internamente es mucho más importante que alardear de nuestros últimos triunfos en las redes sociales o hablar de ellos con las amistades y la familia. Compartir públicamente nuestros éxitos nos sitúa inevitablemente en la precaria posición de esperar una reacción. En lugar de concentrarnos en nuestra victoria, puede que estemos focalizadas en nuestros *post* de las redes sociales para ver cuántos *likes* y comentarios obtenemos. Y por supuesto, cuando exponemos nuestros logros al mundo, nos arriesgamos a despertar envidia. Lo que importa es desarrollar un aprecio profundo por nuestra persona y nuestro triunfo. Al fin y al cabo, sabemos mejor que nadie el trabajo que nos ha costado. Con esta sólida base de autoaprecio, podemos elegir con buen juicio con quién compartimos nuestros éxitos. Si tenemos una valoración exacta sobre nosotras mismas, podremos contrarrestar los ataques de la envidia y evaluar pragmáticamente nuestros puntos fuertes y débiles.

Si desarrollamos la astucia, nos veremos con total claridad. La ilusión de nuestra inocencia o pureza desaparece. Valoramos nuestros puntos fuertes y dones con realismo. Somos conscientes de nuestra capacidad y de nuestro potencial. Tenemos una visión clara del mundo. Nuestra intuición nos habla y nosotras la escuchamos. Nos permitimos saber lo que sabemos. Sabemos en quién hemos de confiar y a quién es mejor tener a una sana distancia. Este conocimiento nos permite maniobrar con más libertad porque podemos percibir las posibles amenazas con suficiente antelación. También nos permite familiarizarnos con nuestro destino. Cuando sacrificamos una actitud demasiado inocente, confrontamos nuestra verdad respecto a nosotras mismas, conectamos con nuestra naturaleza esencial y descubrimos el patrón que se suponía que teníamos que seguir en este mundo.

Ser astuta no implica volverte pesimista o nihilista. Por el contrario, la verdadera sabiduría facilita que nuestro corazón se abra a la alegría. «No es difícil en modo alguno ser un idealista ciego ni un realista cínico –según Marie-Louise von Franz–. Pero es difícil y deseable ver la realidad, sin espejismos, tal como es, alimentar la llama interior y mantenerla ardiendo con fuerza».[14] La astucia no nos hará más cerradas y desconfiadas. Por el contrario, nos abrirá al mundo y nos permitirá renovar nuestra conexión con nuestra fuente, con el fuego interior.

PREGUNTAS PARA REFLEXIONAR

1. En *Blancanieves*, la reina envidia a su bella su hija. La envidia entre madres e hijas no solo es el tema de cuentos de hadas. ¿Eres consciente de que tu madre podría haberte envidiado? ¿Cómo crees que lidió con ese sentimiento? ¿Cómo te afectó su envidia? Si eres madre, ¿has envidiado a tu hija alguna vez? ¿De qué sentías envidia y cuándo fuiste consciente de ese sentimiento? ¿Te sorprendió este sentimiento? ¿Cómo lo gestionaste?

2. La envidia es el tema principal de la historia. Piensa en tu vida presente. ¿Qué hay en ti que los demás puedan envidiar? Muchas veces, cuando otras personas se comportan mal con nosotras y no entendemos por qué, es por envidia. ¿Qué aspecto de tu vida puede despertar envidia en estos momentos? ¿Cómo podrías protegerte?

3. El cazador y los enanos son amables con Blancanieves por su belleza. Si somos tan guapas que nuestra belleza hace que agrademos a la gente enseguida, habrá ciertos aspectos de la vida que nos resultarán fáciles, pero eso puede implicar que no desarrollemos otros aspectos de nosotras mismas. ¿Qué cualidades tienes que hacen que te ganes a la gente con facilidad? ¿En qué grado eres consciente de esas cualidades? ¿En qué medida confías en esos rasgos?

4. Uno de los aspectos más sorprendentes del cuento es la facilidad con la que Blancanieves le abre la puerta a la reina una y otra vez. ¿En qué momento de tu vida has sido excesivamente confiada o ingenua? ¿Cómo aprendiste a no ser tan inocente? ¿Por qué crees que te ha costado tanto aprender que no debes fiarte de algo o de alguien?

5. La transformación de Blancanieves se produce durante un largo sueño casi letal. Esto puede ser una imagen de pasividad o incluso de depresión. Puede que hayas pasado alguna etapa de inactividad, quizás alguna en la que durmieras mucho. Al recordar esos tiempos, ¿cuáles eran los indicativos de que se estaba produciendo un cambio en un nivel más profundo, aunque por fuera pareciera que no pasaba nada? ¿Cómo te ayudó esa experiencia a transformarte?

6. El sirviente irritable desempeña un papel importante en la historia. No está hechizado por la bella doncella, que ha acabado siendo una carga. ¿Cuándo te ha ayudado que te trataran con dureza a despertar o a recobrar tu capacidad de acción? ¿Cuándo te has hartado de tu pasividad o apatía y eso te ha empujado a despertarte? ¿Cómo fueron esas experiencias?

CAPÍTULO 4

EL EMBAUCADOR: ESTAR ABIERTA A LO INESPERADO

Cabe la posibilidad de que lo inconsciente se revele a sí mismo de una manera inesperada, en cualquier momento.

C. G. Jung, *Obra completa, vol. 14, Mysterium coniunctionis*

Un embaucador ha de ser audaz y atrevido. Hace poco fui testigo de un acto de pillería en una oficina de correos. La cola era larga y avanzaba a paso de tortuga. Solo había un empleado atendiendo. La gente que estaba en la cola cambiaba el peso de su cuerpo de una pierna a otra, les dolían los pies. Las madres intentaban entretener a sus hijos, que parecían cansados y exasperados. Entonces, una mujer de mediana edad y de aspecto normal y corriente se giró y nos susurró que no nos alarmáramos. De pronto, empezó una actuación magistral, como si le estuviera dando un ataque psicótico. Empezó a hablar sola en voz alta y con tono agitado. La sala se quedó en silencio, y la gente que estaba más lejos que no se había enterado de su advertencia se sentía claramente incómoda, mientras que los que estábamos más cerca teníamos que contener la risa. Al momento, apareció otro empleado en el mostrador y ¡la cola empezó a ir más deprisa! ¿Qué habría sucedido si uno o varios de nosotros le hubiéramos pedido educadamente al empleado de correos que avisara a algún compañero para que lo ayudara? Dudo mucho que hubiera servido de algo. Si hubiéramos gritado y sido groseros, probablemente todo habría ido de mal en peor. Pero la descarada estrategia de esa mujer funcionó y me hizo sonreír.

Si cultivamos la astucia, tendremos una visión más serena de nosotras mismas, de otras personas y de las situaciones en las que nos encontramos. La astucia nos ayuda a distinguir qué es qué. Cuando vemos una situación con claridad, tenemos más opciones para responder; incluido el uso de la astucia y las artimañas para afrontar un problema indirectamente. La astucia y las artimañas nos ofrecen más opciones para lidiar con las situaciones. A medida que vamos creciendo y nos vamos acostumbrando a seguir las reglas, es fácil que perdamos el contacto con nuestra capacidad para la espontaneidad, el juego, la ambigüedad, la risa y la transgresión. Estos rasgos innatos en todo ser humano son alentadores y revitalizadores. La energía del embaucador puede ser atrevida, traviesa y taimada. Compensa la rigidez y la arrogancia. Nos invita a no tomarnos demasiado en serio. En la mitología, el embaucador o tramposo es una figura que revoluciona las reglas normales y desafía la tradición. Revela los fallos de la sociedad y renueva la cultura. Viaja de un mundo a otro; con frecuencia llega a lugares donde los otros no pueden llegar. Crea espacio para sacar a la luz verdades incómodas.

El embaucador nos invita a jugar. Nos incita a pensar travesuras para hacérselas a nuestros familiares y amigos, y reírnos todos juntos. El embaucador nos anima a que nos saltemos las normas y veamos oportunidades únicas para resolver problemas. Da prioridad al fin antes que a los medios, y muchas veces nos exige que transgredamos las fronteras y expectativas habituales. Cuando conectamos con la astucia del embaucador, nos volvemos deliberadamente furtivas y nos convertimos en maestras del engaño. Manipulamos la situación para lograr nuestros objetivos. La energía del embaucador nos invita a pensar estratégicamente y a anteponer el resultado deseado a los valores de la relación, como pueden ser la empatía y la amabilidad. El engaño es una energía proscrita que puede ayudarnos a conectar con nuestros deseos y a protegernos a nosotras mismas y a nuestros seres queridos.

A muchas mujeres nos han enseñado que para conseguir nuestras metas hemos de trabajar mucho, y aunque sea una buena lección, puede hacernos creer que jamás seremos capaces de conseguir nada bueno sin esfuerzo. Muchas mujeres negocian inconsciente y diariamente con el universo trabajando duro y siguiendo las reglas. Es como si le dijeran: «Yo haré mi parte aquí, y a cambio, te pido que no me aniquiles». Si nos basamos en esta premisa para actuar, cualquier desviación de lo que consideramos correcto puede traer consigo el miedo al castigo.

LA CONFIANZA

La actitud del embaucador nos permite confrontar nuestro destino con despreocupada seguridad. El embaucador es el dios de los atajos y de las buenas ideas. El embaucador encuentra la solución que nadie ha podido encontrar todavía. Nos enseña que la astucia y la osadía a veces funcionan mejor que el trabajo duro y una actitud rígida sujeta a normas. Ser artera y taimada significa tener las riendas de tu capacidad de acción. No esperamos que venga alguien a resolver nuestros problemas y podemos ser sumamente creativas para dar con una solución.

La energía del embaucador contradice la creencia de que para triunfar hay que esforzarse. El embaucador construye algo de la nada. Donde antes solo había aire, él encuentra la manera de crear un negocio, descubrir una solución novedosa o tomar la delantera con una acción inesperada. Uno de mis cuentos de embaucadores favoritos de mi infancia era *Sopa de piedra*. Unos soldados regresan de la guerra y llegan a un pueblo donde nadie está dispuesto a ofrecerles comida. Encienden un fuego y ponen a hervir una gran olla con agua donde echan una piedra. Cuando los curiosos aldeanos se acercan y les preguntan qué están haciendo, les explican que están preparando sopa de piedra. Les aseguran que estará deliciosa y que solo necesitan un poco de zanahoria, un poco de cebolla y un puñado de alubias. Todos los aldeanos llevan lo que tienen y esa noche el pueblo entero disfruta de un delicioso bol de sopa.

No obstante, para utilizar a la embaucadora que llevamos dentro, hemos de confiar en nosotras mismas y en el universo. La vergüenza y sentir que no estás a la altura interfieren en la autoconfianza que necesitamos para conectar con ella. En mi primer año después de graduarme, fui profesora de Historia y supervisora de residencia en un internado femenino. Un día, salí de mi cuarto para hacerme un café en la minicocina de la residencia, y cuando volví a mi habitación se había cerrado la puerta. Pensaba que la había dejado sin pestillo, pero por lo visto, no fue así. Mi energía se concentró en el autorreproche. ¿Cómo podía haber sido tan descuidada? Estaba avergonzada. Tuve que utilizar el teléfono de la residencia para llamar a los de seguridad y pedirles que me abrieran. Mientras tanto, me puse a esperar en el área común, donde las chicas se enteraron de que se me había cerrado la puerta de mi habitación. Fui humillada. Se reían con aires de superioridad y de desprecio, como quizás solo las quinceañeras pueden hacerlo.

Imaginarás que fui muy cuidadosa a partir de ese día para que no se repitiera ese error. Las veces siguientes, cada vez que salía de mi habitación sin las llaves, revisaba una y otra vez que no estuviera el pestillo de la puerta puesto. Y sin embargo, otro día me volvió a pasar. Esa vez, mi actitud fue totalmente distinta. Estaba segura de que el fallo no era mío, y eso me permitió pensar de manera creativa. Inserté mi tarjeta de identificación entre la jamba y la cerradura y se abrió la puerta. Ser un poco tramposa me ahorró tiempo y humillación. Pero no podía conectar con esa actitud, mientras estaba atrapada en la vergüenza de lo que a mí me parecían deficiencias.

No nos suelen gustar los tramposos. Creemos que han elegido la vía más fácil. Nos molesta su arrogancia, sus agallas y su éxito porque aparentemente lo hacen sin esfuerzo. Vemos que triunfan basándose en subterfugios y tretas, y pensamos que no es justo. Si nos damos cuenta de que estamos teniendo este tipo de reacción, podría tratarse de una invitación para que conectemos con nuestra propia astucia. ¿Dónde estamos siguiendo las reglas trabajosa e infructuosamente cuando una intervención estratégica sería más rápida?

AUTOPROTEGERNOS

Tal vez el elemento fundamental de la energía del embaucador sea la sólida creencia de que cada cual es la máxima autoridad respecto a sí mismo. En última instancia, existe una sana desconfianza de los expertos externos y la confianza de que, en el análisis final, podemos confiar más en nosotras que en ninguna otra persona. Esta actitud es poderosa y liberadora.

Conocí a un estadounidense que trabajaba para una ONG en un país africano. Estuvo allí durante un periodo de importantes revueltas civiles. Se encontraba en la capital cuando se produjo un levantamiento. Una docena de jóvenes del país irrumpieron en su oficina y le exigieron que se fuera con ellos. Mi amigo, que era un observador sagaz de la naturaleza humana, pronto se dio cuenta de que corría grave peligro. Sin embargo, también vio una oportunidad. Percibió correctamente que los jóvenes no tenían ningún plan. Se habían dejado llevar por el ambiente de caos general y actuaban impulsivamente. Mi amigo sabía que su conducta podría influir en su respuesta. Proyectó toda la calma que le fue posible. Empezó a hablar y a bromear con ellos, y les dio las gracias por llevarlo sano y salvo a su casa. Al final, los jóvenes lo llevaron a su casa sin hacerle ningún daño. En un momento de extrema dureza y terror, mi amigo no dio por sentado que iría alguien a rescatarlo, ni pensó que sus captores tuvieran buenas intenciones. Por el contrario, utilizó la energía del embaucador para dirigir sutilmente sus intenciones.

Aquí tenemos otra historia diferente. Como el resto del mundo, vi por la televisión, horrorizada y fascinada, los atentados de 11 de septiembre de 2001. Un detalle que conocí más tarde me llamó la atención. Tras la caída de la torre norte, muchos de los empleados que estaban en la torre sur empezaron a abandonarla, pero sus supervisores y el personal de seguridad les dijeron que volvieran. Esta historia es estremecedora. La confianza en la autoridad hace que te olvides de tu propio instinto, a veces con resultados trágicos. La energía del embaucador no nos deja confiar en los demás para mantenernos a salvo. En este aspecto, es profundamente optimista. Dice: «Sé que puedo cuidar de mí misma».

El famoso cuento oriental de *Las mil y una noches* es una versión especialmente simpática de la historia de una embaucadora, donde la protagonista hace uso de su ingenio para conservar su vida.

LAS MIL Y UNA NOCHES

El rey Shahryar descubrió que su esposa le había sido infiel. Como castigo, el rey le juró que se casaría cada día con una virgen y que las decapitaría a la mañana siguiente. Cuando el visir ya no pudo encontrar más vírgenes de cuna noble, su hija Sherezade se ofreció para casarse con el rey. Una vez llegó a sus aposentos reales, Sherezade empezó a contarle un cuento, y el rey la escuchaba fascinado. La escuchó durante toda la noche. Pero Sherezade interrumpió el relato en la mitad, bajo el pretexto de que estaba amaneciendo y que terminaría de contárselo la noche siguiente. El rey estaba tan interesado en la historia que la dejó vivir un día más. La segunda noche, terminó el relato del día anterior, pero empezó otro, aún más apasionante que el primero. El rey se pasó toda la noche despierto, y ella nuevamente interrumpió su relato en la mitad, al amanecer. De este modo engañó al rey para que la dejara vivir mil y una noches. Al final, le dijo que ya no sabía más cuentos pero por aquel entonces, ya le había dado tres hijos y el rey se había enamorado de ella.

Sherezade confía mucho en su habilidad para eludir un destino, aparentemente inexorable, a través de su astucia. Su ingeniosa estratagema funciona, y no solo logra sobrevivir, sino que se convierte en reina. Esta historia demuestra que las artimañas a veces pueden funcionar donde fallan otros recursos. La despiadada crueldad del rey no puede ser aplacada con ruegos de clemencia o incluso con intimidaciones. Justo cuando parece que no hay salida, una astuta artimaña puede hacerte triunfar.

El embaucador tiene esa energía que ve una salida cuando todo parece perdido. En la película bosnia, de 2020, *Quo Vadis, Aida?*, una mujer utiliza su astucia para intentar salvar a su familia. La película tiene lugar en Srebrenica, el 11 de julio de 1995. Aida Selmanagić es una maestra de escuela que ha estado trabajando como traductora para el batallón holandés de la ONU. Está casada y tiene dos hijos, uno de diecisiete y otro un poco mayor. Aida es astuta. Al inicio de la película, está traduciendo durante una tensa reunión entre el comandante del batallón holandés y el alcalde de Srebrenica. Las fuerzas serbio-bosnias bajo el mando de Ratko Mladić están intentando tomar la ciudad, que ha sido declarada zona segura de las Naciones Unidas. A través de Aida, el comandante de la ONU le promete al alcalde que habrá defensa aérea si los serbios no se retiran, pero por la mirada de Aida vemos que ella no se acaba de creer lo que está diciendo. Ya ha habido muchas promesas incumplidas.

Cuando la promesa de la defensa aérea no se cumple y las tropas de Mladić toman la ciudad, miles de refugiados se dirigen hacia la zona vallada y vigilada por la ONU donde trabaja Aida. Los primeros miles consiguen entrar, pero los soldados holandeses cierran la puerta, dejando decenas de miles de personas atrapadas fuera. Aida busca a su familia desesperadamente y se entera de que uno de sus hijos ha conseguido llegar a la base, pero su esposo y su otro hijo están fuera. Cuando los ruegos a los soldados holandeses para que los dejen entrar no funcionan, echa mano de su ingenio. Ratko Mladić ha pedido tres voluntarios para que se reúnan con él a negociar el destino de los civiles. Nadie quiere ir. Aida convence a los holandeses para que dejen ir a su marido como uno de los negociadores. Consigue encontrarlo entre la gente y lo lleva dentro de la zona protegida, junto con su otro hijo.

Ha conseguido reunir a su familia en la base, pero esta experiencia momentánea de relativa seguridad no dura mucho. Las tropas armadas serbias exigen que las dejen entrar en la base con el pretexto de revisar que no haya soldados en su interior. Los holandeses capitulan, dejando claro quién está realmente al mando. Aida no es ingenua y sabe lo que eso significa. Saca a su familia del gentío de civiles y la oculta en el complejo militar, entre las oficinas de los oficiales holandeses. Se entera de que se está creando una lista del personal de la ONU al que se le permitirá abandonar la base cuando se retiren los holandeses y soborna a su compañero con un cigarrillo para que añada los nombres de su familia. Intenta hacer tarjetas de identificación para su marido e hijos para que les sea más fácil huir. Al fallar estos ardides –los holandeses los sacan de la lista y la máquina para hacer las tarjetas está estropeada–, prueba estrategias cada vez más desesperadas. Ruega a uno de los trabajadores que esconda a su familia en su vehículo; pregunta a otros si pueden esconderla entre los equipos que están empaquetando; la oculta en un contenedor que hay en la base; le miente al oficial subalterno, que insiste en que su familia no está en la lista, y le suplica al médico que los incluya en los convoyes de heridos que están saliendo. «Les dispararé en el pie»,[1] le dice. Cuando nada de esto funciona, se pone a implorar. Al final, ninguno de sus intentos tiene éxito.

Aunque no consigue su objetivo, su actitud durante todo el largometraje encarna la energía del embaucador. Mientras uno de sus hijos sufre un pánico paralizante y su esposo cae en la apatía, ella nunca se rinde. Cuando la vía directa para salvar a su familia falla, lo intenta todo, incluso mentir, ir a hurtadillas y esconder. A pesar de que tiene la esperanza de que el batallón holandés la ayudará a proteger a su familia, nunca confía ciegamente en que lo hará.

EL PUNTO DE ENCUENTRO ENTRE LA DESESPERACIÓN Y LA ALEGRÍA

Las respuestas del embaucador suelen proceder de la desesperación. Cuando nos sentimos indefensas o se han agotado las otras posibilidades, recurrimos a los trucos. La solución del embaucador siempre es el método preferido de los desvalidos o desahuciados. Al no tener otras formas más directas de acceder al poder, la argucia y el engaño se convierten en la principal forma en que los oprimidos consiguen ventaja. Las historias donde la heroína emplea ardides propios del embaucador suelen ser oscuras. En *El pájaro del brujo*, la tercera hermana utiliza tretas para engañar al brujo y rescatar a sus hermanas. Aida recurre a las artimañas cuando fracasan las otras opciones. En la vida real, tal vez también recurramos al engaño en las situaciones desesperadas.

Cuando trabajaba en un programa internacional de ayuda al refugiado en la antigua Yugoslavia, en los años noventa, un día, una amiga y yo estábamos solas en una casa donde irrumpieron soldados armados con rifles Kalashnikov tras intimidar a nuestros guardias y exigirles que los dejaran entrar. Una vez dentro, no estaba claro qué querían de nosotras. Nos metieron en una habitación y nos hicieron sentar en una cama, todo el tiempo apuntándonos con sus rifles. Yo me quedé momentáneamente paralizada por el miedo: cabía la posibilidad de que nos violaran o ejecutaran, o tal vez ambas cosas. En ese momento, cuando todo parecía pendiente de un hilo, mi amiga miró a nuestro captor y simplemente dijo: «¿Marcos alemanes?». Esta única pregunta cambió el tono de la interacción, transformando un ataque potencialmente peligroso en un mero robo. A punta de pistola, vaciamos nuestros monederos, nos sacamos las joyas e incluso les ofrecimos las llaves de nuestro vehículo con matrícula de la ONU. Como el voluntario de África, mi amiga tuvo los suficientes recursos para darse cuenta de que podía influir en el curso de los acontecimientos, incluso con un arma apuntándonos. Mientras se producían esos intercambios, mi amiga vio la oportunidad de huir de la casa. Lo hizo, y nuestros atacantes la siguieron. Consiguió ponerse a salvo y yo pude cerrar bien la puerta hasta que llegara la ayuda.

El hecho de que haya tantas historias de mujeres tramposas que usan su ingenio para protegerse o proteger a su familia denota nuestra vulnerabilidad. Debido a nuestra fisiología y a nuestra función en la reproducción, las mujeres somos susceptibles a la violencia machista. En *El pájaro del brujo* y en *Las mil y una noches*, la heroína ha de hacer uso de su ingenio para protegerse de un depredador. Estos cuentos enfatizan nuestro potencial para ser víctimas sexuales y la importancia de que las mujeres utilicemos nuestras estratagemas para mantenernos a salvo.

Aunque las historias de tramposas pueden empezar con situaciones desesperadas y oscuras, también pueden ser alegres y humorísticas. Tanto en los cuentos de hadas como en la vida real. A veces, un truco puede convertir una historia oscura en alegre, como sucede en *Las mil y una noches*. En otras ocasiones, la alegría y la astucia se usan para resolver situaciones menos urgentes, como lidiar con una larga cola de espera en una oficina de correos. Los relatos de embaucadores suelen ser encantadores y cómicos. El héroe embaucador suele aprovecharse de una aventura graciosamente improbable, como en *El gato con botas* o *Jack y las habichuelas mágicas*. Sin embargo, en muchos cuentos donde la protagonista es una embaucadora, esta tiene que usar sus argucias para salvarse o para salvar a alguien. No es fácil encontrar ejemplos de cuentos de embaucadoras que utilicen su talento no solo para protegerse, sino para vivir una aventura o enriquecerse, si bien es cierto que hay algunos. Uno de mis favoritos es el cuento inglés *Molly y el gigante*. La pequeña heroína recurre a su talento para embaucar a fin de protegerse a sí misma y a sus hermanas de grandes adversidades, pero también para hacerse rica. A pesar de enfrentarse a un gigante, su astucia está llena de alegría.

MOLLY Y EL GIGANTE

Érase una vez una pareja que tenía demasiados hijos e hijas y no podía alimentarlos a todos, así que abandonó a sus tres hijas menores en el bosque. Las tres hermanas caminaron durante la noche, cansadas, hambrientas y asustadas. Al final, vieron una luz y se dirigieron hacia ella hasta que encontraron una casa.

Las jovencitas llamaron a la puerta y respondió una mujer. Le rogaron que las dejara entrar y les diera algo de comer, pero la mujer les respondió que estaba casada con un gigante, que si entraban se las comería, y que iba a llegar de un momento a otro. Pero las niñas insistieron e insistieron y le prometieron que solo se quedarían un momento, así que las dejó entrar y les dio pan y leche.

Pero, entonces, entró el gigante.

—¿A qué huele aquí? —preguntó en tono inquietante—. ¿Quién ha venido?

Su esposa le explicó que las niñas estaban cansadas y hambrientas, le suplicó que les dejara pasar la noche y que no les hiciera daño. El gigante no dijo nada y se sentó a cenar.

El gigante y su esposa tenían tres hijos propios, y las tres niñas humanas iban a dormir en la misma cama que los hijos del gigante. La más pequeña se llamaba Molly Whuppie y era muy inteligente. Observó que antes de que los niños se fueran a acostar, el gigante les colocó collares de oro a sus hijos y de paja a ella y a sus hermanas. Todos se durmieron muy rápidamente, pero Molly siguió despierta. Entonces intercambió los collares de oro y de paja.

A medianoche, el gigante agarró a cada uno de los niños con collar de paja y los golpeó con su mazo hasta matarlos, pensando que había matado a Molly y a sus hermanas, cuando en realidad había matado a sus propios hijos. El gigante volvió a su cama y Molly despertó a sus hermanas. Las tres salieron de la casa a hurtadillas. Empezaron a correr y corrieron hasta que llegaron a una gran casa. Resultó que allí vivía un rey. Molly le contó lo sucedido.

«Hiciste bien. Pero lo mejor sería que volvieras a la casa y le robaras la espada que está colgada sobre la cama del gigante. Si lo haces, mi hijo mayor se casará con tu hermana mayor», le aconsejó el rey. Molly le dijo que lo intentaría.

Así que regresó a la casa del gigante. Se metió arrastrándose con sigilo y se escondió debajo de la cama. Cuando llegó, el gigante engulló una copiosa cena y luego se fue a dormir. Cuando empezó a roncar, Molly salió de debajo de la cama, se subió encima y agarró la espada que colgaba de la pared por encima de la cabeza del gigante. Pero hizo ruido mientras la bajaba y el gigante se despertó. Molly corrió y corrió, y el gigante la persiguió hasta el Puente de Un Cabello. Molly pudo atravesarlo, pero el gigante no. La maldijo y le gritó que se arrepentiría si alguna vez volvía, pero ella no se detuvo. Le dio la espada al rey, y su hermana mayor se casó con el hijo mayor del monarca.

«Bien hecho, Molly, pero todavía lo puedes hacer mejor. Si robas la bolsa llena de oro que guarda debajo de la almohada, casaré a mi segundo hijo con tu segunda hermana», le dijo el rey.

Molly respondió que lo intentaría. Volvió a casa del gigante y nuevamente se escondió debajo de la cama y esperó a que el gigante se durmiera. Entonces salió de su escondite, pasó la mano por debajo de la almohada y sacó la bolsa. Empezó a correr, pero el gigante se despertó y se puso a perseguirla. Ella corría todo lo rápido que podía, pero el gigante estaba a punto de alcanzarla. Cuando llegaron al Puente de Un Cabello, Molly pudo cruzarlo, pero él no. El gigante, enfurecido, volvió a maldecirla, pero ella siguió corriendo. Le dio la bolsa al rey, y la segunda hermana de Molly se casó con el segundo hijo.

«Eres una chica lista, Molly, pero aún puedes hacerlo mejor: róbale al gigante el anillo que lleva en el dedo. Si lo haces, te casaré con mi hijo menor», le dijo el rey.

Molly regresó una vez más a casa del gigante y se escondió debajo de su cama. Esperó a que roncara y, entonces, tiró varias veces del anillo que tenía en el dedo, pero justo cuando estaba a punto de conseguir sacárselo, el gigante se despertó y la atrapó. La metió en un saco y lo cosió; entonces, se fue al bosque para buscar un palo fuerte con el que golpearla hasta matarla. Mientras él no estaba, Molly empezó a gritar: «¡Oh, si pudieras ver lo que veo yo!». La mujer del gigante estaba intrigada y le preguntó a Molly qué veía. Pero ella no respondió, se limito a repetir: «¡Oh, si pudieras ver lo que veo yo!». La mujer del gigante sentía cada vez más curiosidad e insistió en que Molly se lo dijera. «Ve a por unas tijeras y haz un agujero en el saco para que puedas meterte y verlo».

La esposa hizo un agujero en el saco y se metió dentro. Molly salió y cosió el saco con ella dentro. No tuvo que esperar mucho a que regresara el gigante con un palo enorme que usó para golpear el saco. La esposa empezó a gritar, pero el perro estaba ladrando y no podía oírla. La golpeó una y otra vez hasta acabar con su vida. Entonces, Molly huyó de su escondite. El gigante la vio y volvió a perseguirla, pero no pudo cruzar el Puente de Un Cabello. Molly se casó con el menor de los hijos del rey y nunca más volvió a ver al gigante.

La historia comienza con una terrible escena de pobreza y carencia. La familia es tan pobre que ha de deshacerse de sus tres hijas menores. Muchas de nosotras puede que hayamos nacido en el seno de una familia pobre psicológica y, quizás también, económicamente.

Tal vez nuestros progenitores estaban demasiado pendientes de sus preocupaciones como para tener tiempo para nosotras, especialmente si éramos varios hermanos y hermanas. Criarse en una familia grande puede suponer estar desatendidas. Aunque hay ciertas familias que se las arreglan para educar a muchos hijos con el amor y el calor adecuados, a mi consulta vienen muchos adultos de familias de seis, siete o incluso diez hermanos y hermanas. Con frecuencia, el caos y la carencia han marcado su infancia.

Esta circunstancia puede tener un lado bueno sorprendente, como vemos en este cuento. Las personas que de pequeñas no han recibido demasiada atención, a veces, se dan cuenta más pronto que tarde de que deben responsabilizarse de sí mismas. Por consiguiente, no padecen la ilusión de que el mundo velará por ellas, y les resulta normal cuidar de sí mismas. Se vuelven astutas fácilmente.

Molly no es muy confiada. Presta atención y observa cosas, como cuando el gigante les pone dos tipos de collares diferentes. Cuando sus hermanas se quedan dormidas, ella permanece despierta. No se permite quedarse inconsciente ante lo que está sucediendo a su alrededor, y no se fía de que el gigante albergue buenas intenciones. Un poco de escepticismo saludable respecto a la motivación de las otras personas nos ayuda a estar a salvo.

En la primera parte de la historia, Molly se comporta como muchas heroínas embaucadoras: utiliza su astucia para salvarse ella y salvar a sus hermanas. No obstante, una vez a salvo, sucede algo un tanto distinto. El rey le hace una propuesta, le crea un incentivo para que vuelva a enfrentarse al peligro y obtenga una recompensa. Molly regresa voluntariamente a la casa del gigante, asume el riesgo de conseguir algo más. En esto, es como su compañero, el héroe que vence al gigante en *Jack y las habichuelas mágicas*. Al igual que él, a ella no le basta con estar a salvo. Sabe que el gigante es muy rico y está dispuesta a arriesgarse para conseguir más.

El Puente de un Cabello es una imagen curiosa y relevante. En una versión escocesa del mismo cuento, la heroína construye un puente con uno solo de sus cabellos. Ella puede cruzar, pero él no. Este detalle enfatiza la pequeñez de Molly respecto al enorme tamaño del gigante. Una vez más, la actitud del embaucador nos ayuda a transformar nuestra debilidad en una ventaja.

ASPIRAR A MÁS

Grace se crio en una familia donde nadie tenía tiempo para ella. Su padre era alcohólico y su madre vivía inmersa en sus propios problemas por los sacrificios que tenía que hacer para sacar adelante a sus hijos. Ninguno de sus progenitores había ido a la universidad. Aunque su madre la animaba a que cursara estudios superiores, no podía ayudarla en el proceso de elegir universidad ni en el de presentar la solicitud. No la llevó a visitar las universidades, pero cuando un amigo de la familia visitó una prestigiosa universidad a unas pocas horas de distancia, Grace lo acompañó. Se quedó impresionada al ver el campus con sus majestuosos edificios históricos. Se sintió abrumada al darse cuenta de que aquello formaba parte de un mundo más amplio lleno de posibilidades. Había una parte de ella que pertenecía a aquel lugar.

Grace presentó la solicitud y fue aceptada, pero estaba asustada por lo que le iba a costar. Su padre y su madre nunca se lo preguntaron. Ella solo sabía que sería demasiado cara, pero no podía arriesgarse a que le dijeran que su familia no podría pagarlo, así que no dijo nada. Su madre le hizo un cheque para pagar el pequeño depósito que se requería para reservar la plaza y procedió a prepararse para ir a la universidad en otoño. A medida que se acercaba la fecha de trasladarse a la universidad, su miedo iba en aumento respecto a qué iba a suceder cuando llegara el recibo, pero siguió sin decir nada. Llegó al campus en un caluroso día de finales de agosto, con su madre y el coche cargado de cosas. Una vez que se registraron para entrar, las dirigieron al despacho del administrador, y fue allí donde su madre se enteró del precio de la matrícula en esa famosa universidad. En aquel punto, su madre ya no podía echarse atrás e hicieron todos los trámites para solicitar préstamos y matricularse. Grace obtuvo buenas notas y, al final, consiguió completar el posgrado. Su arriesgada estrategia –orquestada desde el centro rector de la personalidad– dio resultado.

El sentimiento profundo de Grace de que su destino era escapar del pequeño mundo de su familia disfuncional la llevó a utilizar la energía del embaucador para conseguir su propósito. Al igual que Molly, su pequeñez y su aparente insignificancia en el entorno de la familia resultó ser una ventaja. Su madre no pensaba en Grace ni en su experiencia en la universidad, así que había pasado totalmente por alto la necesidad de afrontar el gasto. Grace sabía esto instintivamente y guardó silencio.

Su astucia se desarrolló gracias a la desesperación. Como le pasaba a Molly, tenía poco poder y pocos recursos. Solo contaba con el ferviente deseo de tener más, la audacia de desafiar lo impensable y la astucia de probar algo atrevido. Tanto Grace como Molly escaparon por los pelos. En ambos casos, las cosas podían haber ido mal, pero no fue así.

DE DUDOSA MORAL

Existe una infinita variedad de historias de embaucadores, pero un tema común es que el tramposo, héroe o heroína, está dispuesto a saltarse los valores convencionales para prosperar y sobrevivir. Por ejemplo, Molly engaña al gigante y hace que mate a sus propios hijos y luego a su esposa. Además, no duda en mentir, robar o ser violenta cuando es necesario. Esta conducta aparentemente inmoral está al servicio de objetivos mayores: protegerse y medrar. Esta es la jerarquía de valores que Lilith nos invita a cultivar. ¿Podemos llegar a confiar en nosotras mismas hasta el extremo de estar dispuestas a romper las reglas? ¿Podríamos dejar que nuestro desarrollo nos importara hasta tal extremo?

Eso es lo que sucedió con el subterfugio de Grace. Una parte de ella anhelaba una existencia más abierta y que le permitiera expandirse, pero para conseguir más tuvo que recurrir a una conducta éticamente cuestionable. Esta ambigüedad moral es parte de lo que hace que la energía del embaucador sea tan difícil para muchas mujeres. Ser tramposa implicará romper las reglas. Grace no estaba acostumbrada a mentir (y sin duda alguna, lo hizo, por omisión). Tampoco estaba acostumbrada a exigir demasiado, y en su engaño desesperado, estaba exigiendo mucho. Estaba pidiendo ayuda económica a sus padres y a la universidad. Pero también estaba pidiendo algo significativo en el plano psicoespiritual. Pedía ayuda en su intento de abrir sus alas y echar a volar.

La respuesta del embaucador, fruto de la desesperación y de la falta de opciones, puede ser aquella que te alegrará el día e incluso la que te abrirá la puerta a nuevos horizontes infinitamente más vastos, como le sucedió a Grace. A veces ser una embaucadora significa adoptar una actitud lúdica frente a lo que parece una situación desesperada. El juego y el humor pueden ayudar a disolver obstáculos o a relajar una situación donde imperaba la rigidez. El embaucador es pariente cercano del bufón, y cuando hacemos trampa, podemos provocar que sea otro el que parezca tonto o asumir nosotras ese papel. No nos preocupa parecer tontas, y por el contrario, nos deleitamos con la libertad que nos concede el hacer payasadas.

Para Lucille Ball, la primera etapa de su vida no fue nada fácil. Su amado padre murió de tifus cuando ella tenía tres años. Otras tragedias hicieron que la familia tuviera pocos recursos económicos. Cuando estudiaba para actriz, sus profesores le dijeron claramente que jamás triunfaría. Los primeros años de su carrera se caracterizaron por sus papeles en películas B (de bajo presupuesto). Tenía casi cuarenta años y la fama brillaba por su ausencia.

Entonces, convenció a los directivos de los estudios cinematográficos para que contrataran a Desi Arnaz, su esposo por aquellos tiempos, para compartir protagonismo en un *show* televisivo, y así nació *I Love Lucy* [Quiero a Lucy]. El *show* hizo historia en la televisión. Emparejó a una mujer típica estadounidense con un marido latino y fue el primer programa realizado con público en directo. Cuando surgieron complicaciones con la productora del programa, Ball y Arnaz crearon Desilu Productions, y se convirtió en la primera mujer en dirigir una productora de televisión. Posteriormente, dirigiría Desilu ella sola. Además de *I Love Lucy*, Desilu también se hizo popular por *Misión imposible* y *Star Trek*. Ball era un genio del humor físico: su cara increíblemente expresiva y su carácter desinhibido, que le permitía hacer cualquier tipo de payasada, por tonta que fuera, hizo de *I Love Lucy* uno de los programas de televisión más queridos y con mayor audiencia de todos los tiempos.

El personaje de Ball en el icónico *show* televisivo es el de la perfecta embaucadora. No le interesan las limitaciones de los convencionalismos. Su esposo, Ricky, dice que quiere una esposa que le lleve las zapatillas cuando llega a casa por la noche y que críe a sus hijos, pero Lucy desea ser una estrella. Nunca cesa en su intento de entrar en el mundo del espectáculo. No teme saltarse las reglas, disimular o hacer las cosas furtivamente para conseguir lo que quiere. Cuando se entera de que le va a costar muy caro embarcar de regreso a casa con un rulo de un queso de lujo que ha comprado en Europa, decide disfrazarlo de bebé. Por desgracia, le toca sentarse al lado de una ruidosa madre primeriza que quiere contrastar información sobre los bebés.[2] En las culturas antiguas, al embaucador se lo conocía como el «creador de deleite», y *I Love Lucy* rebosa deleite.

Ball parece haber encarnado algo de este espíritu atrevido en su vida personal. Corrían rumores de que podía ser una mujer difícil. Richard Burton escribió en su diario que era «un monstruo de asombrosa grosería y una monumental falta de humor».[3] La energía del embaucador no es bonita. Es osada, juguetona y expansiva. Asume riesgos y siempre busca el ángulo que los otros no han visto, es el punto débil en la armadura de defensa de los demás. La hija de Ball, Lucie, recordaba que a su madre siempre le gustaba hacer bromas cuando socializaba:

> Una de las cosas que le encantaba hacer a mi madre, cuando había un pequeño grupo de personas que estaba manteniendo una conversación normal y corriente, era esperar a que una de ellas se marchara y, en cuanto regresaba, soltaba con toda convicción: «¡Aquí está! ¿Por qué no se lo decís a la cara?». Esto siempre producía un silencio sepulcral; entonces, ella se tronchaba (con su peculiar risa que parecía surgida de las profundidades del océano) para ver la cara del pobre diablo, que durante un horrible momento había pensado que habían estado contando cosas terribles de él.[4]

El embaucador bromista está más interesado en darles la vuelta a las cosas, verlas bajo una nueva luz, echarlo todo a rodar y conseguir sacar una carcajada que en los sentimientos de los demás. Es salvaje, audaz y escandaloso.

VOLVAMOS AL DISCERNIMIENTO

La energía del embaucador siempre es moralmente ambivalente. El uso desesperado e involuntario de dicha energía por parte de Grace estaba al servicio de su propio crecimiento y desarrollo. ¿Cuándo está al servicio del crecimiento o la renovación personal y cuándo lo está al de algo más oscuro? Para utilizar esta energía hace falta discernimiento. Lo mejor es usarla conscientemente, elegir el engaño para lidiar con un problema, porque sabemos que, en una situación en la que predomina el estancamiento es donde tendremos mayor probabilidad de éxito. Por ejemplo, la mujer de la oficina de correos sabía exactamente lo que estaba haciendo. Interpretar a la tramposa puede convertirse en una herramienta más de nuestra caja de herramientas psíquicas: una opción que podemos elegir. Pero nunca debería ser nuestra primera opción para funcionar en el mundo.

Cuando recurrimos a la artimaña para resolver una situación sin salida o un problema difícil, dejamos a un lado temporalmente nuestros valores, como la justicia, la empatía y la relación, para dar prioridad a nuestra seguridad o perseguir metas mayores. Cuando Grace inconscientemente utilizó la astucia para poder ir a la universidad, lo hizo como respuesta a la petición profunda de su alma, en vez de satisfacer las necesidades de su familia. Si no somos capaces de pasar de lo que nos piden los demás y aferrarnos fervientemente a nuestros propios deseos –si no logramos acceder a nuestra chispa vital–, no podremos cultivar ese don maravilloso que quiere manifestarse en este mundo a través de nosotras.

Si nos educaron para ser siempre «buenas» y seguir todas las reglas, puede que hayamos perdido el contacto con la vivificadora y renovadora energía del embaucador. Ha desaparecido de nuestra mente consciente y está a la espera de ser redescubierta. El autor

Lewis Hyde ha hecho la observación de que el embaucador representa la «amoralidad sagrada».[5] Cuando surge del centro de nuestra alma, el impulso de embaucar siempre estará al servicio de algo más grande. Hyde prosigue: «Cuando miente y roba, no lo hace para salirse con la suya o enriquecerse, sino para alterar las categorías establecidas de la verdad [...] y, haciendo eso, abre la puerta a posibles nuevos mundos».[6] Grace no pretendía salirse con la suya. Perseguía desesperadamente su destino.

La energía del embaucador siempre es un poco oscura, pero está llena de vida. Es traviesa, animada y provocativa. Nos invita a romper con los tabúes y a desafiar las expectativas. Tiene un inmenso potencial de renovación y está al servicio de lo sagrado. Puede ayudarnos a protegernos, pero también puede ayudarnos a crear una visión más amplia de nosotras mismas y de nuestra vida. Y encierra el espíritu de la diversión y de la travesura que tan vital es para sentirnos vivas. El embaucador encarna lo inesperado, que surge sin previo aviso desde lo inconsciente, y trae consigo una nueva perspectiva y nuevas oportunidades. El embaucador no tiene el menor reparo en saltarse las reglas y, por eso, es un aspecto fundamental de nuestra llama interior, de nuestra chispa vital.

PREGUNTAS PARA REFLEXIONAR

1. Sherezade debía confiar mucho en sus habilidades, puesto que no tuvo miedo de casarse con el rey. Cuando tenemos fe en nuestras habilidades, podemos enfrentarnos a problemas que a otras personas les parecen imposibles. La astucia y los trucos son poderosos recursos que pueden ayudarnos a sentirnos seguras en situaciones muy difíciles. ¿Cuándo te ha ayudado tu picardía a lidiar con una situación difícil?

2. Molly Whuppie viene de una situación de extrema pobreza: sus padres la han abandonado porque no tenían suficiente comida. Esto hace vulnerables a Molly y a sus hermanas, y enseguida se encuentran en la casa del gigante. Sin embargo, ella confía en sí misma. Permanece despierta cuando los demás duermen. ¿Cuándo te has «ido a dormir» en una situación potencialmente peligrosa? ¿Cuándo has sido tú quien, como Molly, te has quedado despierta?

3. Molly y sus hermanas consiguen salir de allí sanas y salvas, pero ella se da cuenta de que puede conseguir una fortuna si regresa. ¿Cuándo has sido capaz de afrontar tus miedos? ¿Qué te ha ayudado a hacerlo? ¿Qué sucedió cuando te enfrentaste a tus miedos y qué aprendiste de esa experiencia?

4. Molly es capaz de vencer al gigante varias veces, en parte por su reducido tamaño. Puede que seamos pequeñas de tamaño o en lo que respecta al espacio psicológico que nos permitimos ocupar. Ser pequeña en cualquiera de estas dos formas suele ser una desventaja, pero Molly la utiliza a su favor. ¿Cómo has podido sacar ventaja en una situación gracias a haber convertido tu debilidad en fortaleza?

5. Los trucos de Molly provocan la muerte violenta de los hijos del gigante primero y después de su esposa, aunque ella nunca recurre directamente a la violencia. Molly simplemente se las ingenia para que el gigante sufra las consecuencias de sus propias acciones. ¿Cuándo has tenido la oportunidad de dejar que alguien experimentara las consecuencias naturales de sus acciones? ¿Pudiste dejar que sucediera? ¿Por qué o por qué no?

6. Primero, Molly tiene que robar la espada que el gigante cuelga encima de su cabeza, luego la bolsa con oro que guarda debajo de la almohada y, por último, el anillo que lleva en el dedo. Cada uno de los objetos es más íntimo y exige un contacto más directo. Cuanto más nos enfrentamos a nuestros miedos, más recompensas recibimos, hasta que obtenemos la gran bendición. Molly es mucho más ambiciosa y atrevida de lo que podríamos imaginar, debido a sus difíciles comienzos. ¿Cómo has soportado las circunstancias difíciles? ¿Cómo te han ayudado las penurias a volverte más resiliente?

7. La energía del embaucador puede ser bromista, divertida y encantadora. Combate la rigidez y la seriedad excesiva. ¿Cómo le haces espacio en tu vida? ¿Cómo podrías incluirla más?

CAPÍTULO 5

EL DESEO: ABRAZAR EL FUEGO DE LA VIDA

Estamos ahí fuera sobre la cuerda floja de todos nuestros posibles futuros, y pertenecemos a ese lugar. Los dioses nos quieren allí porque quieren algo más de nosotros que las comodidades y certezas de nuestros egos timoratos.

James Hollis, *Hauntings: Dispelling the Ghosts Who Run Our Lives* [Obsesiones: disipar a los fantasmas que dirigen nuestra vida]

Cuando Frances Gumm tenía solo dos años, fue a una actuación de canto de las Blue Sisters: tres niñas de cinco a doce años. Cuando la pequeña del trío dio un paso adelante y empezó con un solo, la hermana mayor de Frances recuerda que ella se quedó embelesada. «Cuando terminó la actuación, se giró hacia papá y –jamás lo olvidaré– dijo: "¿Puedo hacerlo, papá?"».[1] La pequeña Frances nació con el deseo de cantar. Debutó en solitario al poco tiempo de haber asistido a ese evento, y al final, se hizo famosa con el nombre de Judy Garland, una de las cantantes más queridas del siglo XX.

En el aspecto más primario, el deseo nos conecta con la vida. La evolución nos ha dotado de apetitos que garanticen nuestra supervivencia. Nos gusta comer, el sexo, la actividad y apegarnos a otras personas. Satisfacer estas necesidades es profundamente agradable y satisfactorio. Lo haríamos sin más, pero al realizar estas actividades también satisfacemos la necesidad biológica que nos sustenta a nosotras y a nuestra especie. Asimismo, tal vez nos sintamos impulsadas por los anhelos urgentes y profundos que surgen en nuestro interior y que plantean una exigencia irrefutable a nuestra alma. Quizás tengamos el impulso de crear un jardín o de aprender otro idioma. No podemos silenciar un anhelo profundo de viajar o de vivir cerca del mar. Según los cabalistas: «Tus deseos son las promesas que Dios te ha hecho». Esta hermosa afirmación indica que los deseos profundos en el ser humano son sembrados por lo transpersonal. Algo más grande que nosotros conoce nuestro propósito secreto, y el deseo nos conduce hacia él.

El deseo es uno de los grandes motores que fomentan el crecimiento y el desarrollo psicológico. Es una de las expresiones más claras de nuestra chispa vital. Es una fuerza que nos hace traspasar el umbral de la complacencia y nos empuja a la vida. Nos motiva para llegar a nuestro destino. Y sin embargo, es probable que se nos haya disuadido para que no respetemos o incluso ni siquiera reconozcamos nuestros deseos. Nos han dicho que son egoístas, ambiciosos, absurdos o impropios. Como mujeres, somos especialmente propensas a estar desconectadas de saber lo que queremos. Quizás ni siquiera sabemos que no sabemos lo que queremos. Muchas mujeres desarrollan el patrón de ignorar sus propias necesidades y deseos, grandes y pequeños. Puesto que las mujeres suelen estar inmersas en su papel de cuidadoras, sus deseos y necesidades pueden ser fácilmente pasados por alto. Sin embargo, ignorar nuestros deseos puede hacer que nos sintamos agotadas y que alberguemos resentimiento. Cuando relegamos nuestros deseos, no podemos conectar con la energía revitalizadora del fuego interior. Aprender a escuchar la instigación insistente de los deseos de nuestro corazón en la madurez de la vida es esencial para buscar esas brasas candentes que se ocultan bajo el pelo canoso.

NUESTRO PATRÓN INTERIOR

Es de vital importancia que conectemos con nuestros verdaderos deseos para vivir la vida de la manera más plena posible. No me estoy refiriendo a los caprichos superficiales del ego. Un deseo auténtico surge de lo profundo. Lo llevamos plegado en nuestro interior, es una semilla secreta que todas portamos al nacer. Puede parecer irracional o que va en contra de lo que siempre hemos esperado de nosotras. Nos incomoda. Lo apartamos y nos decimos que no seamos ridículas, pero sigue insistiendo.

Un deseo que surge del corazón siempre es algo que tiene un significado espiritual. Tanto si deseamos un gran amor como una granja en el meandro de un río o fama y gloria, el deseo del corazón suele encerrar un anhelo de trascendencia y de cumplir nuestro destino. Una de las ideas principales de Jung es la de que el desarrollo psicológico se despliega misteriosamente hacia la meta final. Se refirió a esto como *telos*, palabra griega que significa 'final'. De acuerdo con esta concepción, todos tenemos una meta innata hacia la que nos dirigimos, aunque no lleguemos a realizarla. La metáfora de la bellota es una forma de imaginar este patrón interior. Una bellota es pequeña y cabe en la palma de la mano; sin embargo, contiene todo lo necesario para convertirse en un roble gigante.

Jung tiene mucho que decir respecto a la necesidad de hacer florecer esta meta innata, es lo que denominó *individuación*. «La individuación [...] es cuando uno se convierte en lo que es, cuando logra su destino, todas las determinaciones que vienen dadas en forma de germen; es el despliegue de ese germen y convertirse en el patrón primitivo con el que hemos nacido».[2] Cuando vivimos de acuerdo con este patrón interno, desarrollamos nuestro potencial para convertirnos en el roble que hemos venido a ser en este mundo. Cuando no vivimos de acuerdo con él, la vida puede parecernos rancia y vacía. Tenemos la sensación de que algo va mal. Tal vez descubramos que estamos llenas de resentimientos secretos. Jung habla de esto en un lenguaje metafórico vívido en una de sus conferencias:

> Si cumples con el patrón que te caracteriza, te habrás amado, habrás acumulado y tendrás riqueza; otorgarás virtud porque brillarás. Irradiarás; de tu abundancia hay algo que rebosa. Pero si te odias y te desprecias –si no has aceptado tu patrón–, entonces, habrá animales hambrientos [...] en tu constitución que atacarán a tus vecinos como moscas para satisfacer los caprichos que no has podido satisfacer.[3]

Para vivir nuestro patrón, hemos de escuchar al deseo. Si surge de lo profundo, normalmente, nos llevará a casa. Esto no significa que debamos confiar en cualquier impulso fuerte, y tampoco es una excusa para dejar a un lado nuestras responsabilidades con nuestras relaciones y compromisos. Un fuerte deseo es más bien una invitación a escucharnos y a descubrir este anhelo con curiosidad y compasión, en vez de hacerlo con vergüenza y prejuicios. ¿Qué significa realmente este anhelo? ¿Qué nos pide?

El cuento iraní *El príncipe Perla Rosa* ilustra el gran crecimiento que podemos experimentar cuando identificamos y reivindicamos nuestro deseo. En la historia, el sentido del deseo, al principio, no está claro, pero la heroína confía en él y nunca duda.

EL PRÍNCIPE PERLA ROSA

Un rico mercader de Persia tenía tres hijas, Razia, Fawzia y Nazneen. Un día, el mercader llamó a sus hijas y les dijo que le había llegado la hora de hacer la peregrinación sagrada a La Meca, así que les preguntó qué regalos querían que les trajera de la Tierra Sagrada. Razia le pidió unos pendientes de diamantes y Fawzia quería un broche de diamantes. Nazneen le pidió una perla rosa. «Si no me la traes, no te dejaré entrar en casa», le dijo.

El mercader partió de viaje. Al cabo de muchos días, llegó a La Meca. Cuando hubo cumplido con sus deberes religiosos, compró los regalos para sus hijas. Enseguida encontró los pendientes y el broche de diamantes para sus dos hijas mayores, pero no pudo encontrar la perla rosa para Nazneen.

Había planificado regresar a casa en barco, pero este no podía zarpar por más que la tripulación lo intentara. Al final, el capitán anunció que el barco no podía zarpar porque había alguien a bordo que no había cumplido una promesa. El mercader se dio cuenta de que él era el problema. Desembarcó y empezó a buscar de nuevo una perla rosa. Al final, conoció a un hombre que le dijo que Perla Rosa no era otro que el hijo del rey.

El mercader se dirigió directamente a palacio y pidió audiencia con el príncipe, a quien le contó toda la historia. Este le dio tres cajas para que se las llevara a su hija. El mercader volvió a embarcar, y esta vez el barco zarpó sin problemas.

Cuando llegó a su casa, sus hijas lo recibieron calurosamente. Le dio los pendientes de diamantes a Razia, el broche de diamantes a Fawzia y a Nazneen las tres cajas. Pero el mercader estaba molesto con ella por su exigencia. Después de haberle entregado las cajas, la echó de casa. «Me has ocasionado muchos problemas. Márchate y que no te vuelva a ver».

Nazneen abandonó su hogar con lágrimas en los ojos, llevando consigo las tres cajas. Anduvo muchos kilómetros. Al final, estaba exhausta y dejó su carga en el suelo. «Me pregunto si el contenido de estas cajas es la causa de mi destierro», pensó, y abrió la primera caja. Milagrosamente, emergió un castillo delante de ella. Cuando abrió la segunda caja, apareció un séquito de sirvientes que la llevaron a palacio. Todo era deslumbrante y hermoso. Se puso a explorar el palacio y a disfrutar de todo lo que veía. No tenía prisa por abrir la tercera caja, se estaba reservando la sorpresa para más tarde.

Al cabo de un tiempo, pensó que debería abrir la tercera caja. Cuando la abrió, apareció un hermoso puente que cruzaba un río de aguas cristalinas. Por el puente cabalgaba un apuesto joven a lomos de un espléndido caballo. ¡No era otro que el mismísimo Perla Rosa! Saludó a Nazneen y le advirtió de que si cerraba la tapa de la caja mientras él estaba en el puente, le provocaría la muerte. Nazneen y el príncipe disfrutaron del palacio los dos juntos. Estaban profundamente enamorados.

Entretanto, Razia y Fawzia echaban de menos a su hermana menor y salieron en su busca. Tras un largo viaje, llegaron a un hermoso palacio y decidieron pasar allí la noche. Era el palacio de Nazneen. Llamaron a la puerta y los sirvientes las dejaron entrar. Nazneen estaba encantada de ver a sus queridas hermanas. Todo el servicio las trató muy bien y visitaron todos los recovecos del palacio. Fawzia encontró dos cajas abiertas y una cerrada. Abrió la que estaba cerrada, pero no vio nada dentro, así que volvió a cerrarla. Al cabo de un tiempo, las hermanas regresaron a casa con muchos regalos.

Hacía varios días que Nazneen no veía al príncipe. Abrió la caja, pero el puente no apareció, ni tampoco su amado. Intuyó lo que había pasado y se asustó. Salió corriendo sin saber qué hacer.

Al cabo de un rato, se sentó debajo de un árbol. Allí escuchó la conversación de dos pájaros que estaban en las ramas superiores. «¡El aceite del pelo del demonio que reside en la base de este árbol sería bueno para Perla Rosa!», dijo uno de ellos.

Nazneen conocía el lenguaje de los pájaros. Enseguida encontró al demonio y lo mató, para extraerle aceite de su cabello. Entonces, se hizo pasar por médico y se fue hasta el palacio del príncipe Perla Rosa. La madre del príncipe la invitó a entrar, le explicó que su hijo estaba enfermo de muerte. Nazneen le frotó el aceite por todo el cuerpo y el príncipe se recuperó. El rey y la reina estaban exultantes de ver sano y salvo a su hijo. Quisieron recompensar a la doctora. Nazneen solo pidió un anillo y un collar de compromiso.

Regresó rápidamente a su propio palacio con estos regalos. Allí, volvió a abrir la tercera caja, y reapareció el puente con el príncipe cabalgando sobre él. Sacó el collar, que se puso en el cuello, y el anillo en el dedo. El príncipe le preguntó de dónde los había sacado, y ella le contó toda la historia.

Nazneen y el príncipe se comprometieron formalmente. Su boda se celebró con gran júbilo y los dos vivieron felices por siempre jamás.

El cuento de Nazneen tiene algunos paralelismos obvios con *La bella y la bestia*. En la conocida versión francesa, las hermanas mayores piden artículos caros, mientras que Bella solo pide una rosa. Puede parecer que la petición de Bella es la más humilde, pero no es así. Se parece a la perla rosa que pidió Nazneen. Ni la rosa ni la perla rosa son objetos corrientes, sino que más bien representan algo que es de valor supremo y transpersonal. Ni Bella ni Nazneen se conforman con un destino normal y corriente, aunque tenga un diamante incrustado. Las dos se atreven a pedir más, y en ambos casos, su deseo se convierte en un reto para el padre.

Podríamos entender que los pendientes de diamantes de Razia y el broche de diamantes de Fawzia son deseos que proceden del ego, mientras que la perla rosa es algo que surge del centro guía de la personalidad, al que Jung llamó el Sí-mismo. La imagen de la perla en el pasaje bíblico de san Mateo también representa la sed de algo de valor trascendente. «El reino de los cielos es como un mercader que busca buenas perlas, que habiendo hallado una perla preciosa, fue y vendió todo lo que tenía, y la compró».[4] Cuando reconocemos algo verdaderamente valioso, bien merece todo lo que tenemos.

Tanto en el cuento persa como en *La bella y la bestia*, el padre de las historias afronta dificultades cuando tiene que cumplir la petición de su hija. En los dos relatos, el padre es un mercader que está centrado en el comercio, en el mundo material. Adopta una actitud demasiado informal hacia lo inconsciente. En nuestra historia, el padre embarca para regresar a casa sin haber cumplido su promesa, pero no se puede engañar al Sí-mismo. Si solo atendemos las metas de nuestro ego sin tener en cuenta las necesidades de nuestra alma, nos encontraremos con que los vientos de nuestra vida no son favorables para el viaje.

EL EXILIO

Nazneen consigue al fin lo que ha pedido, pero es desterrada por ello. El exilio es un tema recurrente en cuentos similares y destaca un hecho psíquico importante. Perseguir el deseo de nuestro corazón nos exigirá que abandonemos la seguridad de lo convencional y que lo arriesguemos todo. La mujer que persiga lo que realmente desea tendrá que abandonar el confort de la infancia y buscarse la vida en el mundo exterior. No podemos perseguir nuestro destino sin dejar atrás nuestra versión familiar y más pequeña de nosotras mismas.

Este profundo hecho psicológico ha sido retratado muchas veces, pero uno de los ejemplos más famosos es el de la novela de Dickens *Oliver Twist*. El destino ha elegido a Oliver como el muchacho que va a pedir más comida cuando los niños terminan su escasa ración de gachas. Niño como era, tenía mucha hambre y la miseria lo hacía ser temerario. Se levantó de la mesa, se acercó al director, escudilla y cuchara en mano, y dijo, un tanto asombrado por su propia osadía:

> «Por favor señor, quiero un poco más». El director del orfanato era un hombre gordo y rico; pero se quedó pálido. Miró durante unos segundos, con auténtica estupefacción, al pequeño rebelde, y se aferró al cucharón de cobre para sostenerse. Los ayudantes se quedaron paralizados de asombro; los muchachos, paralizados de miedo. «¿Qué?», dijo el director en voz baja cuando pudo reaccionar. «Por favor, señor, quiero más», replicó Oliver.[5]

El atrevimiento de Oliver no le da buen resultado. Es golpeado, aislado, desterrado y entregado a la primera persona que está dispuesta a llevárselo, el director de la funeraria, el señor Sowerberry. Así vemos que el viaje de Oliver empieza en el inframundo con los muertos. Cuando tiene problemas con los otros aprendices, se escapa y se va a Londres, donde pasa a formar parte de otro tipo de inframundo: el de Fagin y su banda de ladrones y delincuentes. Sus aventuras lo llevan de miseria en miseria, pero al final lo conducen a su destino: reunirse con su verdadera familia.

Bella y Nazneen, después de haber sido desterradas por expresar su deseo, se enfrentan a un viaje similar por el inframundo, aunque el de Nazneen más breve. Bella ha de convivir con el monstruo aterrador, mientras que Nazneen ha de vagar sola y sin amigos. El tema destaca la realidad psicológica de que nuestros deseos nos iniciarán y que el primer paso de cualquier iniciación es el abandono de lo que nos es familiar y la catábasis o el descenso al inframundo.

LA TRANSGRESIÓN

Perseguir lo que anhela nuestro corazón siempre es transgresor. Para ello, hemos de desafiar los dictámenes convencionales, decepcionar a nuestros padres y batallar con las voces internas y externas que insisten en que no hagamos nada y satisfagamos las exigencias y las expectativas que los demás tienen sobre nosotras. Muchas mujeres consideran egoísta satisfacer sus propios deseos profundos.

Aunque Nazneen ve cumplido su deseo con relativa facilidad, según las reglas de los cuentos de hadas, le es trágicamente arrebatado. La hermana que cierra la caja representa una forma limitada o sumamente concreta de ver el mundo: esa parte de nosotras que considera que nuestros sueños son demasiado ambiciosos e irrealizables, y por ello, han de ser guardados en una caja. Estas actitudes pueden hacernos dudar y provocar que nos traicionemos a nosotras mismas en la búsqueda para cumplir nuestros deseos. Curiosamente, el remedio incluye el aceite del cabello de un demonio. Para sanar nuestra relación con nuestros deseos más profundos necesitaremos un poco de energía demoníaca de Lilith.

Nazneen posee un misterioso conocimiento de este príncipe, sabe que es para ella. El príncipe se puede interpretar no como una relación externa, sino como la energía interna que ejemplifica las aspiraciones superiores. Luego, el matrimonio con él es una especie de matrimonio interno, una reivindicación de sí misma. Ella muestra una actitud positiva hacia esta búsqueda interior, por la forma en que trata las cajas milagrosas. En primer lugar, no se desanima por recibir cajas, en lugar de la perla que había pedido. Después, se toma su tiempo para abrir la tercera caja. Quiere disfrutar de las otras dos durante un tiempo. Lo inconsciente rara vez entrega sus regalos de la forma que esperamos. La actitud abierta de Nazneen nos muestra que está dispuesta a recibir los dones que le ofrece su inconsciente.

Muchas veces, nos enfrentamos al mundo para satisfacer lo que desea nuestro corazón con una imagen clara de lo que queremos. Esa imagen nos impulsa a seguir adelante, como la visión del Santo Grial inspiró a los caballeros del rey Arturo a perseguir su búsqueda. Imaginamos el tipo de persona con el que queremos casarnos, el tipo de casa donde queremos vivir o el tipo de carrera que creemos que nos hará felices. Tener una meta así es un poderoso incentivo para la vida; sin embargo, rara vez se cumplen nuestros deseos tal como los habíamos visualizado. Para separar las brasas candentes de las cenizas, primero tendremos que aceptar el regalo que se nos está ofreciendo, incluso aunque al principio nos decepcione o nos parezca distinto de lo que había planificado nuestro ego.

Un detalle curioso que se introduce más adelante en la historia de Nazneen es que conoce el lenguaje de los pájaros. ¿Cuándo y cómo lo aprendió? Creo que esta habilidad tiene que ver con su misterioso conocimiento del príncipe Perla Rosa. Conocer el lenguaje de los pájaros es como ser capaz de atender las sutiles indicaciones de nuestra intuición. Conocer el lenguaje de los pájaros nos permite conocer cosas que ni siquiera sabíamos que sabíamos.

EL DESEO OLVIDADO

Carol, una mujer que venía a mi consulta, era una excelente artista. Siempre fue la confidente de su madre. Incluso cuando era pequeña, su madre le hablaba amargamente de lo infeliz que era en su matrimonio. Además, su hermano menor padecía una enfermedad crónica, por lo que acaparaba gran parte de la atención de sus padres. Una vez que sus padres tuvieron que estar en el hospital durante varios días con su hermano pequeño, Carol, que por aquel entonces tenía diecisiete años, tuvo que quedarse en casa de una tía más joven cuyo novio se sobrepasó con ella. Recuerda que no quiso decir nada porque pensaba que sus padres ya tenían bastantes preocupaciones. De modo que aprendió varias cosas muy pronto: pasa desapercibida, no llames demasiado la atención y cuida a los demás. A medida que iba creciendo, dedicaba cada vez más horas a hacer bocetos en una libreta. Llenaba páginas con imágenes que surgían de su intensa vida de fantasía. No obstante, sus dibujos nunca fueron más allá de las páginas privadas de su cuaderno.

Carol no quería estudiar arte, prefería que sus dibujos pertenecieran a su mundo interior. Después de graduarse, se casó y tuvo tres hijos. Su matrimonio era, en muchos aspectos, la continuación de la estrategia de supervivencia que había desarrollado. El pacto inconsciente de la pareja era que él se encargaría del aspecto económico y de otros temas prácticos, y ella cuidaría de los hijos. Este arreglo le permitía pasar desapercibida y permanecer protegida, pero también la relegaba a una inmadurez perpetua. Siguió dibujando y, a veces, asistía a alguna que otra clase de pintura, pero su arte seguía siendo un tema sin resolver en su vida.

Llegó un día en que tuvo un sueño impactante que revolucionó hasta lo más profundo de su ser, y cuyos efectos repercutirían en su vida de tal modo que la cambiaría para siempre. Me contó este sueño varios años después de haberlo tenido, cuando vino a mi consulta por primera vez:

Estoy en mi antiguo instituto, en una clase que se encuentra en el último piso. Se está poniendo el sol, y es la última clase del día. También es la última del semestre, el examen final. Es la última clase que servirá de resumen de todo. Mi profesora es una mujer brillante, apasionada y joven a la que admiro profundamente, y el tema me interesa mucho. Le está hablando a toda la clase. Mis compañeros la están rodeando, disputándose el sitio más cercano y su atención, a través de gritos. Estoy sentada en la mesa más alejada, en el rincón izquierdo al fondo de todo. Observo a mis compañeros y me desespero por no poder ser como ellos. Desde mi sitio, no puedo oír lo que dice mi profesora. Estoy forzando la vista, pero no consigo ver la pizarra.

De pronto, veo a Peter al otro lado de la mesa, delante de mí; era un chico que conocí en la universidad. En el sueño es un joven con una bonita sonrisa y ojos negros brillantes. Me acerca sus apuntes para que pueda verlos. Los «apuntes» son un dibujo de círculos concéntricos con formas geométricas y naturales. Cuando lo veo, me inunda un sentimiento de comprensión profunda. Esta ES la lección. Copio el dibujo, pero cuando miro el mío, es un círculo con un halcón que vuela hacia la izquierda. En el ojo del halcón, veo innumerables tipos de aves, todas volando hacia la izquierda, cada una de ellas con una cinta roja en la pata. Entonces, termina la clase y me levanto para marcharme. Le estoy agradecida a Peter. Le doy las gracias, pero me siento incómoda y rara.

Al salir de la clase, todos mis compañeros giran a la derecha y bajan la escalera. Yo giro a la izquierda y atravieso el largo pasillo. Este conduce a una escalera, que desciende hacia la oscuridad, y a más pasillos. La facultad está a oscuras y se va

> vaciando a mi paso. Siempre bajo y me dirijo hacia la izquierda hasta que ya no puedo seguir avanzando. Estoy en el ala más lejana de mi facultad. Unas puertas de cristal conducen al exterior. Es noche oscura y no sé qué hacer. Estoy paralizada por la ansiedad y el miedo. De pronto, me doy cuenta de que viene Peter detrás de mí. No quiero que me vea. Me siento muy avergonzada y retrocedo en silencio hacia las sombras.
>
> Peter me adelanta. Ahora es un hombre alto. Está en la puerta y a punto de salir, no me ha visto. ¡Qué alivio! Ha sido por los pelos. Pero en cuanto pone la mano en la puerta de cristal, se gira y nuestros ojos se encuentran. Sabe que estoy aquí. Estoy temblando, me siento muy pequeña. Pero su sonrisa es cálida y amable, y me ofrece su mano. Camino hacia él y lo tomo de la mano.
>
> Al cruzar el umbral y salir a la noche, noto que algo se desborda a través de mí. Siento una conexión entre nuestras manos como si fueran un conducto abierto a través del cual toda mi vergüenza y miedo, todas sus raíces, toda mi historia, todo lo que a mí respecta, fluyera hacia él. Él lo ve y es testigo de todo. Siento que lo considera abierta, amorosa y concienzudamente sin juzgarlo. Se produce un círculo entre nosotros y cuando regresa a mí todo ha cambiado. Asuntos dolorosos y antiguos vuelven bajo otro prisma. Se resitúan y encuentran su lugar correcto. No ha cambiado nada, pero todo es distinto.

Carol se despertó del sueño con un sentimiento de amor profundo. Recuerda que se sintió abatida al tener que volver a la realidad del estado de vigilia. El sueño ponía de relieve todo el miedo y la vergüenza que había padecido y que se había pasado la vida tratando de ocultar. Para ella, la experiencia del sueño de ser vista y aceptada por Peter fue profundamente curativa. En los años siguientes, pensó constantemente en el sueño. «Se convirtió en una isla donde podía refugiarme para experimentar ese diminuto sentimiento de curación y aceptación... y el sentimiento de que había algo más grande y divino».

Durante ese tiempo, educó a sus hijos y trabajó desde casa en su pequeño negocio haciendo tarjetas para regalo escritas a mano que vendía por Internet. Se compró unos bolígrafos baratos y un libro de bocetos pequeño. De pronto, empezó a dibujar círculos en las páginas utilizando boles de cereales y acabó haciendo delicados y coloridos mandalas que consideraba que eran «autoterapia». En aquellos tiempos en los que estaba inmersa en un profundo estado de agitación, no tenía ni idea de que Jung había realizado sofisticados dibujos circulares –mandalas– que él interpretó como una expresión del anhelo de su alma de regresar a su centro. Aunque dibujaba cada día, no se consideraba artista. No compartía su obra con nadie.

Dos años después de haber tenido ese sueño, fue a su ciudad natal a visitar a sus padres el 4 de julio, Día de la Independencia. Inesperadamente vio a Peter, el chico del sueño. «Lo recuerdo todo de ese día. No había visto a Peter desde que teníamos trece años. No tenía ni idea de dónde estaba ni de a qué se dedicaba. Yo lo vi, pero él a mí no. Me entró el pánico. Necesitaba huir. Estaba viendo el castillo de fuegos artificiales en el puerto, pero solo podía pensar en salir de allí».

Al día siguiente, cuando se despertó, se puso ropa vieja y ancha con la que sentía que podía esconderse. Luego, se llevó a sus hijos a un café, y Peter volvió a aparecer. Cuando estaba pensando en cómo desaparecer, se le acercó a saludarla. Carol recuerda que cayó en una especie de estado alterado. Le costaba hablar y responder a sus preguntas respecto a lo que había estado haciendo y por qué había regresado a la ciudad. «Fue como si me hubiera caído en un pozo seco», recuerda.

Durante su conversación, él le dijo que era artista y la invitó a ver su estudio, que estaba a unas pocas manzanas de allí. No había vuelto a verlo desde la escuela de enseñanza media y no tenía idea de que él hubiera estudiado arte. Esa tarde, Carol y su familia visitaron el estudio de Peter, que estaba en un edificio de estilo Tudor del centro de la ciudad. Peter y su esposa le mostraron las pinturas, dibujos y esculturas en las que había estado trabajando recientemente o que acababa de terminar. Llegó un momento en que el grupo se sentó alrededor de una mesa cubierta con dibujos de mandalas, capa tras capa de círculos complejamente engarzados que se parecían a las imágenes de su sueño. Carol se quedó atónita. Se sintió muy incómoda cuando su esposo presumió de que ella también era artista. Recordó que en secundaria, Peter era guapo, atlético y popular, todas las cosas que ella deseaba y que nunca había podido ser. Ahora era artista y tenía un bonito taller de arte, con un catálogo impresionante.

Carol pasó aquel día como si estuviera soñando. «Sentí como si hubiera caído en aguas tan profundas que no iba a poder salir y hablar con los demás. Fue como si toda esta agua entrara en el pozo y destruyera todo lo que había construido dentro de mí. La pared interior se derrumbó. Una vez que hubo desaparecido, sentí que se había abierto algo nuevo».

Carol le daba vueltas al asunto de regreso a casa, en su coche. Aquel sueño había sido muy importante, y ahora, había vuelto a conectar con la persona real, y él estaba haciendo justamente lo mismo que pensaba que ella nunca podría hacer, aunque recordaba que era mejor en la asignatura de Arte que él cuando iban a secundaria. Los celos que sentía la estaban consumiendo. Peter se había dedicado al arte, mientras que ella había dejado que su interés languideciera en la penumbra. Sentía tal abatimiento que hasta tenía espasmos. Si Peter podía hacerlo, ¿por qué ella no? «Había conectado con la visión de lo que más deseaba, y era totalmente distinta de lo que estaba haciendo. Al final, grité en voz alta en el coche, aunque iba sola: "¡No podréis detenerme!". Tuve una reacción increíblemente intensa y estaba llena de vida. Me di cuenta de que no había vivido hasta entonces».

Seis meses después, se sentía más viva. Un flujo de energía recorría su interior, eso era algo totalmente nuevo para ella. Recuerda que cantaba y bailaba en la cocina, y empezó a dibujar con avidez. «Era muy feliz. Me sentía muy libre. Recuerdo que estaba de pie fregando los platos; todo me parecía hermoso. Fue como estar enamorada. Estaba encantada de estar allí. Y todos se daban cuenta».

Volver a ver a Peter aceleró el potencial curativo del sueño. Carol se dio cuenta de que ya no se estaba quedando en un segundo plano en las interacciones sociales. Sus alergias y migrañas desaparecieron. Y empezó a pintar.

«¡Puedo hacerlo!», pensaba. Se comprometió con el arte. Empezó a estudiar dibujo y pintura intensivamente. Se metió en una cooperativa de artistas y comenzó a hacer exposiciones y a vender sus obras.

Como le pasó a Nazneen, tuvo que afrontar contratiempos y dificultades. Su esposo la apoyaba, pero a veces sentía que sus nuevas pasiones y cambios en su personalidad eran una amenaza para su relación. Al igual que Nazneen, tuvo que renunciar a algunos aspectos de su vida anterior. Sus relaciones con sus amistades cambiaron, y ahora que tenía otras obligaciones, disponía de menos tiempo para estar con sus hijos. Había momentos en los que estos cambios la entristecían y la hacían sentirse culpable; se preguntaba si estaba haciendo lo correcto. Tuvo que integrar algo de energía pasional y asertiva para declarar su compromiso con el deseo que surgía de su corazón frente a esas duras contrincantes.

Al estrechar su compromiso con el arte, tuvo que seguir desafiando lo que se esperaba de ella. A veces, tenía muchas dudas y no era capaz de ver el camino que tenía que seguir. Durante uno de esos periodos, tuvo el siguiente sueño:

> Estoy en un lugar soleado. Hay un círculo de gente. Estoy de pie ligeramente a un lado. Un hombre tiene una pecera llena de miles de trocitos de papel plegados. Mete la mano para sacar uno, inmediatamente sé que será el mío. Saca un papel y lee el número 4D. Es mi número. Doy un paso al frente. Hay otro hombre que tiene un recipiente lleno de barro y lodo. Lo vierte sobre mis manos. Entonces, cae en ellas un gran anillo de oro mezclado entre ese lodo.

El sueño es una clara afirmación de un encuentro con su destino. Recuerda que en este sueño estaba muy angustiada. No sabía qué pasaría cuando dijeran su número o qué contendría el lodo. Cuando reclamemos nuestro deseo más profundo, nos veremos obligadas a enfrentarnos a lo desconocido. Y esto exige coraje.

Carol, de joven, se había separado de su destino de ser artista y lo había desterrado al oscuro bosque de su paisaje interior. Mientras estaba ocupada viviendo en el mundo exterior, su vida no vivida esperaba en silencio. No permitió que su deseo pereciera. Cuando llegó el momento, esa vida por vivir desenterró ese deseo en la forma de un sueño impactante y de las sincronicidades que vinieron a continuación.

EL PODER DE SOÑAR DESPIERTA

Es un gran don conocer realmente lo que desea nuestro corazón. Aunque suframos por nuestro anhelo insatisfecho, ser conscientes de ese deseo nos impulsa y nos guía, y a menudo nos aporta un principio de ordenación y estructuración. Sabemos cuáles son nuestras prioridades y nos puede resultar más fácil tomar decisiones de vital importancia. Perseguir nuestro deseo profundo viene a ser una búsqueda, apasionante y llena de propósito, incluso aunque no sea fácil.

Muchas de las personas que acuden a hacer terapia no tienen claro cuál es su deseo vital. Llegar a saber qué es lo que realmente queremos puede ser, en parte, una cuestión de carácter. Algunas simplemente hemos nacido con una fuerte tendencia a la autorrealización. A otras puede que nos baste con dejarnos llevar. Ambos temperamentos tienen sus ventajas y desventajas. Ninguno es mejor que el otro.

Sin embargo, algunas tal vez tengamos la molesta sensación de que hemos venido aquí para algo, pero no sabemos exactamente qué es. Esta experiencia puede ir acompañada de sentimientos de hastío, vacío o decepción crónica con la vida. Para conocer nuestros deseos más profundos hemos de desarrollar la habilidad de escucharnos. A algunas de nosotras, cuando éramos niñas, jamás nos preguntaron qué queríamos. Si nuestros padres necesitaban que fuéramos de cierta manera o querían ciertas cosas, puede que nuestra habilidad para sintonizar con los deseos que surgen de lo más profundo de nuestro ser no haya tenido la oportunidad de desarrollarse.

Las personas que han atravesado por muchas dificultades para descubrir sus verdaderos deseos suelen menospreciar sus propias iniciativas, aunque, en general, no son conscientes de ello. Si anhelas conectar con tus deseos profundos, observa qué es lo que te atrae, aunque te parezca una tontería o no veas la forma en que eso pueda tener importancia. ¿Qué es lo que tiene energía para ti? ¿En qué dirección van tus pensamientos cuando no tienes nada en tu mente?

Hemos conocido a Katherine en un capítulo anterior, la mujer que soñó con un cocodrilo mutante. Katherine se crio en una familia con pocos recursos. A los dieciséis, ganaba dinero para comprarse su propia ropa y aligerar la carga que tenían sus padres. Cuando se graduó en la universidad, buscó un trabajo cerca de casa y ayudó a sus padres en vez de ir al extranjero para estudiar otro grado. Cuando vino a mi consulta, tenía treinta y nueve años y una profesión bien remunerada, pero que realmente no había elegido. Puesto que siempre había estado centrada en la supervivencia, nunca había tenido tiempo de imaginar qué era lo que le gustaba. Sentía que tenía que hacer otra cosa, pero no tenía ni idea de qué era. Se estaba impacientando al ver que pasaba el tiempo y que nunca tendría la oportunidad de descubrir para qué había venido a este mundo.

A Katherine nunca la habían animado a darle rienda suelta a su imaginación respecto a qué quería hacer o llegar a ser. Si nuestra vida está básicamente condicionada por la carencia o los traumas, nos costará mucho sentir que podemos permitirnos conectar con nuestros deseos más íntimos. Los niños necesitan a sus progenitores para desarrollar las más variadas e increíbles fantasías. Estas imaginaciones inconscientemente se transforman en un permiso para soñar a lo grande. Los problemas económicos pueden reprimir esta capacidad para imaginar, pero no siempre es así; del mismo modo que la riqueza y la comodidad tampoco la garantizan.

Katherine y yo nos dedicamos a reflexionar sobre qué forma podría adoptar su futuro, pero nuestro progreso era lento.

Entonces, un día, me dijo que se había dado cuenta de que soñaba despierta y tenía miedo de estar usando esas fantasías para huir de su vida cotidiana. Cuando le pregunté por el contenido de esas ensoñaciones, fue muy explícita: «Me veo doctorándome en una ciudad extranjera, como Madrid o Bruselas –me dijo–. Imagino que estoy participando en una investigación importante y que escribo sobre un campo como las ciencias políticas. ¡Trabajo con gente brillante y estamos haciendo una gran labor!». En esas fantasías, en lugar de utilizar sus habilidades profesionales para ayudar a otras personas a resolver sus problemas, estaba persiguiendo respuestas a sus propias preguntas fascinantes. Sus ensoñaciones también estaban repletas de coloridos detalles sobre su vida en esa nueva ciudad.

Katherine había estado relegando esas imaginaciones por considerarlas irrelevantes o descabelladas. Le preocupaba que la distrajeran de la vida real, pero yo no estaba de acuerdo. Esas fantasías nos estaban aportando mucha información sobre lo que a ella realmente le apasionaba. Las ensoñaciones diurnas suelen presentarnos aquello que nos falta en nuestra vida «real». Suelen enseñarnos nuestras carencias. Si nos pasamos el día muy ocupadas y afrontando desafíos, tal vez nos imaginemos acurrucándonos delante de una chimenea encendida con un libro en la mano. Sus ensoñaciones de estudiar en una ciudad extranjera no significaban necesariamente que tuviera que dejar a sus hijos y apuntarse a un curso de doctorado en Dublín. No obstante, sí sugerían que necesitaba algo más en su vida: más exploración, más aprendizaje y más compromiso con las cuestiones profundas de su propia elección. Nuestras reflexiones sobre sus sueños diurnos nos llevaron a plantearnos si lo de ir a la escuela de posgrado podría ser una opción viable. No era una posibilidad que se hubiera planteado seriamente porque no le parecía práctica. Ahora, al menos la estaba considerando conscientemente; y estaba francamente entusiasmada.

Una parte de ella tenía bastante claro lo que quería, pero no se había permitido saberlo conscientemente porque consideraba que no era práctico o que no estaba a su alcance. Como Nazneen, una parte de ella siempre había sabido lo que realmente quería, pero esta parte se había separado. Era como si su verdadero deseo simplemente se hubiera autoenterrado tiempo atrás. La misma semana que me habló de sus ensoñaciones, me contó el siguiente sueño:

> Pasa algo raro en mi casa, tal vez un problema eléctrico. Un hombre viene a ayudarme. Quizás es un electricista. Caminamos alrededor de la casa y vemos varios vehículos de obras que bloquean totalmente la calle. Todos los trabajadores son mujeres y han levantado toda la acera de delante de mi casa. Miro en la zanja que están cavando y veo tuberías y algo de agua estancada. Me explican que ha desaparecido una mujer y que la están buscando. Una de ellas me dice que puede que yo piense que el problema de mi casa es grave, pero que el verdadero problema está aquí. Yo pienso en silencio que la mujer debe de estar muerta si ha sido enterrada, pero ellas me dicen que la han oído y que está claro que está viva. Les ofrezco mi ayuda para buscarla. Me dicen que primero he de ver una foto para que sepa qué aspecto tiene. Para ver la foto, tengo que ir a ver a mi amigo Gary. Lo encuentro, pero me dice que él no tiene la foto. Tendré que ir a otro lugar para encontrarla. Me despierto antes de ver la foto, pero de alguna manera sé que cuando la vea me veré a mí.

Los deseos profundos de Katherine han sido enterrados, pero ¡todavía no están muertos! Mejor aún, hay un equipo de mujeres que están trabajando mucho para desenterrarlos, y la propia

Katherine está dispuesta a ayudarlas. Katherine me dijo que Gary era un conocido que, en realidad, era un intelectual y un filósofo, pero que estaba trabajando de abogado para poder mantener a su familia y cubrir todos los gastos. Había probado varias cosas, incluido ofrecer sus servicios de abogado a una ONG, pero seguía muy insatisfecho. El Gary del sueño no podía ayudarla. El sueño la estaba animando a expandir su imaginación sobre su futuro, más allá de aceptar pequeños compromisos que le parecieran prácticos.

LOS CELOS Y LA VERGÜENZA

El destino de Carol, al principio, se manifestó con un sentimiento de celos amargos. Cuando nos hemos separado de nuestros sueños y deseos, los celos suelen recordárnoslos. Puede que tengamos un sueño donde aparece alguien que tiene todo lo que queremos, mientras nosotras nos sentimos desoladas y sumamente alienadas.* O, como le pasó a Carol, hay alguien en el mundo exterior que cumple esos deseos por nosotras, y nuestros celos de esa persona hacen que tengamos que conocernos a nosotras mismas. Las emociones pueden ser sumamente dolorosas. Sentimos que hemos vislumbrado nuestro deseo, pero no podemos imaginarnos consiguiéndolos alguna vez. Esta intensa experiencia de celos puede ayudarnos. Nos enseña qué es lo que más deseamos en el mundo. Si alguna vez tienes problemas para descubrir lo que más deseas, tienes que preguntarte: «¿De quién tengo más celos?».

Cuando investigamos qué es lo que se interpone entre nosotras y nuestro deseo, la respuesta suele ser la vergüenza. Nos avergüenza admitir lo que anhelamos porque nos parece demasiado osado por nuestra parte el desearlo. Mi entrevista para un

* N. de la T.: En psicología significa la pérdida del sentimiento de la propia identidad.

programa de formación junguiana supuso la culminación de años de esfuerzo persiguiendo mi meta. Tenía un máster, y había estudiado en un seminario de Jung, completado años de psicoanálisis y superado una entrevista preliminar. Al igual que mi viaje metafórico, el trayecto hasta el lugar donde se realizaba la entrevista final había sido largo y arduo. Llegué al aeropuerto de Denver por la noche y, desde allí, me fui a Boulder, Colorado, donde la organización que ofrecía la formación había convocado su congreso bianual. Era casi medianoche cuando el transporte concertado por fin me dejó delante del hotel. Cuando entré en el vestíbulo y vi los carteles del congreso junguiano, me inundó una ola de vergüenza. ¿Qué estaba haciendo yo allí? ¿Quién me creía que era para pensar que pertenecía a ese entorno? Si en aquel momento me hubiera podido dar la vuelta y salir del hotel, lo habría hecho.

SENTIRTE COMO UNA IMPOSTORA

En 1978, las psicólogas Pauline Clance y Suzanne Imes publicaron un trabajo al que pusieron por título «El fenómeno de la impostora en mujeres que son grandes conseguidoras». Desde entonces, su observación de que las mujeres brillantes y competentes suelen sentirse como impostoras ha pasado a formar parte de la cultura dominante, donde se conoce como el «síndrome de la impostora». Aunque los hombres también puedan sentirse como impostores, este fenómeno se asocia principalmente a mujeres; en especial, a las que tienen talento y triunfan. La eminente autora Maya Angelou dijo una vez: «He escrito once libros, pero cada vez pienso: "Oh, oh, me van a descubrir". He engañado a todos y, ahora, se van a dar cuenta».[6]

Los sentimientos de ser una impostora pueden interferir en que nos tomemos en serio nuestro deseo. Tal vez te preguntes, como hice yo, si no es una impertinencia el mero hecho de imaginar que aspiras a algunas de tus ambiciones. Si descubres que el síndrome de la impostora te impide actuar para conseguir lo que deseas, prueba a etiquetarlo por lo que es. Ponerles a estos dolorosos sentimientos de fraude el nombre de «síndrome de la impostora» puede restarles algo de energía porque sabemos que no necesariamente reflejan la realidad. En lugar de escuchar las molestas reprimendas del síndrome, podemos recordar nuestros logros y talentos. Recordar que solo las personas capaces y dotadas tienden a experimentar este síndrome también puede ayudarnos a dominar estos sentimientos de autosabotaje.

El síndrome de la impostora es, en realidad, una experiencia de vergüenza: la vergüenza y la vulnerabilidad que sentimos cuando nos hemos permitido ser grandes. Brené Brown describe la miseria que sentimos después de haber mostrado nuestro verdadero yo como «resaca de vulnerabilidad».[7] La vergüenza muchas veces nos separa de nuestros anhelos. Nada nos deja tan vulnerables y expuestas a nuestro deseo desnudo. Admitir lo que deseamos con todas nuestras fuerzas implica revelar nuestra alma. Tenemos miedo de no dar la talla, de no ser merecedoras y de que eso quede al descubierto, y este miedo puede hacer que nos alejemos de lo que más deseamos. De modo que negamos nuestros deseos; a veces, incluso nos los ocultamos a nosotras mismas. Recordar la firme seguridad en sí misma de Lilith puede ayudarnos. Eres igual que el resto, nos recuerda, pues estás hecha de la misma arcilla. Su voz puede ayudarnos a aceptar nuestros más profundos anhelos y hacer que vuelva a prender nuestra chispa vital.

PREGUNTAS PARA REFLEXIONAR

1. En *El príncipe Perla Rosa*, Nazneen le hace una petición muy específica a su padre. Ella parece saber que la perla rosa es su destino, aunque no entienda exactamente qué es. Muchas personas pueden identificar, en una etapa temprana de su vida, que anhelan algo, aunque no saben por qué o, quizás, ni siquiera puedan expresarlo en palabras. Tal vez conectaron profunda y precozmente con algo que necesitaba manifestarse a través de ellas. ¿En qué momento de tu vida has sentido un anhelo ineludible por algo? ¿Cómo lo sentiste? ¿Cómo respondiste?

2. Las hermanas de Nazneen anhelan riquezas materiales, pero el deseo de Nazneen la conecta con algo más grande que la riqueza. Cuando no estamos conectadas con nuestros deseos, tal vez intentemos llenar nuestro vacío con comida, compras, alcohol, usando nuestro móvil o con otras cosas que nos aportan un alivio pasajero. ¿En qué momento de tu vida has recurrido a las adicciones y compulsiones en lugar de escuchar a tu corazón? ¿Cómo lo haces en tu vida actual?

3. El barco en el que viajaba el padre de Nazneen no puede zarpar porque él no ha cumplido su promesa. Cuando no cumplimos las promesas que nos hemos hecho, los vientos de nuestra vida no propulsarán nuestras velas. ¿Has dejado alguna promesa por cumplir que te hayas hecho a ti misma?

4. Nazneen es expulsada de su casa cuando su padre regresa. Perseguir nuestros deseos puede incomodar a otros, pues puede poner en peligro sus opciones. ¿Cómo se han comportado los demás cuando has perseguido tus deseos?

5. El regalo de Nazneen consiste en tres cajas. Probablemente, no fuera lo que ella esperaba; sin embargo, lo recibe con agrado. A veces, anhelamos algo en concreto, pero la vida nos da otro regalo. ¿En qué circunstancia has recibido lo que anhelabas de una manera inesperada? ¿Cuánto tiempo te costó reconocer el regalo que te ofrecía la vida? ¿Qué hiciste para aceptarlo y darle su espacio?

6. Nazneen puede salvar al príncipe porque conoce el lenguaje de los pájaros. Esto viene a ser como estar en sintonía con nuestra intuición y ayuda a explicar por qué, al principio de la historia, ella sabía que tenía que pedir la perla rosa. ¿Cómo haces sitio para tu intuición? Tal vez puedes escribir tus sueños o llevar un diario. ¿Cuándo te ha guiado tu intuición hacia una solución que tu mente consciente no hubiera sido capaz de encontrar?

CAPÍTULO 6

LA SEXUALIDAD: AMARTE A TI MISMA

Este es tu cuerpo, tu mayor regalo, preñado de una sabiduría que no escuchas, de un pesar que creías olvidado y de un gozo que jamás has conocido.

Marion Woodman,
***Coming Home to Myself* [Volver a casa, volver a mí]**

Muchas mujeres tienen una herida profunda en su yo sexual. La mujer suele exhibir su cuerpo para el beneficio y el placer del hombre. Como mujeres, tal vez sintamos que estamos constantemente siendo juzgadas. ¿Somos lo bastante guapas? ¿Lo bastante delgadas? ¿Cómo se juzga nuestro cuerpo? ¿Nos encuentran atractivas los hombres? Muchas mujeres tenemos bloqueada la capacidad de apreciar nuestro cuerpo de una manera saludable y de experimentar placer, y se debe a una inseguridad devastadora. Las mujeres solemos estar tan pendientes de las necesidades y antojos de nuestras parejas que nuestros propios deseos sutiles pueden quedar relegados fácilmente. Las señales que nos envía nuestro cuerpo respecto a lo que nos proporciona placer, bien podrían convertirse en uno de los aspectos que permanecen latentes en nuestra vida. Están a la espera de ser descubiertas, integradas y reivindicadas en una relación consciente con nosotras mismas.

La sexualidad de muchas mujeres gira en torno a ser atractivas y agradar a su pareja. En parte, esto se debe a las diferencias básicas en la respuesta sexual de mujeres y hombres. El placer sexual masculino es relativamente directo, mientras que la respuesta femenina a la estimulación sexual y su excitación es mucho más individualizada y misteriosa. A las mujeres suele costarnos décadas conocer nuestro cuerpo y disfrutar de la sexualidad a nuestra manera. Esta es la razón por la que solemos dar prioridad a satisfacer las necesidades inmediatas de nuestra pareja para que alcance el clímax sexual. Tomarnos el tiempo y el espacio para descubrir lo que nos gusta no alcanza el nivel de prioridad.

Lilith exigió reciprocidad en sus relaciones sexuales. No estaba dispuesta a ser subyugada y a estar por debajo de su esposo. Afirmó que su derecho al placer en sus relaciones sexuales era tan importante como el de su esposo. No tenía complejos en su búsqueda del placer.

DESPERTAR AL PLACER

La manifestación del deseo sexual es una de las expresiones más puras y corpóreas de nuestra chispa vital. Es Eros o el principio universal de la conexión manifestándose primariamente a través de nuestro ser físico. La pulsión sexual expresa nuestro anhelo de estar en el mundo, en nuestro cuerpo y en comunión profunda con otra persona. Es la encarnación de nuestro romance profundo con la propia vida. La sexualidad es profundamente personal. Lo que nos excita puede ser descabellado y extraño, y diferir mucho de lo que vemos en la televisión, en las películas o en la pornografía. Nuestras fantasías sexuales nos pertenecen, son para mantenerlas en privado o compartirlas si nos place. Son nuestro propio lenguaje secreto de deleite sensual físico.

Para que una mujer pueda llegar a apreciar su cuerpo y su belleza para sí misma, no porque sean agradables para un hombre, tendrá que volver a conectar con sus energías proscritas de las que previamente se había separado. Esto es lo que le pasaba a mi paciente Emily, una mujer que vino a terapia durante muchos años. Emily era profesora de Filosofía en una escuela universitaria, y gozaba de cierta reputación y una sólida carrera profesional. Llevaba casi treinta años casada con su esposo y tenían dos hijos adultos. En las sesiones de terapia, rara vez habíamos hablado de sexo, hasta que llegó el día. Emily se sentó en el diván frente a mí, como de costumbre, pero esa semana ni me sonrió ni me saludó como solía hacerlo. «Ha pasado algo», me dijo. Se la veía perturbada.

Empezó a describirme su relación con una joven estudiante. Lilian se había trasladado a la universidad donde enseñaba Emily, después de haber padecido un trastorno alimentario que la había mantenido alejada de los estudios durante varios semestres. Recuerda que enseguida se fijó en ella. «Se sentaba al fondo del aula. Recuerdo que pensé que no la había visto antes. Su mirada me llamó la atención. Se la veía muy seria y triste, pero también más *viva*, más *allí* que ninguno del resto de los alumnos de la clase».

Su intensidad y su aguda inteligencia pronto le llamaron la atención. La joven empezó a ir a todas las horas de tutoría que tenía Emily, quien comenzó a esperar sus visitas. Según ella, la situación complicada en la que se encontraba Lilian, como nueva alumna que tiene que afrontar problemas mentales, fue lo que la atrapó. «Recuerdo que pensé que no me extrañaba que le costara hacer amigos. Los otros alumnos no están a su nivel. Es una de las mentes con más ganas de aprender que he visto». Emily me confesó que de alguna manera Lilian se estaba volviendo dependiente de ella y que su conexión excedía emocionalmente los límites de una relación normal alumna/profesora, pero que estaba demasiado involucrada como para marcar distancias.

Lilian empezó a hacerle confidencias a Emily sobre temas personales. Le contó que su anorexia se había agudizado cuando su novia la dejó. Esa relación había sido su primer amor, y su final la había sumido en la desesperación. Entonces, se inició un periodo de soledad y sufrimiento intenso. Emily se vio implicada en la historia de la joven.

Me contó que siempre había sido muy escrupulosa a la hora de no traspasar sus propios límites en el trabajo. Era una profesora comprometida y atenta, pero nunca se había implicado demasiado en la vida de los alumnos. Con Lilian, esos límites corrían peligro. Un día, en que Lilian estaba especialmente afligida, Emily le dio su número de teléfono personal. A partir de entonces, desarrollaron el hábito de mandarse mensajes a diario. Cuando Lilian le pidió que le diera hora para hablar de su examen final, Emily no pudo hacerle un hueco y le dijo que quedaran para comer.

«Había una parte de mí que sabía que estaba dejando que las cosas fueran demasiado lejos –me comentó–. Pero también podía ver que nuestra relación la estaba ayudando. Se estaba volviendo más segura de sí misma y se sentía más cómoda. Empezó a hacer amigos e incluso se apuntó a un club». Su amistad no solo había ayudado a Lilian, sino que también estaba teniendo un efecto en Emily. Reconoció que nunca había sentido nada parecido. «Pienso en ella todo el tiempo. Me siento muy viva porque forma parte de mi vida».

La pareja tenía por costumbre verse a solas cada semana en las horas de tutoría, que estaban programadas para última hora de la tarde, cuando el departamento estaba casi vacío. Las dos se sentaban en grandes sillas con respaldo de piel, mientras el sol se ponía en el despacho de Emily. Lilian hablaba y Emily principalmente escuchaba y reflexionaba. Una de esas tardes, la joven le confesó que se había enamorado y que se sentía atraída físicamente hacia ella.

Emily me dijo que la confesión de Lilian la había afectado y que reconoció que sentía algo parecido por ella. Pero que con suma delicadeza le había explicado que, aunque la apreciaba muchísimo, cualquier otro tipo de relación entre ambas sería imposible por muchas razones. También se sinceró con Lilian y le dijo que ya no era activa sexualmente. Emily hacía ya algunos años que había tenido la menopausia. A partir de entonces, había perdido todo interés por el sexo. Sin embargo, cuando Lilian se marchó, después de ese emotivo encuentro, se quedó atónita al darse cuenta de que estaba bastante excitada sexualmente.

«Nunca me había pasado nada parecido. Nunca». Recordó que durante todos los años que había salido con hombres y tenido relaciones sexuales con ellos, incluidos los de su matrimonio, nunca había sentido una excitación física espontánea de esa índole. Estaba fascinada por la capacidad de despertar que tenía su cuerpo, cuando hacía varios años que no había sentido excitación sexual. Me confesó que hacía muchos años que apenas tenía relaciones –sexuales o emocionales– con su esposo. «No creo que antes fuera consciente de ello, pero me parece que me he sentido muy sola en mi matrimonio», me dijo.

Después de esta confesión, sus sentimientos hacia Lilian se intensificaron y las barreras siguieron derrumbándose. Para acabar de arreglar las cosas, observó que cada vez que estaba con ella se excitaba sexualmente. Esta es la confusión que me planteó en nuestras sesiones de terapia. Sentirse viva y excitada de nuevo era maravilloso, pero ¿qué significaba eso? ¿Era lesbiana? ¿Lo había sido todo ese tiempo? ¿Tenía que dejar a su esposo e irse con Lilian? En nuestro trabajo terapéutico creamos espacio para que pudiera plantearse todas esas cuestiones y explorar posibilidades en su imaginación sin tener que actuar al respecto.

Su amor por Lilian era profundo y sincero, aunque algo inexplicable. Hubo momentos en los que su amor profundo y su deseo eran tan fuertes que pensó en dejarlo todo e irse a vivir con su joven alumna. No obstante, cuando estaba algo más calmada, se daba cuenta de que actuar impulsada por esos sentimientos no era inteligente. Supondría mandar al traste su carrera, por la que tanto había luchado. Supondría terminar con su matrimonio y poner en peligro su relación con sus hijos adultos. Y sabía que su romance no sobreviviría a la cruda realidad de todos los días, en la que has de sacar la basura al contenedor y pagar las facturas. Sería una traición a lo que para Emily era el sagrado deber de enseñar y hacer de mentora. Pero, por encima de todo, sería una traición a Lilian. Aunque no había cruzado ninguna barrera física, no le había beneficiado no respetar los límites profesora/alumna. Emily era consciente de que esa experiencia había provocado confusión en Lilian y la había desestabilizado, y lamentaba muchísimo haberle provocado más sufrimiento a su joven alumna. Sabía que cualquier otra transgresión más podría herirla profundamente.

Al final, logró reconducir su relación con Lilian hacia una mentoría y una amistad sin acaloramiento romántico ni connotación erótica. Pero se quedó con la duda de qué significaba esa experiencia. Para Emily, su amor por Lilian supuso un profundo despertar a su propio atractivo y sensualidad. Nunca se había considerado guapa. Verse a sí misma a través de los ojos de Lilian fue algo totalmente diferente a ser atractiva para cualquier otro. «Si un hombre expresaba interés por mí, siempre me hacía sentirme insegura y nerviosa porque esperaba que, al final, acabaría considerándome inadecuada. Con Lilian, ese temor de inadecuación no se presenta de esa manera. En las fantasías que tengo de nosotras estando juntas, nos sentimos cómodas y seguras en nuestra mutua atracción».

A Emily, el amor y la atracción que sentía por Lilian le sirvieron para sanar la profunda herida que tenía en su yo sexual: una herida que hasta entonces no sabía que existía. «No sabía que sentirse atraída hacia otra persona o que otra persona se sintiera atraída hacia mí podía despertar este sentimiento». Aunque rara vez habíamos hablado de sexo en las sesiones de terapia previas a esta etapa, ahora me confesaba que a ella el sexo siempre le había parecido burdo e impersonal. Todo eso cambió cuando se sintió atraída hacia Lilian. Me dijo que sus fantasías con su joven alumna eran tiernas y delicadas. «En mi imaginación, el sexo con ella es hermoso. Nunca antes me había parecido hermoso el sexo».

Emily sentía la sexualidad con los hombres con vergüenza e inadecuación. Su recién hallada habilidad para el placer y la pasión apareció justo en el ocaso de su sexualidad y le permitió descubrir otra forma de sexualidad diferente. Un sueño que tuvo por esa época enfatiza esto:

> Estoy en una casa con muchas habitaciones. Lilian está pasando la noche. La llevo a mi cama y tenemos relaciones sexuales. Ella me da placer hasta que llego al orgasmo y luego nos quedamos abrazadas. Me siento bien estando entrelazada con ella. Entonces, se va, y yo me levanto para acompañarla. Le toco el brazo y le pregunto si está bien. Me dice que es muy feliz. Toma mi cara entre sus manos, me mira a los ojos y me dice que ha sido muy bonito, refiriéndose a hacerme llegar al orgasmo. Es bueno oír eso y es un antídoto para la vergüenza profunda. Nos abrazamos, y me siento muy bien en ese abrazo.

Emily compartió conmigo su experiencia de que cuando tenía relaciones sexuales con un hombre, por más que al principio todo empezara siendo un ejercicio de disfrute y placer recíproco, siempre terminaba forzosamente con el orgasmo de él. Como les pasa a muchas mujeres, no llegaba al orgasmo a través de la penetración. Cuando su esposo intentaba hacer que llegara al orgasmo, solía costarle mucho y se sentía tensa y presionada, así que muchas veces le decía que ni lo intentara. Por consiguiente, su vida sexual siempre había sido un tanto insatisfactoria. A través de las lujuriosas fantasías que tuvo con Lilian y del amor genuino que ambas sentían, descubrió por primera vez su capacidad para experimentar sexualidad por sí misma.

LA VIRGINIDAD

En muchos relatos y tradiciones, la virginidad se ha considerado un símbolo de integridad psíquica inquebrantable. Aunque la definición más común de la palabra hace referencia a alguien que no ha tenido relaciones sexuales, podemos entender que el concepto simbólico es mucho más amplio. En términos psicológicos, una virgen se pertenece a sí misma. La analista junguiana M. Esther Harding fue una prominente portavoz de la experiencia psicológica de las mujeres y escribió elocuentemente sobre el significado simbólico de la virginidad.

> Del mismo modo que una mujer virgen es una en sí misma, hace lo que hace no por ningún afán de complacer; no para gustar o recibir aprobación, incluso de ella misma; no por conseguir poder sobre otro, para despertar su interés o amor, sino porque lo que hace es cierto. Sus acciones puede que no sean convencionales. Tal vez tenga que decir no,

> cuando le sería más fácil, también más aceptable, en términos convencionales, decir sí. Pero como virgen no está influenciada por las consideraciones que hacen que la mujer que no es virgen, casada o no, recorte sus velas y se adapte a la conveniencia. Digo casada o no, pues al usar esta palabra *virgen* en su connotación psicológica, no me refiero a las circunstancias externas, sino a una actitud interna.[1]

En la mitología griega, a Hera, la sufridora esposa de Zeus, suelen representarla como la diosa celosa que intenta castigar a su esposo por sus múltiples infidelidades. Pero hay una historia sobre ella que relata su visita a la fuente mágica de Argos, conocida como Kanathos. Al bañarse en esta fuente, recupera la virginidad, su sentido de pertenencia a sí misma original. La mitóloga Christine Downing relaciona la renovación de Hera con la experiencia de las «lesbianas tardías», que acaban perteneciéndose a sí mismas sexualmente, tal vez después de décadas de estar con un hombre.[2] Cuando le hablé a Emily de este mito, le resonó profundamente. Su amor y su atracción por Lilian habían sido una fuente de renovación que había restaurado el sentimiento de plenitud y exclusiva jurisdicción sobre su cuerpo y sus deseos que había olvidado hacía mucho tiempo.

Emily pasó muchos meses cuestionándose su orientación sexual. Hablamos de que no era tan raro encontrar mujeres de mediana edad que, de pronto, descubrían que les atraían otras mujeres y que «cambiaban de equipo». ¿Era ese su caso? Pero al final, la atracción de Emily no se debía a una orientación sexual. Reconoció que esa notable primavera sexual en medio de un otoño que, de otro modo, habría sido apacible, parecía estar confinada a su conexión especial con Lilian. Acabó viendo esa conexión como un regalo exquisito que le había permitido tener una relación más íntima y amorosa con su cuerpo, con su placer y su deseo. «No lo he conseguido hasta ahora. Pero por fin me he enamorado de mi cuerpo». Este descubrimiento estaba cargado de dulzura, pero a veces también de amargura. En su estado de vigilia nunca había conocido la deliciosa reciprocidad que experimentó en sus fantasías y sueños de estar con Lilian.

Al final, reflexionó sobre el hecho de que siempre se había sentido decepcionada por el egoísmo de su esposo durante sus relaciones íntimas. A medida que fue pasando el tiempo y sus sentimientos hacia Lilian se fueron enfriando, se dio cuenta de que esta también había sido egoísta a su manera. Las relaciones sexuales pueden suscitar poderosas fantasías de que te mimen tiernamente y de que tu pareja satisfaga todas tus necesidades, pero también pueden revelar que el amor más profundo y satisfactorio que podemos descubrir es el que nos damos a nosotras mismas. Emily, inconscientemente, había estado esperando que su esposo le diera algo, y al no recibir nada, buscó satisfacer esa necesidad en su relación con Lilian. Pero nunca hallaría lo que estaba buscando en ninguna de esas dos relaciones.

Cuando el fuego de sus sentimientos por Lilian se había enfriado, volvió a darse cuenta de que su cuerpo envejecido ya no se excitaba o deseaba tener un orgasmo. Emily no echaba en falta el sexo o el deseo sexual. Pero todavía anhelaba el placentero fluir de Eros. Siempre había sido una persona práctica, que no se andaba con tonterías y que no invertía demasiado en arreglarse o en cuidarse, pero ahora había empezado a cambiar la forma en que trataba a su cuerpo. Cuando necesitaba sábanas nuevas, se gastaba un poco más y compraba las que eran especialmente suaves. Se permitía alguna loción corporal aromática y disfrutaba untándose con ella después de ducharse. Empezó a darse baños semanalmente y descubrió que le gustaba beber té aromático durante el día en vez del típico café descafeinado. «¿Quién hubiera podido imaginar que estas cosas iban a importarle a una vieja bruja disecada como yo?», dijo riéndose. Pero le importaban.

Si te das cuenta de que tienes el profundo deseo de sentirte más viva en tu cuerpo, recuerda que esto se puede manifestar de muchas formas en la vida de una mujer. Una exquisita experiencia de placer sexual –en pareja o en solitario– es una forma evidente, pero mimar nuestro cuerpo tratándolo con respeto y de forma que complazca a todos los sentidos es otra. Procura hacer pausas durante el día y pregúntate: «¿Qué quiere mi cuerpo? ¿Qué le gustaría en este momento?». Pasamos tanto tiempo insensibilizándonos a las necesidades de nuestro cuerpo trabajando en exceso, comiendo en exceso o abusando de las tecnologías, el alcohol o las drogas que es probable que hayamos perdido el contacto con el animal vibrante que vive en nuestra forma física.

Para Emily, el sexo entre hombre y mujer tenía una inevitable connotación de conquista y sumisión, mientras que entre dos mujeres parecía ofrecer una experiencia de reciprocidad profunda. Esta comunión profunda forma parte de lo que anhelamos en las experiencias sexuales. Es lo que Lilith buscaba en Adán cuando afirmó su igualdad. Aunque en nuestras relaciones heterosexuales también exista, las mujeres han de aprender a exigirla. La historia de la dama fea se remonta a la Edad Media y nos ofrece una respuesta sorprendente a nuestro anhelo de reciprocidad.

LAS NUPCIAS DE SIR GAWAIN Y LADY RAGNELL

El rey Arturo estaba de caza con sus hombres en el bosque, cuando pasó un maravilloso ciervo. El rey empezó a perseguirlo solo, acosando a su presa sigilosamente hasta que se alejó de sus hombres. Levantó su arco hábilmente, le disparó de frente y mató a su presa. Pero en ese momento, se le acercó un caballero bien armado.

«Rey Arturo, ¡me alegro de encontrarte aquí solo y desarmado! ¡Me has perjudicado repartiendo las tierras que me pertenecían y ahora te voy a matar!».

El nombre del caballero era Gromer Somer Joure. Arturo razonó con él: no sería honorable para un caballero matarlo allí en aquel momento. Gromer Somer aceptó a regañadientes dejarlo marchar con la condición de que volvería dentro de doce meses, solo y desarmado como estaba ahora. En ese encuentro, Arturo tendrá que decirle a Gromer Somer qué es lo que más desean las mujeres. Perderá su vida si no responde correctamente.

Una vez de nuevo en la corte, Arturo estaba alicaído, pues sabía que solo había pospuesto una muerte segura. *Sir* Gawain notó la preocupación del rey y le suplicó que le confiara sus pesares. El monarca le contó toda la historia a Gawain, quien inmediatamente anunció su intención de ayudarlo a descubrir la respuesta a ese misterioso enigma.

«Partiremos por la mañana –le dijo a Arturo–. Yo iré en una dirección y vos en la otra. Preguntaremos a cada hombre y a cada mujer que nos encontremos para que nos den una respuesta. Estoy seguro de que en un año daremos con la respuesta correcta».

Y así pusieron en marcha su plan, preguntando a cada hombre y mujer que encontraban qué era lo que más deseaban las mujeres. Algunos respondieron que a las mujeres les gustaba ir bien vestidas. Otros, que preferían que las cortejaran. Otros dijeron que les agradaban los hombres fogosos que las abrazaban y besaban. Al final, transcurridos once meses, Arturo y Gawain volvieron a reunirse en la corte. Los dos tenían un libro grande lleno de respuestas, pero no estaban más cerca de resolver el acertijo, y casi había transcurrido el año.

Arturo decidió adentrarse en el bosque a buscar respuestas por última vez. Mientras cabalgaba en solitario, se encontró con una mujer espantosamente fea. Tenía la cara roja y la nariz le goteaba. Su enorme boca estaba llena de dientes grandes y amarillentos. Sus ojos llorosos sobresalían de su cara y parecían dos grandes bolas. Era jorobada, tenía el cuello grueso y su cintura parecía un barril. El escaso pelo de su cabeza estaba enmarañado y grasiento.

Sin embargo, montaba un caballo engalanado con finas telas. Se acercó a Arturo y le dijo que ella era la única que podía librarlo de la muerte.

—¿Qué quieres decir? —preguntó Arturo—. ¿Cómo puedes ayudarme?

La mujer fea le respondió que ella conocía la respuesta al acertijo y que se la diría si le prometía desposarla con *Sir* Gawain.

—¡Qué cruel destino para Gawain casarse contigo! Sé que no me dirá que no. Pero nunca había visto una mujer tan fea, y no sé qué hacer.

—No importa si soy fea —respondió la mujer—. Hasta un búho encuentra pareja. Ahora ve con *Sir* Gawain. Dile que *Lady* Ragnell espera su respuesta. Esta es tu única oportunidad.

—No puedo hablar en nombre de *Sir* Gawain. Pero le contaré mi situación y dejaré el asunto en sus manos.

Arturo reveló lo que le ocurría con el corazón apesadumbrado a su mejor amigo y caballero, *Sir* Gawain. Como había predicho el monarca, su amigo aceptó de buen grado desposar a la mujer para salvar la vida de su rey. Así que Arturo volvió al bosque al día siguiente y le comunicó la noticia a *Lady* Ragnell de que se convertiría en la esposa del atractivo y valiente *Sir* Gawain.

–Ahora, te diré la respuesta que buscas –le dijo ella–. Algunos piensan que las mujeres quieren ser guapas o tener mucho sexo. Otros creen que quieren ser aduladas y cautivadas. Pero no lo entienden. Lo que todas las mujeres –ricas o pobres– desean es soberanía. Cuando le digas esto a *Sir* Gromer, se pondrá furioso, ¡porque tendrá que dejarte marchar!

La fecha en que Arturo había prometido volver al lugar donde había conocido a *Sir* Gromer y cumplir su promesa estaba próxima. *Sir* Gromer estaba esperando a Arturo tal como habían quedado, y como había predicho *Lady* Ragnell, se enfureció al oír la respuesta correcta. Pero cumplió su palabra y lo dejó marchar.

Entonces, llegó el día de las nupcias de *Sir* Gawain y *Lady* Ragnell. Arturo le rogó a la horrenda dama que permitiera que la ceremonia tuviera lugar en privado, sin testigos, pero ella no quería nada de eso.

«Me desposaré delante de todos o no me desposo, porque si no parecería que tengo algo de lo que avergonzarme». Y, así, cabalgó hasta la corte al lado del rey. La gente se sorprendía al contemplar su fealdad, y más de uno derramó lágrimas al pensar en el amable y buen *Sir* Gawain como su compañero de lecho de por vida. Pero *Sir* Gawain se dirigió hacia ella y le ofreció su mano.

Lady Ragnell llegó a la iglesia delante de toda la corte engalanada con finas vestimentas, pero la belleza de sus prendas no hacía más que ensalzar su extrema fealdad. Después de la boda, todos se apresuraron al festejo nupcial. *Lady* Ragnell se sentó sola y empezó a ingerir grandes cantidades de todo tipo de comida. Era basta y ordinaria, cortaba la carne con sus largas uñas y el jugo de los alimentos le chorreaba por la barbilla.

Solo cuando terminó el banquete y era el momento de que los recién desposados se retiraran a la alcoba, se mostró *Sir* Gawain algo abatido. Arrastraba los pies y se lo veía sin ganas de ir. Cuando ambos estaban desnudos en el lecho, *Sir* Gawain permanecía rígido en su lado de la cama.

–¿Por qué no me muestras algo de cortesía en nuestra noche de bodas, esposo? –dijo *Lady* Ragnell–. Al menos podrías besarme.

–Haré más que eso, mi señora –respondió *Sir* Gawain.

Y cuando se giró hacia ella, vio que era la criatura más bella que había visto jamás. *Sir* Gawain gritó y le preguntó quién era, y ella le confirmó que era su esposa. Él la abrazó, y como puedes imaginar, fueron muy felices esa noche.

–Señor –dijo ella–, estoy bajo un maleficio, y mi belleza no durará. Has de elegir si quieres que sea bella de día y fea de noche, o bella de noche y fea de día.

–¡Ah! –exclamó él–. Difícil elección. Si solo eres bella de noche, me entristecerá y arruinará mi reputación, pero si eres bella de día, enfriará nuestras noches. Elige lo que consideres mejor, querida señora. Dejó la elección en tus manos.

–Gracias, amado esposo, ¡al darme la opción de elegir has roto el maleficio! ¡Ahora, seré bella día y noche!

Entonces, sintieron un gran regocijo.

A la mañana siguiente, *Sir* Gawain y su esposa tardaban en levantarse, porque estaban disfrutando el uno del otro. Los hombres de Arturo empezaron a preocuparse. Tenían miedo de que la espantosa mujer hubiera acabado con *Sir* Gawain y se decidieron a entrar para ver si estaba bien. ¡Puedes imaginar su sorpresa cuando vieron al buen *Sir* Gawain y a su bella esposa tumbados y abrazados! *Lady* Ragnell explicó que su madrastra le había hecho un hechizo que la había deformado y que *Sir* Gawain la había liberado al darle soberanía.

Tiene algo de cómico y patético a la vez que el rey y su mejor caballero inicien un viaje para descubrir la respuesta a una pregunta tan fácil. Los dos hombres adoptan una perspectiva notablemente torpe para conocer los misterios de los deseos de las mujeres. Transforman la tarea en un proyecto de investigación académica, que termina con pesados volúmenes de notas. El que suponga un esfuerzo de tal magnitud y que sea tan difícil de descubrir nos indica la distancia infranqueable que existe entre hombres y mujeres, especialmente en el dormitorio. La mujer puede sentir que su amante ha adquirido ideas sobre el deseo sexual femenino, que son remotas y teóricas y que nada tienen que ver con su cuerpo o sus gustos para el placer. Muchas mujeres se lamentan de que los hombres insisten en ideas extrañas sobre qué les produce placer, incluso aunque les hayan demostrado lo contrario. Todas y cada una de las mujeres tenemos nuestra experiencia personal del placer. Lo que importa es nuestra soberanía y nuestra capacidad de conocer y decidir por nosotras mismas.

EN BUSCA DE LA RECIPROCIDAD

Whitney era una paciente que solía estar decepcionada con su vida sexual conyugal. «Intento que nuestras relaciones íntimas sean una verdadera unión entre nosotros. Deseo sentir su presencia y que está conectado conmigo en ese momento», me dijo. Tal como ella le había explicado a su esposo, ese tipo de conexión inmediata y tierna sería el punto de partida para la exploración juguetona y el placer mutuo. Por el contrario, se encontraba con que el concepto del sexo que tenía su esposo era mecánico y sin ningún tipo de conexión. No importaba cuántas veces le dijera que necesitaba un poco más de romanticismo y juego preliminar, sentía que para él la excitación sexual era como darle al interruptor de la luz. «Él esta encendido. Y cuando lo está, piensa que yo también lo estoy». Por desgracia, a Whitney le resultaba más fácil ceder al deseo de sexo de su esposo, aunque a ella le faltaran los preliminares que necesitaba para que la experiencia fuera mutua y placentera. «Es el final del día. Estoy cansada. Y a veces, solo quiero acabar pronto».

Probablemente no exista ningún otro aspecto de la vida que produzca más decepciones que el sexo. En pocas otras áreas nos sentimos tan vulnerables o albergamos tantas tiernas esperanzas de ser correspondidas y sentirnos conectadas. Aunque hay parejas que disfrutan de una sexualidad positiva y de un goce recíproco, la mayoría de las veces, sospecho que son minoría. Pocas parejas están bien equilibradas en lo que a su grado de deseo sexual se refiere. Aunque estén en sincronía, el nivel de deseo puede cambiar debido a problemas de salud, estrés, el nacimiento de hijos u otros motivos. No es extraño que las parejas casadas tengan pocas relaciones sexuales o que ni siquiera tengan. Un estudio de 2017 reveló que el 15,6 % de las personas casadas no habían tenido relaciones sexuales el año anterior. Además, un 13,5 % hacía cinco años que no tenía relaciones.[3]

La naturaleza nos ha jugado una mala pasada. Mientras que a los hombres les resulta fácil llegar al orgasmo a través de la penetración, solo una minoría de mujeres la encuentran satisfactoria en sí misma. Por consiguiente, en lo que al sexo respecta es más fácil enfocarnos en las necesidades del hombre y seguir su ritmo. Los hombres han de asegurarse de que esto no suceda y las mujeres han de hablar de sus necesidades. Los hombres que utilizan la pornografía o las películas para saber más sobre la sexualidad femenina puede que no se den cuenta de qué es lo que hay que hacer para dar placer a una mujer. Tal vez tengan que sintonizarse con las necesidades emocionales y sensuales sutiles de su pareja.

Las investigaciones han revelado que entre las mujeres casadas, la satisfacción sexual parece estar significativamente relacionada con un sentimiento general de conexión y afecto en la relación. Las mujeres casadas cuyos maridos se preocupaban de que llegaran al orgasmo informaron de una mayor satisfacción sexual. Las investigaciones concluyen que las mujeres lesbianas tienen más orgasmos que las que mantienen relaciones heterosexuales, porque según parece las parejas dedican más tiempo a satisfacerse mutuamente.[4] Para que el sexo resulte satisfactorio para las mujeres –y por consiguiente para sus parejas–, se han de tener en cuenta los deseos y ritmos de la mujer.

La soberanía tiene dos connotaciones distintas. Puede referirse al poder que se ejerce sobre otro o a la autonomía, autogobierno e independencia. Cuando *Sir* Gawain cede a *Lady* Ragnell la decisión sobre su belleza, le está regalando su soberanía en el segundo sentido de la palabra. La historia gira en torno a una decisión que, al principio, parece que ha de tomar *Sir* Gawain. ¿Debería ser bella por la noche para gozar del placer en la alcoba? ¿O bella durante el día para hacerlo quedar bien delante del resto de la corte? ¿Qué será lo mejor para él? Demasiadas veces, el sexo es así para las mujeres. ¿Qué es mejor para *su* ego o para *su* placer?

Sir Gawain invierte esta tendencia. Cede libremente la decisión a *Lady* Ragnell. ¿Qué le gustaría a *ella*, sin tener que preocuparse de las necesidades de él? Este fue el espacio que se le abrió a Emily en su atracción mutua por su joven alumna. En sus fantasías con Lilian, sentía una libertad sexual expansiva gracias a la cual podía imaginar su placer sin sentirse presionada y con alegría.

Lo que Lilian le dio a Emily en sus fantasías fue una exquisita experiencia de soberanía sobre su sexualidad. Emily era lo bastante inteligente como para saber que una relación real con otra persona sería, inevitablemente, mucho más compleja que una fantasía.

El regalo fue una relación diferente consigo misma y una conexión con su cuerpo y con su deseo en el ocaso de su sexualidad.

ARTEMISA

La imagen de la virgen, muchas veces, ha simbolizado la experiencia de la soberanía sobre el propio placer y sexualidad, y la diosa griega Artemisa representa esta autonomía e independencia femeninas. Hermana gemela de Apolo, le pidió a su padre, Zeus, que le otorgara la «virginidad eterna». Como diosa de la caza, llevaba un arco de plata y se la asocia con la luna. También es la diosa de las comadronas y de los nacimientos, así como la protectora de las mujeres y los jóvenes. Como era virgen, Afrodita, diosa de la lujuria y el amor, no tenía poder sobre ella.

Al permanecer virgen, Artemisa es libre, no está bajo el yugo del matrimonio y la necesidad de someterse a las exigencias de una relación. Es «una consigo misma», completa e independiente. La autora y mitóloga Christine Downing resume este aspecto de la diosa:

> Artemisa no está dispuesta a ocultar su sexualidad, como hace Atenea, ni tampoco someterse a ella. No se va a dejar violar, como su madre, Leto, fue violada por Zeus; tampoco optará por negar su sexualidad para facilitar las cosas a los hombres que se sientan atraídos por ella. Ese es su problema, no el suyo. Ni seduce a los hombres ni los protege. Se niega a permitir que la definan a ella o su sexualidad. La pasión de Artemisa no es reprimida, como la de Hera, ni sublimada, como la de Atenea, pero tampoco vivida en relaciones, como la de Afrodita. Artemisa es la Dama de lo Salvaje, incluida su faceta salvaje interior. El suyo es un asalvajamiento elegido y reivindicado; una preferencia no algo que

> se da por hecho. Es la diosa de lo instintivo, no de lo racional o civilizado. Aunque Artemisa elige vivir en el bosque en vez de en el Olimpo, no es una diosa primariamente terrestre, como Gaia, sino una diosa que vive *apartada* de la civilización. En el reino de Artemisa, la pasión significa el conocimiento inequívoco de sus aspectos salvaje e instintivo, y de sus deseos corporales y sus respuestas. Conocer el propio cuerpo, las propias emociones, los propios anhelos: eso es Artemisa.[5]

Los mitos apuntan a que Artemisa tiene una amante. Calisto era la ninfa más bella y la favorita de Artemisa. Despertó el deseo de Zeus en cuanto este la vio, pero sabía que Calisto rechazaría las proposiciones de un hombre porque las ninfas de Artemisa habían hecho voto de virginidad. Así que se le acercó disfrazado de Artemisa, y de esta guisa, aceptó sus besos y caricias, lo que indica que Calisto y la diosa habían sido amantes.

Artemisa se tomaba su soberanía sexual muy en serio. Cuando Acteón, el cazador, la espió mientras se bañaba, lo convirtió en un ciervo, y luego fue despedazado por su jauría de perros de caza. También mató a Orión después de que este intentara violarla a ella o a una de sus seguidoras. Esperaba que sus doncellas que cazaban con ella o que la servían permanecieran vírgenes mientras estuvieran bajo su servicio. Cuando Calisto rompió su voto de castidad y se acostó con Zeus –aunque estuviera disfrazado–, Artemisa la convirtió en un oso para castigarla por su insolencia. Cuando la sacerdotisa Comaetho se veía con su amante en el templo de Artemisa, la diosa envió una terrible plaga y exigió un sacrificio humano cada año para poder apaciguarla.

Artemisa supervisaba la iniciación de las niñas en su paso a mujeres; las jóvenes desempeñaban un papel importante en sus cultos. Los adoradores de Artemisa en Braurón, Ática, participaban en un ritual conocido como *arkteia*, donde las niñas de cinco a diez años eran consagradas a la diosa. Se vestían de osas, adoraban a Artemisa como la Gran Osa y pasaban un periodo ritual de vivir en la naturaleza. Los estudiosos creen que la finalidad de «jugar a la osa» era preparar a las niñas para ser futuras madres.

«Jugar a la osa» de niñas parecía sacralizar y proteger el instinto salvaje y la naturalidad de la niñez; tal vez cercándolos y creando un espacio ritual para ellos podrían tener su lugar propio en la vida de la futura esposa y madre. Sería una experiencia que una mujer podría recordar cuando ya hubiera sido «domada» por el matrimonio; podría rememorar una etapa en la que fue consagrada a la diosa que solo se servía a sí misma y a nadie más. Así tendría un punto de referencia de una época en la que no estuvo condicionada por las expectativas de un hombre sobre qué aspecto debía tener o cómo debía actuar.

Christine Downing ha escrito sobre Artemisa y su posible papel en la consagración de las niñas a sí mismas:

> No sabemos si a Artemisa, la diosa presente en todos los misterios de la encarnación femenina –menstruación, desfloramiento, matrimonio, parto, muerte– también se le atribuye la iniciación de las jóvenes a los misterios de su propia sexualidad. ¿Sacrificaban las jóvenes su virginidad a la diosa virgen, y de este modo podían conservarla? Es decir, ¿aprendían que su sexualidad era suya, que no existía principalmente para la gratificación del hombre ni para engendrar hijos y asegurar así la vida en la polis?[6]

Tal vez todas las mujeres necesitamos un templo de Artemisa metafórico, incluso dentro del matrimonio. En este lugar, podríamos ser una con nosotras mismas sin tener que velar por las necesidades de nuestros esposos o hijos. Para Emily, el espacio sagrado de su atracción por Lilian fue uno de esos templos durante un breve periodo de tiempo. Una leyenda medieval francesa enfatiza la importancia de que las mujeres tengan su propia área privada.

MELUSINA

Un caballero llamado Raymond estaba cazando en el bosque cuando mató a su amigo por accidente. Comenzó a vagar pensando qué podía hacer. Se sentó al lado de una fuente y allí conoció a una mujer muy bella y encantadora llamada Melusina. Lo ayudó a ocultar el accidente y consintió en ser suya con la condición de que los sábados los pasaría en reclusión absoluta y que él nunca la molestaría. La pareja tuvo seis hijos, todos ellos desfigurados de alguna manera. Todos fueron educados para ser héroes o guerreros poderosos.

En los años que vivieron juntos, Raymond nunca molestó a su esposa en su soledad de los sábados, hasta que un día su hermano le dijo que corrían rumores desagradables. Raymond, en un estado de gran alteración, corrió hacia los aposentos de su esposa. Estaban vacíos, pero había una puerta cerrada. Cuando miró por el ojo de la cerradura, la vio en el baño, y sus extremidades inferiores se habían convertido en una cola de pez.

Raymond estaba fuera de sí, no por repugnancia, sino por saber que iba a perder a su amada esposa. Pero ella parecía no haberse enterado de que la había visto y, durante algún tiempo, todo seguía como antes. Sin embargo, al enterarse de que uno de sus hijos había atacado y matado a otro, llamó gritando a Melusina. Cuando ella se le acercó para consolarlo, él le dijo: «¡Apártate, serpiente asquerosa! ¡Contaminadora de mi honorable raza!». En ese momento, Melusina gritó con desesperación que iba a dejarlo y que no la volvería a ver, y es lo que sucedió.

Hay algo extraño y siniestro respecto a Melusina. Da a luz hijos impresionantes y triunfadores, pero también monstruosos. Puede aceptar a Raymond con su pecado y su oscuridad, en parte porque hay algo en ella que no está del todo claro. Es una poderosa hada acuática, que está en sintonía con el mundo natural y las fuerzas de lo inconsciente. Al igual que Lilith, Melusina no está civilizada del todo y está conectada con su naturaleza salvaje. Para conservar su integridad, ha de mantener esta conexión, que renueva cada sábado. También como Lilith, no tiene intención de sacrificar su instinto salvaje por ningún hombre. La sexualidad femenina no puede llegar a ser domada del todo. Las mujeres tenemos un dilema: ¿cómo podemos seguir perteneciéndonos a nosotras mismas y al mismo tiempo ser pareja de alguien? La historia nos ofrece una posible solución a este espinoso problema.

Margaret siempre se había considerado seductora, artista y musa. Desde los veinte años hasta principios de los treinta había tenido relaciones intensas y tormentosas con hombres. Se dio cuenta de que oscilaba emocionalmente entre su miedo a ser abandonada y su miedo a ser asfixiada, y que eso era lo que solía sabotear sus relaciones. Al final, a los treinta y cinco años, se comprometió con Max. Max era una pareja sólida y estable. Tenía los pies en el suelo y sabía lo que quería en la vida.

«Nos lo pasábamos bien juntos, nuestro vínculo se basaba en el mundo material del presente. Nos reíamos y nos encantaba comer, beber y viajar juntos. Teníamos una relación muy física

–recordaba Margaret–. Pero no sentía que estuviera interesado en mi aspecto más profundo, oscuro, misterioso y creativo, aspecto que siempre había idealizado y pretendido que los hombres lo validaran en mi nombre. Yo quería atraer a los hombres y cautivarlos. Pero a él no le interesaba esa parte de mí. De modo que me resistí a esa relación durante mucho tiempo, incluso rompí con él, con la convicción de que no estaba conmigo por lo que yo era y que jamás podría ser feliz en esa dinámica».

Por esa época, tuvo el siguiente sueño:

> Estoy en un pequeño bote de madera con Max en medio del océano. Él tiene los remos en sus manos, el mar está en calma. Asomo la cabeza por el borde del bote, contemplo las aguas de color azul marino y siento un tremendo deseo de sumergirme en ellas. Miro a Max, que no tiene el menor interés por lo que hay debajo; está mirando al horizonte. Yo decido lanzarme al agua. Al principio tengo miedo. El agua está fría y oscura, pero cuanto más profundizo, mejor veo, y de pronto, me doy cuenta de que puedo respirar debajo del agua. Allí abajo se me revela todo un mundo de belleza exquisita, serena y profunda, y aunque estoy sola, no me siento sola. Nado y nado. Al final, decido salir a la superficie. Vuelvo al bote con Max, que sigue allí, remando, contento como siempre, como si nunca me hubiera marchado. Siento el impulso de contarle lo que he visto, pero sé que no estará interesado, así que no digo nada. Me limito a disfrutar de estar en el bote, en la superficie. Entonces, vuelvo a sentir ganas de sumergirme, y lo hago, pero esta vez, nado más lejos que la anterior, y cuando salgo a la superficie, estoy en una isla desierta. Estoy desnuda y me siento libre. Soy mi faceta más desinhibida y salvaje. De nuevo, al cabo

de un rato, me canso de estar sola y nado de vuelta al bote con Max. Su presencia allí me reconforta, flotando en la superficie, manteniendo un lugar a salvo y seguro para mí entre el cielo y las profundidades.

Cabe destacar que Margaret interpretó el sueño como que esa faceta salvaje, instintiva, de sí misma era para *ella*, no para ningún hombre. Al igual que Melusina, podía disfrutar de sus estancias acuáticas, que eran revitalizadoras y renovadoras, sin que algún hombre se beneficiara de ello. Este sueño era una iniciación al culto de Artemisa.

«Interpreté el sueño como que tenía que estar abierta a la posibilidad de estar con un hombre al que le gusten mis aspectos más cotidianos y mundanos, pero que al mismo tiempo me da espacio para vivir mis facetas más excitantes y misteriosas. También me di cuenta (desde que me casé con este hombre y tuve un hijo con él) de que lo que estaba proyectando sobre los hombres era mi anhelo por validar mis *propias* facetas oscuras, misteriosas y creativas. Suelo dar gracias por la extraña e inesperada unión y por la forma en que alguna parte más profunda de mí ha circunnavegado los deseos de mi ego para que me vuelva a enfrentar cara a cara con el anhelo de sí misma que siente mi verdadera alma».

Sábado es el día de Saturno, el destructor, el dios de la limitación, el tiempo y la muerte, y el espíritu oscuro que está cautivo en la materia. Debido a nuestra biología, las mujeres tenemos una experiencia más específicamente física de la limitación, del tiempo y del envejecimiento que los hombres. Nuestro cuerpo cuenta los meses, y somos plenamente conscientes de cuándo empieza nuestro potencial para concebir en la adolescencia y cuándo termina con la menopausia. Melusina se toma un día para sí misma para conectar con su naturaleza inferior, instintiva, para regresar a su yo acuático y pisciforme, para estar plenamente en su cuerpo, lo que conlleva el conocimiento profundo del paso del tiempo y ser consciente de la mortalidad.

La historia llega a su inevitable final cuando el marido no puede ocultar su desprecio por su aspecto reptiliano. Tal vez la naturaleza esencial de una mujer no pueda jamás tener cabida en su totalidad en el barco del matrimonio. Hay una parte de Lilith, en la sensualidad terrenal e indomable de las mujeres, que necesita su espacio para vivir su propia vida; al menos una vez a la semana. Toda la naturaleza femenina de Lilith no puede caber en la vida cotidiana del estado de vigilia.

La historia destaca que hay una parte del alma de la mujer que no tiene cabida en una relación con otra persona. Si estamos decepcionadas con nuestro matrimonio, tal vez sea porque tenemos que crear algún espacio emocional privado, donde podamos regresar a nuestra soberana faceta salvaje y nuestra vivacidad, y así reclamar nuestra sensualidad. Podemos elegirnos a nosotras mismas, como lo hizo Melusina. Nuestra vida onírica es un vasto territorio donde podemos autodescubrirnos. Escribir un diario, bailar a la luz de las velas cuando estamos solas o reservar un tiempo para ir a pasear por la naturaleza sin la distracción de los pódcast, música o llamadas, puede concedernos unos momentos para conectar con nuestra naturaleza profunda e instintiva. Estos son maravillosos regalos que podemos hacernos a nosotras mismas.

Puesto que su naturaleza instintiva nunca será aceptada, Melusina ha de crearse un espacio inviolable para honrar a su yo completo. Por consiguiente, tal vez deberíamos hacerlo todas las mujeres. La mayoría nos volvemos sexualmente activas en la adolescencia o en la juventud temprana. Puede que pasemos años manteniendo relaciones sexuales con parejas, tanto informales como serias, sin conseguir una experiencia de comunión profundamente satisfactoria. Al igual que mi paciente Emily, puede que estemos tan concentradas en las necesidades de nuestra pareja que no hayamos dejado espacio para nuestra Lilith o Melusina interior. Si nuestra capacidad para tener una experiencia sexual generosa y sin tener que corresponder es parte de lo que te has dejado en el leñero, reclamarla puede suponer un gran placer y felicidad, y ofrecerte la oportunidad de ahondar en el autoconocimiento y la aceptación. Christine Downing observa que «Artemisa no dice "elígeme" o "elige mujeres", sino "elígete a ti misma"».[7] Una experiencia de sexualidad plena nos exige principalmente que nos amemos a nosotras mismas.

PREGUNTAS PARA REFLEXIONAR

1. En *Las nupcias de Sir Gawain y Lady Ragnell*, el rey Arturo ha de descubrir qué desean las mujeres. Los hombres se han planteado a menudo esta pregunta, pero ¿cuántas veces nos la hemos planteado nosotras? ¿Cuándo fue la última vez que te preguntaste qué querías? ¿Cómo creaste espacio para dejar que surgiera una respuesta? ¿Qué hiciste para poner en práctica la respuesta?

2. *Lady* Ragnell es rematadamente fea. Si no tenemos una belleza convencional, tal vez nos sintamos invisibles. ¿Cuál es tu relación con tu aspecto físico? ¿Te sientes bella y segura con tu aspecto? ¿Cómo ha cambiado tu apreciación de tu atractivo con el tiempo?

3. *Lady* Ragnell le revela a Arturo que lo que quieren las mujeres es soberanía. Soberanía significa, en parte, la capacidad para tomar sus propias decisiones. ¿Estás de acuerdo con ella en que

eso es lo que desean las mujeres? ¿Por qué o por qué no? ¿Cuál ha sido tu relación con la soberanía? ¿De qué modo has buscado la soberanía en tu vida?

4. *Lady* Ragnell no está de acuerdo en desposarse con *Sir* Gawain en privado. Quiere que todo el mundo sea testigo de la boda y no se avergüenza de su grotesco aspecto. Cuando nos sentimos inadecuadas de alguna manera, nos cuesta mostrarnos tal como somos. Es posible que prefiramos seguir siendo pequeñas y ocultarnos porque tenemos vergüenza. ¿En qué momento de tu vida has insistido en ser vista aunque te resultara difícil?

5. Si tuvieras que elegir entre ser guapa de día y horrorosa de noche o viceversa, ¿qué elegirías? ¿Por qué?

6. Melusina solo pide un día a la semana para ella. ¿En qué momento de tu vida creas tiempo o espacio solo para ti?

7. Cuando Melusina está a solas, se convierte en sirena ¿Cómo conectas con tu naturaleza instintiva?

CAPÍTULO 7

LA RABIA: RESPETAR TUS PROPIOS LÍMITES

Es importante reconocer la diferencia entre la rabia personal en las relaciones íntimas, y la rabia transpersonal que surge de un plano arquetípico, el plano en el que aparece la Diosa. Cuando se produce esta distinción y se libera adecuadamente la rabia, la Diosa puede presentar su otra cara. Entonces, el alma puede alojarse en su hogar inmensamente expandido y dedicarse a su propia vida creativa.

Marion Woodman,
***The Pregnant Virgin* [La virgen preñada]**

El mundo siempre ha tenido miedo de la ira de la mujer. Lilith pudo expresar toda su ira en su lucha contra Adán, y no se amedrentó por los tres ángeles que intentaron apaciguarla. Por el contrario, muchas perdemos la conexión con esta emoción revitalizadora. Es probable que en nuestra niñez nos enseñaran que la ira, especialmente en las chicas, era inaceptable. Cuando hemos perdido el control de la ira, es posible que nos hayamos sentido muy culpables o preocupadas por temor a ser rechazadas. Cuando la rabia entra en la vida de una mujer, sus efectos pueden ser destructivos, pero siempre aparece al servicio de la verdad. La rabia es una respuesta inmediata e irrefrenable que encierra sabiduría y poder. Es algo físico. Nos alerta de que alguien se ha pasado de la raya. Es una señal de alarma para nuestro sistema nervioso que nos indica que hemos sido violadas.

La ira de Lilith fue una característica esencial de la diosa. Una descripción babilónica temprana narra esta faceta iracunda:

> De naturaleza salvaje y temible. Iracunda, terrorífica, aterradora, violenta, voraz, devastadora, malvada, maliciosa, denigra y destruye todo lo que toca. Terribles son sus actos. Adondequiera que vaya, dondequiera que aparezca, lleva el mal y la destrucción. Hombres, bestias, árboles, ríos, calzadas, construcciones, a todos perjudica. Es un monstruo que come carne y bebe sangre.[1]

La ira manifestada por una mujer que no está iniciada puede ser estridente, ineficaz o herir indiscriminadamente. Al sacar nuestra rabia podemos terminar llorando o explotar con una descontrolada retahíla de insultos. Los estallidos descontrolados pueden hacer que nos sintamos culpables o avergonzadas una vez que ya han pasado. Y sin embargo, la columna ascendente de rabia fundida que corre por nuestro cuerpo nos recuerda nuestra conexión con la chispa vital que nos da la vida y que nos sustenta, y con la infinita fuerza vital que reside en nuestro centro. La ira puede ayudarnos a estar conectadas con nosotras mismas y con nuestras auténticas necesidades y deseos, pues es un aspecto del fuego interior.

LAS FURIAS

Las Furias o Erinias, como se las conoce en la mitología griega, eran representaciones de la furia femenina, una fuerza ambivalente que nunca se podía llegar a apaciguar por completo. Eran mujeres feas con alas y con serpientes enrolladas en los brazos. Estas diosas primitivas castigaban a los que habían cometido delitos.

La ira femenina es terrenal, ancestral, fea y subterránea. Las Furias son hijas de la Noche (Nix), moran en las profundidades. Nunca podrán ser totalmente civilizadas. A diferencia de la ira masculina, que puede ser fácilmente aceptada en la vida pública, la rabia femenina es primaria y, generalmente, no está bien vista por la sociedad educada. Según Esquilo, las Erinias son «sin alas, negras, sumamente repulsivas; su pestilente aliento se convierte en repugnante ronquido, sus ojos fabrican asquerosas legañas; son la personificación de la maldad ante los ojos de las estatuas de los dioses o de los hogares de los humanos. No son criaturas de alguna raza que yo haya visto jamás».[2]

La historia más famosa sobre las Erinias es la de la trilogía conocida como *Orestiada*, de Esquilo. Agamenón es el rey de Micenas y esposo de Clitemnestra. Cuando se prepara para luchar en la guerra de Troya, su barco no puede zarpar porque ha ofendido a Artemisa al cazar y matar a uno de sus ciervos sagrados. Ella hace que los vientos se calmen como venganza. El vidente Calcas dice que solo el sacrificio de Ifigenia, hija de Agamenón, puede apaciguar a la diosa. Al principio, Agamenón se niega, pero al ser presionado por sus comandantes acaba cediendo. Lleva a Ifigenia y a Clitemnestra a Áulide bajo el falso pretexto de casar a su hija. En algunas versiones de esta historia, Ifigenia no es consciente de su muerte inminente, hasta el último instante está convencida de que es conducida al altar para ser desposada.

Clitemnestra está destrozada y furiosa por el sacrificio de su hija. Agamenón zarpa hacia Troya, y mientras se dirige hacia la guerra, Clitemnestra toma un amante, llamado Egisto, con quien planea vengarse de Agamenón. A su regreso, al cabo de diez años, Clitemnestra y Egisto lo matan. Orestes, hijo de Agamenón, está furioso por el asesinato de su padre y acaba matando a Clitemnestra y a Egisto para vengar su muerte, tal como le indicó Apolo. La difunta Clitemnestra recurre a las Erinias para vengarse y castigar a su hijo. Las diosas abandonan el inframundo y empiezan a atormentar a Orestes. Este recibe la ayuda del dios Apolo, mientras el fantasma de Clitemnestra incita a las Furias.

Siguiendo instrucciones de Apolo, Orestes huye a Atenas y le pide a Atenea que juzgue su caso. Atenea tiene miedo de contrariar a las Erinias, pero accede a llevar el caso. La primera obra dramática de juicios empieza con Atenea actuando de jueza. Las Erinias representan la acusación, mientras que la defensa de Orestes corre por cuenta de Apolo. Las Furias argumentan que la vida de Clitemnestra vale tanto como la de Agamenón, mientras que Apolo alega que la vida de un hombre vale más que la de una mujer. El jurado está dividido en lo que respecta a esta decisión y Atenea da el voto decisivo, que exculpa a Orestes de su crimen.

El resto de la obra es la discusión entre Atenea y las Furias. Estas están horrorizadas y consideran que se ha usurpado su poder, pero Atenea las apacigua prometiéndoles una casa en Atenas, donde serán veneradas. La obra concluye con las diosas siendo escoltadas a sus templos en las entrañas de la tierra.

EL DESTIERRO DE LA IRA FEMENINA

La *Orestiada* muestra el poder primario y ancestral de la ira femenina y cómo se ha desconfiado de él y se ha suplantado por actitudes más patriarcales, representadas por Apolo y su hermana Atenea. Atenea, al fin y al cabo, nació de la cabeza de su padre. Apolo cita este hecho como prueba: «La madre no es la verdadera progenitora del bebé que ella se adjudica. Es una cuidadora que vela por el crecimiento de la joven simiente plantada por su verdadero progenitor, el hombre».[3] Las contribuciones de la mujer son menospreciadas. Hay otros relatos antiguos que describen el destierro del poder de la mujer y su justa ira, incluyendo la de Lilith.

En la *Orestiada*, el ciclo trágico empieza con la ofensa de Agamenón contra la diosa Artemisa. Este crimen desencadena una serie de conflictos que enfrentan a hombres y mujeres. Agamenón traiciona a su esposa y a su hija sacrificando a esta última para poder cumplir con sus deberes bélicos. Clitemnestra lo mata para vengar la muerte de su hija, y Orestes la mata a ella para vengar a su padre. En el conflicto entre los valores femeninos y masculinos, prevalecen los masculinos. Aunque la obra termina con aires de celebración, el destino final de las Furias no está claro. Les han prometido que serían veneradas en Atenas; sin embargo, son relegadas a un hogar subterráneo. Los dioses terrenales ancestrales de la emoción primitiva han cedido el paso a los dioses más nuevos del pensamiento, como Apolo y Atenea.

Tal vez desterremos nuestra ira junto con Lilith y las Erinias, pero ello nos desconectará de nuestro poder y nuestra conexión con la llama interior. Tal vez sintamos que nuestra ira es injustificada o nos reprimamos de expresarla por temor a no ser entendidas. Entonces, la ira se queda en nuestras entrañas, donde se pudre y fermenta, a veces incluso llegando a envenenarnos con resentimiento o provocando dolor o enfermedad física. La rabia puede aparecer en estallidos descontrolados y destructivos. Cuando esto sucede, los que tenemos a nuestro alrededor pueden quedarse perplejos porque no sabían lo que se había estado cociendo en nuestro interior durante meses. Esta rabia puede poner fin a actitudes y expectativas rígidas; quizás limpie el camino para que otras nuevas ocupen su lugar.

La ira femenina tiene una raíz primaria arquetípica. Surge cuando lo femenino ha sido destituido. Es un sentimiento inquietante y bizarro, como si surgiera del Tártaro junto con las Erinias, y no es del todo humano. Es terrorífico. Nos arrasa y nos sobrepasa, llena nuestro cuerpo de fuerza y furia, convirtiéndonos fugazmente en una Furia. Cuando rebosamos furia, estamos momentáneamente en las garras de estas diosas arquetípicas ancestrales. Puede que perdamos temporalmente la conexión con nuestra capacidad para controlar nuestros impulsos. La ira es una centinela que nos avisa cuando alguien se pasa de la raya con nosotras. Puede ser aclaradora y protectora, pero cuando nos aplasta, es como si estas diosas arcaicas hubieran salido del inframundo y se hubieran apoderado de nosotras. Y nos podrá parecer que estamos fuera de control.

Un cuento de hadas liberiano nos ofrece una imagen evocadora sobre estar poseídas por la rabia y actuar de formas insospechadas. Cuando nos encontramos en este estado, corremos el riesgo de atacar y herir incluso a nuestros seres queridos. Sin embargo, cuando la heroína del cuento experimenta la transformación provocada por la rabia, puede reafirmar sus límites y asegurarse de que nadie se olvida de sus necesidades.

LA MUJER LEOPARDO

Un hombre y una mujer estaban haciendo un duro viaje a través de la selva. La mujer llevaba a su bebé colgado a la espalda. Se les había acabado la comida y tenían mucha hambre. Entonces, de pronto, llegaron a una extensa pradera sobre la cual había muchos animales pastando alegremente.

La mujer tenía el don de transformarse en lo que quisiera, así que su marido le dijo:

–Conviértete en un leopardo y mata a alguno de estos animales, para que yo tenga algo que comer.

La mujer lo miró a los ojos.

–¿Realmente quieres decir lo que has dicho? –le preguntó.

–¡Sí! –respondió él, pues estaba famélico.

La mujer bajó al bebé de su espalda y lo dejó en el suelo. Le empezó a crecer pelo por todo el cuerpo. Se le cayó la ropa y el rostro empezó a transformarse. Los dedos de los pies y las manos se convirtieron en garras. En unos momentos, delante del hombre había un feroz leopardo, mirándolo con ojos hambrientos. Él se quedó aterrorizado y se subió a un árbol para protegerse. Cuando subió al árbol se dio cuenta de que su bebé casi estaba en las garras del animal, pero estaba demasiado asustado como para bajar a rescatarlo.

Cuando el leopardo vio que había asustado suficientemente a su marido, salió corriendo tal como él le había pedido. Cazó un ternero y lo arrastró hasta donde estaba su marido e hijo. Su marido le gritó suplicándole que volviera a convertirse en mujer.

Poco a poco el pelo fue desapareciendo, las garras volvieron a ser dedos. Hasta que, al final, retornó a su aspecto de mujer. Su marido tenía tanto miedo que no bajó del árbol hasta que volvió a ponerse la ropa y a colgarse a su bebé a la espalda. Entonces, ella le dijo: «No le vuelvas a pedir a una mujer que haga el trabajo de un hombre».

Este sencillo relato está cargado de imágenes evocadoras que ilustran el enorme poder inherente de la ira de una mujer. Este poder tiene dos aspectos –uno destructor y otro como fuente de vida–, pero una vez desatado, puede ser difícil de controlar. La historia comienza con una pareja que ha emprendido un largo viaje con su bebé, pero se ha quedado sin reservas, no tiene comida. Podríamos comparar esto a la etapa del matrimonio en que hay hijos pequeños y pocos recursos. Los dos trabajan mucho y tienen poco tiempo o energía para disfrutar o relajarse. En ese estado, los dos progenitores están resentidos. Podemos regresar al sentimiento infantil de creer que nuestra pareja ha de cuidar de nosotras. Tal vez busquemos cuidados, atención o afecto. No cabe duda de que todas ellas son necesidades esenciales y legítimas en cualquier relación, pero cuando los dos componentes de una pareja están al límite, uno u otro pueden exigir inconscientemente que sus necesidades tengan prioridad.

Esto es lo que le sucede a la pareja de la historia. Los dos tienen hambre y están en una situación muy difícil. La esposa está cuidando del bebé. Es egoísta por parte del marido exigirle que cace para él. La historia parece plasmar la realidad de que, en las relaciones, las mujeres suelen cargar con más responsabilidad de la que les corresponde. *Trabajo emocional* es una expresión acuñada por la socióloga Arlie Russell Hochschild para describir el trabajo invisible que hay que hacer para encauzar las necesidades de los demás y responder a ellas, a fin de evitar problemas. Este trabajo suelen hacerlo las mujeres. En las familias, suele ser la madre la que sabe que su hijo de doce años está nervioso por el examen de Historia que tiene a la mañana siguiente, mientras que su hija de ocho años está enfadada porque no la han invitado a una fiesta de cumpleaños. Papá, mientras tanto, puede que viva felizmente, ajeno a esta complicada y tensa dinámica. Las mujeres también pueden hacer trabajo emocional para su pareja, dejando de lado sus propias necesidades para atender a su esposo después de una larga jornada laboral. Si uno de los miembros de una pareja siempre es el que calma la ansiedad del otro, el que ayuda a ponerle un parche al ego lastimado o hace de mediador en los conflictos entre su pareja y sus hijos e hijas, esa persona es la que carga con el grueso del trabajo emocional. En parejas heterosexuales, puede ser el hombre el que desempeñe esta función, pero suele ser la mujer.

Podemos suponer que este cuento revela esta dinámica en lenguaje simbólico. Los dos están al límite y tienen que soportar pesadas cargas, pero, entonces, el esposo se impone injustamente sobre ella. Le está pidiendo egoístamente que haga más de lo que le corresponde. Uno de los aspectos de cualquier relación seria es la economía del cuidado mutuo. Siempre existe cierta negociación respecto a quién da los cuidados y la atención y quién los recibe. La injusta exigencia desata la rabia de la mujer: se convierte en un feroz leopardo. La transformación es una imagen de lo que supone estar poseída por la rabia y por una forma de ser totalmente instintiva. Cuando la rabia se apodera de nosotras, esta fuerza instintiva y arquetípica nos consume. Nos convertimos en algo que apenas es humano. Conectamos con una faceta primaria de nosotras mismas, y los valores habituales según los cuales solemos actuar quedan momentáneamente anulados. La mujer, en su aspecto de leopardo, hasta puede llegar a ser potencialmente peligrosa para su bebé. Sin embargo, también es poderosa y consigue proveer de alimento a su familia.

Si nos damos cuenta de que somos nosotras las que hacemos la mayor parte del trabajo emocional en nuestra relación, podemos empezar a corregir este desequilibrio siendo más conscientes de nuestra tendencia a responsabilizarnos del malestar de otra persona. A medida que vayamos siendo más conscientes, nos será más fácil marcar límites a este impulso. Incluso si nuestra pareja nos está exigiendo algo injusto, tendremos el poder de decidir si vamos a hacerlo o no. La frase final de la mujer con la que termina el libro, «No le vuelvas a pedir a una mujer que haga el trabajo de un hombre», ¡es un no rotundo! Esto puede servirnos de recordatorio para poner límites sólidos respecto hasta dónde estamos dispuestas a llegar.

El poeta David Whyte escribe que «la ira sentida realmente en su centro es la llama viva esencial de estar plenamente vivo y plenamente aquí».[4] La ira nos conecta con nuestra facultad ancestral de autoprotegernos. Es la conexión inmediata con la chispa vital interior. Nos conecta con el sustrato primordial del sistema nervioso simpático. Nuestro corazón late con fuerza. Nos sube la presión sanguínea. Sentimos un subidón de adrenalina. La ira nos alerta de la sabiduría primitiva y sin condicionamientos, del conocimiento profundo sobre nuestros límites y fronteras que puede que hayamos olvidado, pero que Lilith recuerda bien. Nuestra ira puede marcar su reaparición ocasional, a menudo no deseada.

Es revelador que la mujer de la historia no se oponga a la exigencia del hombre. En vez de negarse, hace lo que le pide, se vuelve feroz y potencialmente destructiva. Las mujeres podemos tener la tendencia de reprimir nuestro resentimiento y de ir más allá de nuestras posibilidades. Si hacemos más de lo que nos corresponde en la atención y los cuidados emocionales, físicos o prácticos, el resultado puede ser ira acumulada. Este es el caso de mi paciente Elle.

LA IRA ACUMULADA

Elle tenía cincuenta y un años cuando vino por primera vez a mi consulta y ya preveía que en unos pocos años le tocaría vivir el síndrome del nido vacío. Al principio de nuestra relación, noté su frustración y su resentimiento hacia su esposo, aunque cuando se lo hice ver, dejó de hablar y me miró sorprendida. No sabía conscientemente que estaba tan enfadada. Su esposo era fiel, estable y entregado. No obstante, tenía un carácter algo depresivo y nunca se había responsabilizado de su propia felicidad. La consecuencia era que estaba resentido y se creía con derecho a estar permanentemente de mal humor. Durante sus dos décadas de casados, Elle se había acostumbrado a acomodarse a ese perpetuo estado de ánimo.

«Mi imagen de mi matrimonio es que estoy en un largo viaje sentada al lado de un extraño que se ha quedado dormido en mi hombro. En el transcurso del viaje, ha ido dejando caer más peso sobre mí. Al principio, no lo notaba demasiado o me parecía que podía manejarlo. Pero ahora me siento bastante incómoda».

Como la mujer del cuento, a Elle se le había pedido que hiciera más de lo que podía asumir. Principalmente, era madre, pero también trabajaba a tiempo parcial fuera de casa. Con el paso de los años, intentar paliar la tremenda angustia que a su esposo le provocaba el trabajo y remediar sus pequeños problemas físicos se había convertido en parte de sus funciones. Y como él siempre estaba algo deprimido y cansado, planificar actividades o encuentros de ocio para los niños también recaía sobre ella. Su esposo, siempre absorto en un trabajo exigente y agotador, tenía poco tiempo o energía como para interesarse en los niños, menos todavía para la vida emocional o profesional de su esposa.

La situación llegó al límite cuando a ella le diagnosticaron una enfermedad autoinmune que la dejaba temporalmente discapacitada y necesitaba tratamientos que eran dolorosos y trastocaban toda su forma de vida. Su esposo se ausentaba puntualmente de su trabajo para llevarla a las citas médicas y se esforzaba de mala gana para ayudar a sus hijos menores con los trabajos de la universidad. Cuando Elle se tenía que quedar en la cama y no podía cocinar, cocinaba él o compraba comida para llevar. Pero Elle jamás se sintió respaldada por su marido o sintió que este pudiera consolarla mientras tenía que debatirse con el miedo y el pesar que acompañaron al diagnóstico. «En la práctica estaba presente. Emocionalmente, no».

Un día, en que Elle tenía mucho dolor y estaba especialmente deprimida y asustada, su esposo llegó a casa después del trabajo. Entonces, empezó a contarle una larga historia sobre un tenso encontronazo con un compañero de trabajo sin preguntarle cómo se encontraba. Elle sintió que esperaba que lo ayudara a gestionar su enfado, su malestar y su ansiedad, pero no estaba en situación de servirle de consuelo y estalló. Lo miró y le paró los pies gélidamente. Lilith había regresado después de un largo exilio. Décadas de necesidades reprimidas surgieron de los abismos del Tártaro exigiendo su turno. Empezó a atacarlo, y hasta ella misma se sorprendió y asustó de su ira.

Esa noche tuvo este sueño:

> Voy en coche con mi esposo. Conduce él. Vamos a un restaurante de las afueras. Conduce rápido como de costumbre. Al principio, estoy nerviosa, pero luego recuerdo que es un buen conductor y que puedo relajarme. Comemos cuando llegamos al restaurante. Es un espacio grande y abierto. No hay muchas parejas más. Estamos hablando de una banda de asaltantes que tiene aterrorizada a la comunidad, que entra en las viviendas estando los dueños dentro y los mata. En el sueño, identifico a esta banda de asaltantes como el ejército abolicionista de John Brown en el Bleeding Kansas [la Guerra de la Frontera, Kansas ensangrentada]. Están cargados de furia justa, pero hacen un uso indiscriminado de la violencia. Mientras hablamos de esto, oímos disparos a lo lejos. Miro a mi marido y le digo que deberíamos marcharnos enseguida. Me sabe mal dejar la cuenta sin pagar, pero me digo a mí misma que al día siguiente llamaré

> al restaurante y les daré mi número de la tarjeta de crédito. Salimos a la calle y nos dirigimos al aparcamiento; por un momento, me relajo creyendo que nos estamos escapando. Entonces, miro hacia arriba, a la colina, y veo a los atracadores surgiendo de detrás de una hilera de árboles y dirigiéndose hacia nosotros. Ahora están cerca. No llegaremos al coche. Dudo si no sería mejor volver al restaurante, pero es demasiado tarde. El conflicto es inevitable. El líder de la banda es una mujer cegada por la furia.

El sueño es una elocuente afirmación sobre el estado de su matrimonio, cómo se volvió así y hacia dónde podría estar dirigiéndose. La asociación que hace Elle con las afueras se refiere a que están en un lugar falso donde va la gente para huir de las tensiones del mundo real de la ciudad. Por consiguiente, cenar en las afueras representa una huida de los conflictos de su matrimonio. Describe su tendencia a acomodarse a todo y a fingir que no pasa nada, estrategia que ha empleado durante mucho tiempo.

Elle describió la escena del restaurante como serena y elegante, aunque un poco aburrida. Esto supone un agudo contraste con lo que pasa después. El restaurante ofrece la imagen de en qué se ha convertido su matrimonio. Aparentemente, todo parece en calma y tranquilo, pero también es muy frío, le falta sentimiento auténtico. En el sueño, corren rumores de que hay fuerzas que lo van a cambiar todo.

LA VENGANZA

A Elle le encantaba la historia y acababa de leer un libro sobre John Brown y su papel en el Bleeding Kansas, el periodo que condujo a la Guerra Civil estadounidense. Me explicó que en mayo de 1856, el abolicionista John Brown había entrado en la ciudad de Pottawatomie Creek, territorio de Kansas, junto con siete hombres para vengarse de la Masacre de Lawrence, un ataque a otra ciudad cometido por un grupo proesclavitud. Una noche, Brown sacó a rastras a cinco hombres de sus hogares y los mató a machetazos. Creía que tenía la misión divina de infligir la justicia de Dios.

Su asociación con John Brown dio pie a una interesante discusión acerca de que las complejidades históricas resonaban con su situación psíquica. La causa de Brown era indudablemente justa. Estaba profundamente comprometido con la abolición y la justicia racial. Estaba en contacto con Harriet Tubman y colaboró con Frederick Douglas. Sin embargo, también era fanático y extremista. En terminología psicológica, podríamos hablar de un estado de infatuación. Se consideraba un instrumento de Dios y creía que su obra antiesclavista era una obligación sagrada. Puesto que creía que Dios le había encomendado acabar con la esclavitud, el fin justificaba los medios, y era propenso a los excesos y al fanatismo. Después de un periodo en Kansas, organizó la incursión en Harper's Ferry, que terminó con su arresto y posterior ejecución. Algunos lo recuerdan como un visionario y un mártir, mientras que otros lo consideran un loco y un terrorista.

Este tipo de furia justiciera es muy ambivalente. Brown consideraba que la violencia era necesaria, pues otros medios de abordar la injusticia racial no habían funcionado. Estas estrategias tan extremas para solucionar un problema pueden desestancar y movilizar las cosas, y crear nuevas posibilidades. No obstante, también son indiscriminadamente destructivas. Murió mucha gente por las acciones de Brown en Kansas y Harper's Ferry. Estas acciones y la gran atención que acaparó su juicio fueron importantes catalizadores de la Guerra Civil, la guerra más letal que ha librado jamás Estados Unidos y la que puso fin a la esclavitud.

La esclavitud había supuesto una falla letal en la fundación de la nación, que acabaría exigiendo un ajuste de cuentas violento, como fue el caso. La psique de Elle recurrió a esta historia como metáfora de su matrimonio. Al inicio de su vida de casada, había tomado la decisión inconsciente de sacrificar su posición para que reinara la armonía. Como el Compromiso de los Tres Quintos* de la Constitución estadounidense, la concesión de Elle puede que facilitara la armonía a medio plazo, pero fue solo una forma de retrasar el conflicto.

La brutalidad de John Brown en Kansas fue un anticipo de la tremenda violencia y el alto coste de vidas humanas que trajo consigo la Guerra Civil, menos de una década después. Una vez desatada, la reprimida urgencia libertadora no fue moderada ni prudente; estaba cargada de furia justiciera. El sueño advirtió a Elle de que se estaba produciendo un proceso similar en su mente. Las necesidades que había relegado a diario, las miles de veces que había cedido en pequeñas cosas que, a pesar de todo, eran muy importantes, todo esto salió a la superficie. Ese tipo de rabia no es buena para hacer diferenciaciones precisas. Como sucede en el sueño, el empleo de la «violencia» es indiscriminado.

Por supuesto, el sufrimiento al que se sometió a los esclavos es inimaginable y no se puede comparar con la lucha que libraba Elle en su matrimonio. Una de las cosas que se deben tener en cuenta en los sueños es que suelen hablarnos en hipérbole. La tendencia del inconsciente a la exageración en modo alguno minimiza la verdadera violencia e injusticia que dominó en los tiempos de la esclavitud.

* N. de la T.: Al redactar la constitución en 1787, los Padres Fundadores, por cuestiones prácticas relacionadas con cuestiones tributarias y de representación, decidieron contar a tres de cada cinco esclavos como miembros de la población. Esos Padres Fundadores tuvieron la oportunidad de poner fin a la esclavitud, pero en cambio, para evitar el conflicto, optaron por mantenerla.

En lugar de John Brown, una mujer lidera la banda de asaltantes del sueño: una sorprendente y aterradora imagen de la propia diosa. Al igual que las Erinias invocadas desde el Tártaro por Clitemnestra, aparece en escena para llevar a cabo la venganza y asestar el golpe que la libere de sus desfasadas actitudes. Sin embargo, como Brown, también es ambivalente. Aporta la energía y la actitud moral que fuerzan al enfrentamiento, y pone fin a viejas formas de ser y de relacionarse. Y ella es aterradora.

En el sueño, Elle intenta evitar la confrontación con esta energía furiosa. La estrategia del sueño refleja la actitud que tiene en estado de vigilia de evitar conflictos. Durante su matrimonio, ha eludido con frecuencia hablar del tema para no discutir o ha racionalizado estados de irritabilidad o decepción. Dejar la cuenta por pagar revela claramente toda la deuda emocional que ha acumulado con los años debido a esta actitud. Siempre dispuesta a posponer el enfrentamiento y a dejarlo para mañana, tiene muchas cuentas por pagar. El sueño revela que, nuevamente, está intentando evitar el conflicto, pero es demasiado tarde. La diosa de la furia está sobre ella. Habrá un ajuste de cuentas. Alguna actitud antigua tendrá que morir, alguna versión de sí misma o de su matrimonio será brutalmente ejecutada.

UNA VISITA DE LA DIOSA

En la cita con la que comienza este capítulo, la analista junguiana Marion Woodman aclara que un estallido de rabia arquetípica, como el que experimentó Elle, es una visita de la Diosa. Cuando la gestionamos adecuadamente, esta visita puede crear un «hogar inmensamente expandido» para nosotras.

Pero ¿cómo podemos liberar esta rabia adecuadamente? Tal como hemos visto, es capaz tanto de provocar gran destrucción como de renovar la vitalidad. Sedna, una de las diosas principales de los inuit, es otra deidad destituida y rabiosa cuya historia puede aclararnos cómo enfocar este dilema. Aunque hay muchas versiones diferentes de su historia, los elementos importantes no cambian.

SEDNA

Sedna era una hermosa joven con muchos pretendientes, pero los rechazaba a todos. Un día, un hombre al que nunca había visto, fue a cortejarla. Era sumamente atractivo e iba bien vestido. Sedna enseguida aceptó su propuesta de matrimonio. Y él se la llevó lejos, a su isla, donde le reveló que no era un hombre, sino un ave marina. Se vio obligada a vivir con él y a comer pescado, pues eso era lo único que podía conseguir. Sedna añoraba a su familia. Echaba de menos comer carne y abrigarse con finas pieles.

En primavera, cuando el hielo empezaba derretirse, su padre tomó su kayak y se fue a visitar a su hija. Cuando vio que había sido engañada y cómo vivía, se enfureció. Mató a su esposo-ave, montó a su hija en el kayak y partieron para su casa. Pero los amigos del hombre-ave regresaron a la isla, lo hallaron muerto y vieron que su esposa no estaba, volaron hasta el kayak y agitaron sus alas hasta provocar una gran tormenta. La pequeña embarcación zozobraba peligrosamente con las olas. El padre de Sedna sabía que estaba a punto de morir, a menos que se le ocurriera algo para salvarse. Pensó que las aves lo dejarían tranquilo si lanzaba a su hija por la borda. A fin de cuentas, ella había provocado esa situación negándose a casarse con alguno de los pretendientes locales que habían pedido su mano. La empujó para lanzarla al mar, pero ella se agarró desesperadamente al borde del kayak. Su padre sacó su hacha y le cortó la punta de los dedos, que se convirtieron en velas. Aun así seguía agarrada. El padre le cortó la siguiente falange, y estas partes se transformaron en leones marinos. Pero seguía agarrada. Al final, le cortó el resto de los dedos, y estos se convirtieron en ballenas. Entonces, Sedna se hundió hasta el fondo del océano.

Sedna pasó a ser la diosa del inframundo, así como la fuente de vida, pues controlaba los animales con los que se alimentaban los inuit. Cuando se enfurece, provoca grandes tormentas y aleja a los animales de los cazadores. Entonces, un chamán ha de adentrarse en las profundidades y apaciguarla peinándole el cabello.

Sedna es una imagen del arquetipo femenino destituido. Ha sido castigada y rechazada por su falta de humildad y de obediencia. La subsiguiente rabia es primaria y sin palabras. Del mismo modo que las Erinias son relegadas a un hogar subterráneo debajo de Atenas y Lilith se aleja ella misma del Edén, Sedna se sumerge en la muda oscuridad del fondo del océano. Allí, se convierte en fuente de vida y sustento de todos los alimentos. Nadie puede resucitarla o redimirla. Es demasiado primitiva para eso. Pero puede ser venerada y se la puede mimar cuando está enfadada.

LOS RESENTIMIENTOS ANTIGUOS

La rabia puede nacer de antiguos resentimientos, y las relaciones con nuestros allegados fomentan a diario miles de motivos de indignación. Para que reine la armonía en las relaciones cercanas ha de haber compromiso, es decir, tal vez tengamos que ser condescendientes con cosas que nos sacan de quicio o que nos decepcionan.

Por ejemplo, para que funcione un matrimonio, tendremos que dejar que algunas cosas nos resbalen. No concentrarnos en las pequeñeces que nos molestan o desencantan puede ser positivo para conservar las relaciones íntimas y los buenos sentimientos. No obstante, el enfado también puede ser la primera señal silenciosa de aviso de que algo pasa, de que se nos está relegando, infravalorando o denigrando. Desoír esta señal de aviso es un acto de autotraición, pero nuestro cuerpo no nos dejará olvidarlo, aunque lo intentemos. El resentimiento se acumula como leña seca, eso es lo que le pasó a Elle. La poetisa Dorsha Hayes ha captado en su poema el peligro del resentimiento relegado.

Peligro de incendio

Cargado con un amasijo de asuntos sin resolver,
una chispa basta para prender fuego a un hombre.
Lo que hay ahí amontonando entre la basura
almacenada. Ningún hombre puede ser consciente
de lo inflamable que es, de cuán propenso a
la ira descontrolada, a menos que conozca
cuánta basura ha apilado en su vida y sea capaz
de evaluar cuál es su riesgo de que prenda.
Un hombre desordenado e indisciplinado
vive en peligro de tener que salir huyendo
ante la embestida de un viento llameante.
¿Te parece que busco ser profunda?
Estoy sobre ceniza humeante y tierra ennegrecida.[5]

El resentimiento no resuelto puede ir acumulándose en nuestra vida –y en nuestro matrimonio– como basura inflamable. Cuando sucede esto, la chispa vital de nuestra ira puede provocar un incendio.

Esto es lo que le sucedió a Elle. Su discusión con su marido esa noche desató una confrontación aplazada durante mucho tiempo, en la que ella intentó hablar de sus heridas y resentimiento de años y de responsabilizarse de sus propias necesidades y deseos. La temida furia que anunciaba el sueño era destructiva, pero principalmente se refería a viejas actitudes y formas de ser desfasadas. Su destrucción era necesaria. El conflicto era inevitable.

Cuando entre dos personas se acumula resentimiento durante mucho tiempo, se crea una especie de caparazón que impide que sintamos afecto o conexión. El aire que hay entre ambas se enfría gradualmente hasta congelarse. Para que se descongelen los sentimientos, han de liberarse los resentimientos. Hemos de ser capaces de hablar de nuestras heridas y decepciones con nuestra pareja y saber que han sido recibidas con compasión, y hemos de poder ser capaces de hacer lo mismo con él o ella. No obstante, el momento en que empezamos a gestionar nuestro resentimiento es muy peligroso, como lo fue para Elle. Cuando prenden los resentimientos, si las llamas están fuera de control, pueden quemarlo todo hasta su destrucción total. Este trabajo se ha de hacer con prudencia, a la vez que paralelamente intentamos volver a ser vulnerables y estar conectadas con nuestra pareja. Entonces, las heridas y la ira del pasado podrán salir a la luz sin hacer un daño irreparable. Si el resentimiento acumulado se amontona en tu relación, como la «basura almacenada» del poema de Hayes, tal vez sea recomendable la ayuda de un profesional de terapia para parejas que pueda ayudaros a crear espacio para airear las viejas heridas y humedecer esos fuegos que amenazan con descontrolarse.

Cuando se creó el Parque Nacional de Yellowstone, el ejército estadounidense trabajó para evitar cualquier incendio provocado por causas naturales debido a los rayos. Sin embargo, los ecologistas entienden que el fuego es un elemento importante y necesario para cambiar el bosque. Cuando se permite que los incendios quemen de forma natural, destruyen las ramas secas, las hojas y otros desechos, ayudando a prevenir incendios más grandes y destructivos. Los incendios devuelven nutrientes a la tierra y abren espacio para que pase la luz hasta el suelo, permitiendo el crecimiento de árboles jóvenes. Las semillas del icónico pino contorta están encerradas dentro de la piña, que está sellada con una resistente resina que solo se funde a temperaturas extremadamente altas. Estos hermosos pinos dependen del fuego para liberar sus semillas y permitir el comienzo de una nueva vida.

La rabia no es una emoción fácil de domar o civilizar. Quizás podamos liberarla de manera controlada, a fuego lento, o permitir que tenga su propio reino en el fondo de los océanos de nuestra psique. Reconocer su importancia, su capacidad protectora e incluso como fuente de vida. Apreciar nuestra capacidad para enfurecernos, y cuando la ira haga su aparición, honrar su intento de salvaguardarnos y cobijarnos, de librar a nuestra alma de madera muerta y dejar espacio para una vida nueva. En vez de rechazarla o avergonzarnos de ella, veámosla tal como es: un canal de sabiduría ancestral latente que mora en nuestro interior. Esta facultad latente es un aspecto de la diosa feroz indomable que vive en cada una de nosotras, y podemos recurrir a ella con ternura y gratitud, peinándole el cabello en las profundidades, agradecidas por los regalos que nos hace.

PREGUNTAS PARA REFLEXIONAR

1. En *La mujer leopardo*, la pareja está realizando un viaje difícil. ¿Cómo has gestionado tus relaciones cuando la vida te ha puesto muchas trabas? ¿Haces más de lo que te corresponde o buscas que alguien te cuide?

2. En la historia, la mujer se transforma en un peligroso leopardo. ¿Qué te pasa cuando te enfadas? ¿Dónde sientes la ira? ¿Cómo la expresas y cómo suele manifestarse con tus allegados?

3. Cuando conectamos con nuestra ira arquetípica, tal vez tengamos miedo de perder el control o hacer daño a alguien. ¿Cuándo te has asustado de tu propia ira? ¿Qué has hecho en esas circunstancias?

4. La mujer leopardo puede ser un peligro para su esposo e hijo, pero también caza para alimentarlos. La ira puede ser fuente de vida, ayudarnos a marcar nuestros límites y a perseguir lo que queremos. ¿En qué te ha ayudado la ira? ¿Cuándo ha contribuido a que consigas tu meta?

5. Cuando Sedna se enfurece, crea tormentas en el mundo superior. La ira surge primero en nuestro cuerpo, y, al cabo de un tiempo, sentimos sus efectos en la superficie. ¿Cómo sabes que estás furiosa? ¿Qué sensaciones sutiles –o no tan sutiles– observas?

CAPÍTULO 8

LA AUTORIDAD: PASAR A OTRO NIVEL

... Despertar la autoridad interior requiere someterse a la autoridad genuina de los demás. Los problemas de autoridad solo pueden resolverse mediante el desarrollo de una autoridad interna genuina. La «autoridad auténtica» y la sumisión van de la mano; no hay modo de aprender una sin la otra.

Michael Meade,
The Water of Life: Initiation and the Tempering of the Soul
[El agua de la vida: iniciación y templanza del alma]

La infancia de Eleanor Roosevelt estuvo marcada por la adversidad. Su padre era alcohólico, y cuando tenía diez años se quedó huérfana y perdió a un hermano. De niña era tímida, insegura y torpe. Tres años de estudio en Londres en la adolescencia la ayudaron a tener más confianza en sí misma y la expusieron a los asuntos sociales y al mundo de las ideas. Su participación en el movimiento *settlemen houset** de Nueva York le abrió los ojos a las causas progresistas. Pero su matrimonio con su primo

* N. de la T.: Movimiento de reforma social que se inició en 1880, cuyo objetivo era disminuir la brecha social entre ricos y pobres. En las llamadas casas de asentamiento se ofrecían servicios de guardería, educación y asistencia sanitaria, para mejorar la calidad de vida de las personas con pocos ingresos. (Fuente: Wikipedia).

lejano Franklin Delano Roosevelt puso fin de repente a sus ganas de expandirse. Sara, la madre de Franklin, controlaba casi todos los aspectos de la vida de Eleanor, y la joven se encontró con que tenía que esforzarse por complacer a otros y perdió la confianza en sus habilidades e ideas.

Cuando llegaron los hijos, Sara hizo todo lo posible para usurparle a Eleanor su papel de madre, insistiendo en hacerlo todo ella misma y con ello dejar a su nuera como una incompetente. «Yo he sido vuestra verdadera madre –les decía a sus nietos–. Eleanor solamente os ha dado a luz».[1] También supervisó el diseño y la construcción de dos casas adosadas: una para Franklin y Eleanor y otra para ella. Había pasadizos que conectaban ambas en todas las plantas; así podía entrar y salir libremente de casa de su hijo y de su nuera.

Eleanor aparcó su interés por los temas progresistas bajo la influencia de su suegra y adoptó sus limitados puntos de vista. Se retiró de sus anteriores actividades y se focalizó en ser una madre y esposa convencional. «Rara vez daba su opinión, nunca llevaba la contraria, pocas veces manifestaba sus verdaderos sentimientos sobre nada. Pero solía ser desgraciada».[2]

Todo cambió para Eleanor cuando Franklin entró en política. Ella lo animaba y lo aconsejaba con entusiasmo. Y cuando consiguió un escaño en el Senado del estado de Nueva York, la pareja se trasladó a Albany, y Eleanor pudo distanciarse físicamente de su suegra y convertirse, al fin, por primera vez, en la señora de su propia casa. Allí pudo afianzar su autoridad y realizarse como persona. En los años venideros, se convertiría en la consejera imprescindible de su esposo, ya presidente, así como en fiel defensora de los derechos civiles de los afroamericanos, de los refugiados, de las mujeres y de las clases sociales más desfavorecidas. Se la considera la gran primera dama y la más influyente de Estados Unidos.

La autoridad interior no viene del poder, la posición social o los títulos, sino de un conocimiento profundo y silencioso de quién eres. Venimos a este mundo con la facultad de adquirir este conocimiento, pero nos divorciamos de él si creemos a los demás cuando nos dicen cómo hemos de ser y qué hemos de desear. En nuestra cultura, los anuncios y otros mensajes nos bombardean y manipulan para que deseemos cosas. Nuestros miedos nos hablan y nos dicen que elijamos la seguridad y que ignoremos esas otras voces que nos susurran anhelos ancestrales. La autoridad es reclamar nuestro conocimiento profundo de nosotras mismas. Nos exige que conectemos con nuestra sabiduría apasionada que nunca perdió el contacto con nuestras verdades más auténticas.

Como hizo Eleanor Roosevelt, a medida que vamos envejeciendo, podemos dejar atrás el papel de mujer complaciente y convertirnos en mujeres empoderadas. Para ello, hemos de reclamar nuestra autoridad. Esto inevitablemente supondrá un desafío para nuestros mayores. El conflicto entre una mujer y su suegra es una expresión arquetípica de la lucha por la autoridad entre generaciones. Las mujeres tendremos que lidiar con esto tengamos o no una suegra. Desafiar a aquellos que han ejercido su autoridad sobre nosotras implicará fuerza, atrevimiento y coraje. Desarrollar estos potenciales nos ayudará a realizar la transición de jovencitas a matriarcas poderosas.

Por algo abundan los chistes de suegras. Las suegras terribles son muy populares en las películas y en los programas de televisión. También aparecen en muchos cuentos de hadas y mitos, en los que suelen menospreciar u oprimir a su nuera. La historia del Antiguo Testamento de la tierna relación entre Ruth y su nuera Noemí es una rara excepción. En nuestra vida, los asuntos entre suegras y nueras pueden presentarse de miles de formas. Muchas jóvenes esposas se han sentido castigadas o rechazadas por sus suegras. Sin embargo, también es bastante corriente que las suegras sientan que sus nueras no las respetan o que las relegan porque no valoran sus conocimientos y su posición. Por otra parte, las relaciones entre las dos mujeres en el mundo real pueden ser cordiales, afectuosas y de apoyo mutuo.

Las historias de suegras existen en todo el mundo porque la tensión generacional supone un patrón universal. En otras palabras, el conflicto entre la madre de un hombre y su esposa es un arquetipo. La suegra es un aspecto del arquetipo de la madre que se interpone en nuestro camino cuando reivindicamos nuestra autoridad. La relación entre suegra y nuera simboliza un reto de nuestro desarrollo al que todas las mujeres tendremos que enfrentarnos.

Puesto que es un patrón arquetípico, puede presentarse en muchas circunstancias a lo largo de nuestra vida: no solo con la suegra real. Camilla había trabajado en una pequeña firma de diseño durante la mayor parte de su carrera. La fundadora de la empresa la había contratado cuando era joven y había sido una mentora importante para ella. Pero a medida que Camilla fue desarrollando sus propias habilidades y su autoridad, se fue dando cuenta de que su antigua relación, gracias a la cual siempre se había sentido respaldada, ahora le resultaba molesta. «Ninguna de las dos hizo nada mal –me dijo–. Pero me di cuenta de que yo tenía mis propios conocimientos, forma de hacer las cosas y opiniones, y estaba chocando demasiado con algunas de las mujeres con autoridad». Al final, dejó el trabajo para establecerse por cuenta propia. Aunque mantenía buenas relaciones con sus antiguas jefas y compañeras, había llegado el momento de reivindicar su autoridad interior y valerse por sí misma.

Un mito de la antigua Grecia nos cuenta la historia de Psique, que tuvo que pasar muchas pruebas antes de afirmar su propia autoridad interior. Por desgracia, también tuvo, tal vez, la peor suegra del mundo: la diosa Afrodita.

EROS Y PSIQUE

Érase una vez un rey y una reina que tenían tres bellas hijas. Las dos mayores eran tan bellas que las palabras se quedarían cortas, pero la más joven, Psique, eran tan hermosa que hasta las diosas le tenían envidia. La gente del lugar rendía honores a Psique que, generalmente, estaban reservados para la propia Afrodita. Esta se enfureció al enterarse. Envió a su hijo Eros a Psique para que esta se enamorara de una criatura vil y repugnante. Pero cuando Eros la vio, se enamoró de ella y eligió desobedecer a su madre.

Mientras tanto, el padre de Psique había ido a consultar el oráculo de Delfos para entender por qué su hija no tenía pretendientes. Los hombres se contentaban con admirarla, pero ninguno se había ofrecido como esposo. El oráculo lo instruyó para que hiciera algo terrible: le dijo que vistiera a su hija de negro y que la dejara sola en la montaña a esperar a su pretendiente, una serpiente alada que vendría a buscarla.

Por consiguiente, una Psique aterrorizada fue abandonada en la montaña; su familia pasó un duelo por ella como si hubiera muerto. Mientras estaba allí sentada temblando, empezó a soplar una suave brisa que la transportó a un hermoso valle junto a un majestuoso palacio. Una voz le dijo que el palacio era suyo y que se sintiera en su casa. Durante el día era atendida por manos invisibles. Se bañaba y comía siempre con el acompañamiento de suaves melodías de arpa. Aunque no viera a nadie, sabía que por la noche vendría su esposo. En la oscuridad, aparecía él. Le hablaba con cariño y ella era muy feliz.

Psique pasaba sus días paseando por el hermoso palacio siendo atendida por sirvientes invisibles, y las noches, en brazos de su amado esposo. Durante muchos meses, fue muy feliz. Pero al cabo de un tiempo, empezó a aburrirse y a sentirse sola durante el día; le molestaba no saber qué aspecto tenía su esposo, pues solo aparecía en la oscuridad de la noche. Además, echaba de menos a su familia, sabía que debían de estar preocupados o que pensarían que estaba muerta. Al final, le preguntó a su esposo si podían ir a visitarla sus hermanas y quedarse algún tiempo para que pudieran decirles a sus padres que estaba bien. Al principio, él le dijo que no, pero Psique se puso tan triste que por fin accedió. No obstante, le advirtió que no debía dejarse influenciar por sus hermanas o supondría el final de su relación.

Al día siguiente, las dos hermanas de Psique fueron transportadas a palacio por la suave brisa del oeste. Se quedaron abrumadas por la belleza y las riquezas de su hermana menor. Disfrutaron de la música suave y de los deliciosos vinos, y la envidia empezó a apoderarse de sus corazones. Todo el día, la asediaban con preguntas sobre quién era su esposo. Solo un rey o incluso un dios podría tener semejante fortuna. ¿Quién era él? ¿Qué aspecto tenía? Psique no sabía qué responder. Las hermanas, cegadas por la envidia de la buena posición de Psique, maquinaron un plan. Instauraron la duda y el miedo en su corazón. Le dijeron que su esposo tenía que ser indudablemente la serpiente alada que había dicho el oráculo. Tal vez era repugnante y feo, o incluso peligroso. «¿Cómo puedes dormir con semejante criatura?», le preguntaron.

A partir de ese día, sus sentimientos acerca de su esposo estuvieron emponzoñados con dudas corrosivas: «¿Por qué no se deja ver? ¿Qué otra razón puede haber que no sea porque es un monstruo repugnante?». Esos pensamientos la persiguieron durante muchos días hasta que al final decidió que lo desenmascararía esa noche. Cuando él se durmió, ella encendió una vela sigilosamente. Psique ahogó un grito. La escasa luz que iluminó a su esposo dormido no reveló un monstruo, sino el hombre más atractivo que había visto jamás. Pero mientras estaba sentada contemplando su belleza, cayó una gota de cera caliente sobre la espalda de él, que se despertó sobresaltado. Al instante, se dio cuenta de lo que había sucedido y se marchó precipitadamente de la habitación.

Psique se percató de que su esposo no era otro que el mismísimo Eros, el dios del amor e hijo de Afrodita. Triste y desesperada, empezó a buscarlo por todas partes, pero fue en vano. Ni siquiera Hera y Demeter quisieron ayudarla por temor a ofender a Afrodita, que seguía estando celosa de la belleza de Psique y furiosa porque su hijo la había desobedecido. Al final, Psique no tuvo otra opción que acudir al templo de Afrodita a enfrentarse a su suegra.

La diosa, encolerizada, agarró a Psique por el cabello y le rasgó las vestiduras. «¡Ah!... ¡Qué condescendiente eres viniendo a presentarle tus respetos a tu suegra!», le dijo. Reprendió a Psique por su estupidez. Entonces, envió a dos sirvientes, Dolor y Tristeza, para atormentar a la joven encomendándole tareas monumentales. Para la primera, Afrodita mezcló una enorme cantidad de trigo, mijo, semillas de amapola, guisantes, lentejas y alubias. Entonces le pidió que los separara y que los pusiera en distintos pilones en un solo día. Psique se sintió superada al ver la magnitud de la tarea y empezó a llorar. Una hormiga la oyó y se apiadó de ella. Llamó a otras hormigas, y rápidamente los seleccionaron y apilaron cada una en su grupo.

La diosa no se ablandó y le puso otra tarea. Había un rebaño de carneros peligrosos y con potentes cuernos, a los que les crecía lana de oro. Afrodita le ordenó que esquilara a esos letales animales para extraer su lana de oro. De nuevo, Psique se desesperó. Esta vez, fue un junco que crecía junto a la orilla del río el que cantó una dulce melodía, cuya letra le aconsejaba que se esperara a que los carneros estuvieran dormidos en el calor del día y que luego recogiera la lana que había quedado atrapada entre las zarzas. Psique hizo lo que le había pedido la diosa y le llevó montones de la suave lana de oro que apiló en su falda, pero Afrodita seguía insatisfecha.

Le dio un tarro de cristal a Psique y le dijo que tenía que devolvérselo lleno de agua de las fuentes del río Estigia. Psique trepó por peligrosas cumbres hasta alcanzar el nacimiento del río, en una empinada y resbaladiza cuesta. En ambas orillas había dragones. Psique estaba segura de que ese sería su final. Pero el águila de Zeus la vio desde lejos. El ave le debía un favor a Eros, así que bajó en picado, le arrebató el tarro a Psique, hábilmente lo llenó antes de que aparecieran los dragones y se lo devolvió a la joven.

Cuando Psique regresó con el tarro lleno de agua del río Estigia, fue la gota que colmó el vaso. Afrodita sabía que tenía que darle una tarea que terminara definitivamente con ella, así que le ordenó que viajara al inframundo y llenara una caja con algo de la belleza de la reina Perséfone, y que se la llevara. No obstante, bajo ninguna circunstancia podía abrir la caja.

Ahora sí que Psique estaba totalmente desesperada, pues reconocía que solo podía viajar al Tártaro estando muerta. ¿Tendría que suicidarse para llevar a cabo la tarea? Subió a una torre alta, dispuesta a tirarse desde ella, pero, entonces, la torre le habló. Le dijo cómo entrar en el inframundo. También le aconsejó que llevara monedas para pagar a Caronte, el barquero que transportaba a las almas de una orilla a otra del río. Asimismo, le dijo que llevara dos trozos de pan untado en miel para dárselos a Cerbero, el perro de tres cabezas que guardaba la entrada al Tártaro.

La torre le advirtió que vería flotar un cadáver y que este le imploraría que lo subiera a la barca que la llevaba a la otra orilla. Bajo ninguna circunstancia podía sucumbir a la compasión por esa persona. Tendría que taparse los oídos y no escuchar sus súplicas. La torre también le dijo que, una vez en la otra orilla, vería a tres mujeres ondeando pañuelos y que le pedirían ayuda, pero ella tenía que negarse. Por último, le indicó que usara el pan para apaciguar a Cerbero. Siguiendo las instrucciones de la torre, Psique pudo completar la tarea e iniciar su viaje de regreso hacia el mundo superior con la caja. Pero, en el último momento, le pudo la curiosidad. «Sería tonta si llevara esta caja con la belleza divina y no tomara un poco para mi uso personal», se dijo a sí misma. Así que abrió la caja y, en ese instante, entró en un estado de sueño profundo. Cayó al suelo y se quedó inmóvil como un cadáver.

Eros, desde que había abandonado a Psique, era prisionero de su furiosa madre. Pero ya no podía soportar más estar alejado de su amada. Voló hasta Psique y barrió la nube de sueño que la envolvía. Cerró la caja, se la dio y le pidió que completara la tarea que le había encomendado su madre. Entonces, voló al Olimpo y le suplicó a Zeus que bendijera su matrimonio con Psique, a lo cual él asintió con agrado. Para calmar la ira de Afrodita, Zeus invitó a Psique al Olimpo y le dio a beber el néctar de los dioses, para que se volviera inmortal. De este modo, Afrodita no sentiría que su hijo se había casado con un ser inferior.

La boda entre Psique y Eros se celebró con gran júbilo. Incluso Afrodita bailó una animada danza. A su debido tiempo, Psique dio a luz a una hija a la que llamaron Placer.

Desde el principio de la historia, el conflicto principal está entre Psique y Afrodita. La joven supone un peligro para la supremacía de la mujer más mayor: veneran su belleza, incluso más que la de la mismísima diosa del amor. Una mujer poderosa que se considera atractiva, segura de sí misma y capaz puede sentirse amenazada por la llegada de una más joven, prometedora y bella. Esta situación psicológica puede manifestarse en la esfera personal o profesional: tiene una base arquetípica. En la vida hay un momento para reivindicar nuestro poder y nuestra autoridad. No obstante, también hay otro para ceder estos a la siguiente generación. La historia de Psique y Eros ilustra la esencia universal de esta situación y revela el gran esfuerzo que ha de hacer la mujer joven mientras lidia con el traspaso de poder generacional.

Psique despierta la envidia de Afrodita sin haber cometido falta alguna. En esta parte de la historia, es pasiva, flota con la brisa. No busca alabanza ni responde a su situación con capacidad de acción. Es la víctima inocente de los ataques de celos de Afrodita. Posteriormente, se convierte en la novia secreta de Eros. Ni siquiera demuestra demasiada curiosidad respecto a dónde está, cómo ha llegado hasta allí o quién es el extraño hombre que la visita cada noche.

Hacia la mitad de la historia, la pasividad de Psique es una especie de aceptación provisional. Básicamente, es feliz en su hermoso palacio con su misterioso marido. Sin embargo, empieza a sentirse sola y aburrida. La soledad y el aburrimiento son sentimientos que pueden sobrevenir cuando nos damos cuenta de que estamos en punto muerto. Nos inquietamos o enfermamos con facilidad. Puede que no seamos capaces de explicar qué nos pasa, pero sentimos que algo no funciona. Estos sentimientos suelen inducirnos a la acción, a veces de manera impulsiva. Aunque el paso que vayamos a dar no esté bien definido, puede poner algo en marcha y dar fin a ese estancamiento.

Esto es lo que le sucede a Psique. Sus sentimientos de inquietud despiertan sus deseos de ver a sus hermanas. En psicología, podríamos decir que una parte de ella reconoce que necesita una disrupción y un cambio. Esta parte está en sintonía con sus hermanas. La motivación de estas es la envidia, y maquinan un plan para que Psique deje de ser feliz. Pero también podemos verlas como factores psíquicos que están intentando acabar con el estancamiento o con formas de ser demasiado rígidas. Sus hermanas no le van a permitir que siga pasiva e inconsciente.

Cuando Psique enciende la vela, es consciente de la situación. Llega un momento en que ya no podemos seguir viviendo en la negación y elegimos salir a la luz y dejar de escondernos. En la historia, este momento aporta claridad y conocimiento; ahora, Psique sabe que está casada nada menos que con el propio Eros. Y aun así, también es una tragedia. Ha traicionado a su amado, y al hacerlo, lo pierde.

Ser consciente de su situación precipita la lastimosa búsqueda de su amor perdido, y necesita una confrontación con su suegra. Al principio, Psique ha de reconocer el poder y la autoridad de la mujer de más edad y someterse con resignación a sus castigos. El orgullo no sirve para reivindicar nuestra autoridad. La autoridad no se consigue denigrando a los demás. Psique ha de honrar a la mujer madura como corresponde. Por eso, completa con esmero cada una de las tareas que le encomienda la diosa.

Pero del mismo modo que Psique ha de mostrar respeto hacia su suegra, también es esencial que, en el momento apropiado, desafíe su supremacía. La osadía de abrir la caja es necesaria para que se produzca su transformación y la resolución final de la historia. En ese momento, se atreve a pedir algo para ella. Aquí afirma *conscientemente* su estatus como igual a su suegra. Conecta con su chispa vital y descubre su capacidad para ser un poco egoísta y exigir algo. Al principio de la historia, Psique despierta la ira de Afrodita porque los demás la consideran como una igual a la diosa o incluso superior, pero no puede reivindicar esto por sí misma. Abrir la caja es un acto de autoafirmación rebelde que conduce a un final feliz y libera a Psique de su estado de sumisión. Se pone a la misma altura que su divina suegra. Esta historia es una gran receta para desarrollar nuestra autoridad. Nos indica que primero hemos de reconocer humildemente la sabiduría y el dominio de los mayores y estar dispuestas a honrarlos, pero cuando llegue el momento apropiado, hemos de estar dispuestas a responsabilizarnos de nosotras mismas.

¿QUIÉN TIENE EL PODER?

Cuando Josie vino a mi consulta por primera vez, acababa de dar a luz a su segundo hijo. Era menuda, rubia con bucles algo salvajes y un sentido del humor autocrítico. Josie se había casado con el amor de su vida: un cirujano alto y elegante que la hacía reír y compartía su afición por la cocina. La familia de su esposo era de Nigeria y había emigrado a Estados Unidos cuando él era pequeño. Poco antes de venir a mi consulta, ella y su esposo se habían mudado a la zona donde yo vivo para estar cerca de los padres de él, así que Josie se encontró viviendo en una ciudad extraña y rodeada por la familia de su marido.

Su esposo era el hijo mayor. Como suele suceder en estos casos, era el «príncipe» de la familia, muy amado por su madre, que consideraba que nadie era lo bastante bueno para su hijo. Josie disfrutaba de una activa carrera profesional como diseñadora de estampados, pero esto no tenía mérito suficiente para ganarse el respeto de la familia de su esposo, que valoraba los títulos académicos y la actividad intelectual por encima de cualquier otra cosa. Josie sabía muy bien que nunca le había gustado a su suegra. Esta situación se había convertido en motivo de muchas risas entre ellos, ya que el sentido del humor era su manera de lidiar con las tensiones desagradables en la relación. Sin embargo, ahora que vivía cerca de su familia, las críticas constantes –explícitas e implícitas– habían hecho mella, y estaba desolada y se sentía aislada.

Su suegra encontraba defectos a su forma de cocinar, de llevar la casa y de ejercer de madre. Además, la suegra había vuelto a la universidad para sacarse un doctorado y hacía comentarios peyorativos sobre el trabajo de Josie. Pero lo peor de todo era que muchas veces la criticaba delante de sus hijos. Josie era formidable por derecho propio, y contaba con el apoyo incondicional –aunque pasivo– de su esposo, pero ante tanta negatividad, se encontraba con que su autoestima empezaba a desmoronarse.

En una sesión lacrimógena, me habló de su temor de que su esposo dejara de considerarla adecuada, que la abandonara y que sus hijos llegaran a compartir el menosprecio que su abuela sentía por ella. Hasta entonces, había lidiado con los ataques de su suegra con humor. De hecho, nunca los había afrontado cara a cara o se los había tomado demasiado en serio. Después de haber empatizado con el dolor que estaba sintiendo, le dije simple y llanamente que, en realidad, era ella la que tenía el poder en esa situación. Esa sencilla afirmación hizo que se callara de pronto. Se quedó en silencio un momento y luego me preguntó qué quería decir. «Tienes a su hijo, para quien tú eres lo primero. Así que también tienes a sus nietos».

Mi reformulación de la situación hizo que cambiara de actitud. De rechazar las críticas de su suegra pasó a confraternizar con ella, después de un cara a cara donde manifestó su aprecio por la sabiduría, el poder y la edad de su suegra, así como por sus propios talentos, posición y autoridad. Del mismo modo que Psique se dirigió a su madre política con respeto antes de autoafirmarse, Josie empezó a tener conversaciones serias con su suegra, en las que reconocía sus considerables logros. Pero lo hizo a la vez que reclamaba su posición de poder y poniendo límites. Por ejemplo, con mucha serenidad le dejó claro que no iba a tolerar que la criticara o insultara delante de sus hijos.

Josie tuvo que completar su versión de las tareas de Psique. Aunque tenía el apoyo de su esposo, tuvo que lidiar con su relación con su suegra ella sola, igual que Psique. Estuvimos trabajando juntas para diferenciar qué era de Josie y qué era lo que pertenecía a la situación que se había creado entre su suegra y ella. Semana tras semana, fuimos plantando cada semilla en su lugar correcto. Las cosas no siempre fueron sencillas. La madre política de Josie no permitía que se le usurpara su autoridad suprema y tuvieron más de una confrontación desagradable. Pero Josie nunca más volvió a adoptar una actitud de autodesprecio, ni tampoco trató a su suegra de otro modo que no fuera con respeto, aunque tuvo que poner límites firmes. Fue un proceso de varios años, pero acabaron firmando una tregua entre ambas. Era evidente que su suegra la respetaba, aunque no lo afirmara abiertamente. Recurría a su hijo para los problemas médicos, pero acudía a Josie para que la ayudara y orientara en muchos otros asuntos, y ella estaba realmente encantada de poder hacerlo.

Como le pasa a Josie, a veces tenemos una suegra externa que nos pone a prueba y hemos de aprender a encontrar nuestra autoafirmación. Pero otras veces, lo que nos frena para seguir adelante y asumir más autoridad en el trabajo, en las relaciones personales o en la vida es una suegra *interior* que nos pone trabas para que podamos madurar.

EL ACATAMIENTO

Cuando tenía veintidós años y daba clases en un internado de chicas –el mismo donde se me quedó la llave dentro de la habitación y deduje que podía volver a entrar abriendo con una tarjeta de identificación–, todavía no había desarrollado una postura firme ante el mundo. Era joven y no estaba segura de mí misma. Como «madre de la casa» de una pequeña residencia de estudiantes, ejercía la autoridad que me confería mi puesto en la escuela, pero no había consolidado mi sentido de poder personal. Parte de mis funciones como madre de la residencia era controlar que se cumplieran las normas. Fumar estaba totalmente prohibido, pero como cabía esperar, a medida que se acercaba el final de curso, noté muchas veces olor a cigarrillo que venía de las plantas superiores, donde había un pequeño desván. En esos casos, subía ruidosamente la escalera para que las chicas me oyeran y apagaran los cigarrillos antes de que entrase. Ser pillada fumando suponía un grave castigo y quedaba reflejado para siempre en el expediente académico, así que nunca quise llegar a descubrirlas. Pero las regañaba y hacía ver que estaba frustrada por no haber podido pillarlas in fraganti. Al cabo de varias semanas de interpretar esa farsa, tenía bastante claro quién fumaba, dónde y cuándo.

Un día, me llamaron a la oficina de la directora de la escuela. La doctora Houston era una mujer mayor rígida e inaccesible. Estaba sentada detrás de una imponente mesa de despacho en su oficina de paredes de roble con la directora administrativa, y yo me senté delante de ella en un sillón de piel con respaldo alto. Las dos mujeres me dijeron que tenían pruebas de que Alice, una de las chicas que estaban en mi residencia, facilitaba tabaco a las demás. Según la doctora Houston, habían ido a verla otras alumnas con pruebas irrefutables. Tanto a la doctora Houston como a la directora administrativa se las veía convencidas y resueltas. Iban a abrir un expediente disciplinario contra Alice.

A mí me extrañó y les pregunté:

–¿Quién la acusa?

–No se lo podemos decir –respondió la doctora Houston.

Algo no me cuadraba en la historia. Alice era de Luisiana, lo cual la convertía en una forastera en esa escuela de primaria privada de Nueva Inglaterra. Todo el año había estado lidiando con sus sentimientos de añoranza. Yo sabía que a las demás no les caía bien. Estaba bastante segura de que, a pesar de que era una de las chicas a las que casi pillé fumando, no era la abeja reina que pretendían hacerme creer. Mi intuición me decía que algo no encajaba, pero no era lo bastante fuerte como para afirmar ese conocimiento interno. Así que no dije nada y accedí a seguir su plan de castigar a Alice. Ella estaba comprensiblemente disgustada y proclamó desafiante su inocencia. Al cabo de uno o dos meses, se descubrió que las cosas eran como yo imaginaba. Algunas de las chicas de la residencia le habían tendido una trampa y no era la principal culpable del escándalo del tabaco, pero cargó con la culpa.

Mi intuición tenía razón. Conocía a las personas y la situación sobre el terreno mejor que la doctora Houston desde su despacho ministerial de techos altos y cortinas de terciopelo. Sin embargo, no había dado la cara por Alice o por mí misma. Todavía no estaba preparada para convertirme en la nueva generación. Todavía tenía mucha deferencia y supuse que alguien tan cualificado y respetado como la doctora Houston sabría mejor que yo cómo actuar.

Ser capaces de escuchar nuestra intuición puede ser un aspecto importante para encontrar nuestra autoridad. Yo tenía la sospecha de lo que estaba sucediendo, pero no fui capaz de defender o afirmar mi opinión. La intuición nos ofrece más claridad que certeza. Está muy segura de sí misma. Nos habla sin prisas o ansiedad, incluso cuando nos advierte. Para expresar lo que yo sabía que era cierto, hubiera tenido que estar verdaderamente conectada con mi intuición y hallar la autoridad que necesitaba para afirmar el conocimiento que me estaba brindando, pero me faltaban muchos años para conseguirlo.

MÁS ALLÁ DE LA INGENUIDAD

Psique, a través de su encuentro con su suegra, trasciende su condición de mujer joven y bella –lo que la analista junguiana Linda Leonard denomina «la eterna joven»[3]– y se vuelve poderosa por derecho propio. Cuando la actriz Reese Witherspoon alcanzó la treintena, se dio cuenta de que ya no le ofrecían tantos papeles entre los que elegir, a pesar de que había ganado galardones por sus trabajos anteriores. Su asesor financiero le dijo que empezara a ahorrar porque probablemente trabajaría menos cuando llegara a los cuarenta. Como les ha sucedido a muchas actrices antes que a ella, Witherspoon estaba teniendo problemas en su transición de joven ingenua a mujer madura.

Gracias a esta crisis, Witherspoon creó su propia productora a los treinta y seis años. Pacific Standard fue creada con la meta de hacer películas para personajes femeninos de peso. Produjo la película nominada a los Oscar *Alma salvaje*, donde la actriz protagonizó el papel de una mujer de mediana edad que está intentando reconectar consigo misma, después de haber pasado una etapa en que la depresión y el abuso de sustancias sumieran su vida en un caos. Witherspoon se ha labrado su propio camino, desde la joven rubia *it girl* hasta la actriz madura y experimentada en la que se ha convertido, capaz de interpretar papeles complejos. En los últimos años, su carrera ha seguido floreciendo, tanto dentro como fuera de las cámaras.

Asumir autoridad significa estar dispuesta a dejar atrás viejas formas de ser y aprender nuevas habilidades. Hemos de conectar con la energía creativa de la diosa y no tener miedo de su aspecto oscuro. Aunque la mujer ingenua es dulce y modesta, la madura puede acceder a la autoridad que solo puede fluir de las oscuras profundidades de la personalidad. Un cuento hindú de suegras nos muestra cómo una nuera acosada puede asumir su autoridad después de haber conectado con su feminidad divina y feroz.

LA NUERA INTELIGENTE

Érase una vez una suegra que era una tirana terrible. Ordenaba a su nuera que hiciera todo el trabajo de la casa, cuidara de los animales y trajera agua del pozo. Además, la suegra y el hijo comían todo lo que les apetecía y a ella le dejaban las sobras pasadas. Si se atrevía a quejarse, su suegra le pegaba con una escoba. Si lloraba, la anciana la maldecía e insultaba, llamándola furcia y otras cosas peores. El marido era sumiso y nunca dijo nada para protegerla.

En la parte trasera de la casa había una planta de calabaza serpiente. A la joven se le hacía la boca agua cuando miraba las calabazas que crecían de ella. Medio muerta de hambre, fantaseaba con comerse un gran plato de *talada* de calabaza serpiente.

Un día, volvió del mercado con noticias importantes para su suegra. Su hermana se había puesto enferma y había pedido que su familia fuera inmediatamente a verla. La suegra se marchó enseguida, pero le dijo a su nuera que terminara de cocinar el *talada*.

Ella estaba entusiasmada. Hizo más *talada*. También hizo otros platos y le sirvió a su esposo una copiosa y deliciosa comida. Después llenó una gran olla con *talada* y se fue al templo de la diosa Kali, el único lugar donde podía estar en paz. Cerró la puerta del templo y se sentó a comer. Comió tal cantidad que la diosa estaba estupefacta y se puso la mano en la boca como señal de incredulidad. La joven estaba tan ensimismada comiendo que no se dio cuenta de eso. Rebañó la olla hasta dejarla limpia, lanzó un gran eructo de satisfacción y se fue al río a lavar el recipiente.

Esa noche, al llegar a casa, su suegra estaba muy enfadada. Le saltaban chispas de los ojos. Tenía una vara en la mano y a la joven le llovieron golpes en la espalda y en la cintura hasta que cayó al suelo llorando. «Tú, hija de puta, ¿cuánto tiempo has esperado para engañarme de este modo? Te has engullido toda una olla de *talada* como una búfala, ¡sucia cerda!», le gritó la mujer, y le asestó unos cuantos golpes más. Cuando llegó a casa el esposo, también se sumó al castigo.

Mientras tanto, toda la ciudad rumoreaba que la estatua de Kali, en el templo, ahora se tapaba la boca con una mano. Acudió gente de otros pueblos para ver el milagro y cada uno hacía su propia interpretación. Todos estaban preocupados porque podía ser un mal augurio. «Algo terrible va a pasar en este pueblo», decían estremecidos. Hicieron rituales y actos de adoración por todas partes.

«Alguien ha contaminado a la diosa. Por eso se ha tapado la boca con la mano. Está furiosa. No va a llover. Ya no nacerán más niños en este pueblo», decían aterrorizados. Organizaron festivales y sacrificaron cabras. Pero nada parecía complacer a la diosa. Así que los ancianos mandaron al pregonero del pueblo para que fuera diciendo que se ofrecía una gran recompensa a quien consiguiera que la diosa retirara su mano de la boca. Nadie se presentó.

La joven observó todo eso y, un día, le dijo a su suegra:

–Madre, dígale a los ancianos que nosotras conseguiremos que la diosa se destape la boca. Yo sé cómo hacerlo.

La suegra, al principio, se enfadó.

–¡Mírala! Quiere que haga el ridículo delante de todo el pueblo. Quiere actuar a lo grande, como si fuera una mujer santa. Lo que no ha conseguido nadie, ella dice que lo hará. ¡No lo logrará ni en sueños! –dijo con desdén.

Sin embargo, la joven insistió y acabó convenciendo a su suegra de que realmente ella sabía algo que nadie más sabía.

El día previsto, la joven agarró un palo de escoba y un cubo lleno de basura y se dirigió al templo. Entró en el templo y cerró la puerta, dejando a todo el mundo fuera. Puso el cubo en el suelo delante de la Diosa Negra y blandiendo su palo de escoba, retó a Kali: «¡Tú celosa! ¿Y a ti qué te importa si me como mi *talada* de calabaza serpiente? ¿Por qué te sale fuego de los ojos? Si me lo hubieras pedido te habría dado un poco. ¡Qué arda tu cara, que se hinchen tus mejillas y exploten, que tus ojos se hundan y te quedes ciega! ¡¿Te vas a quitar la mano de la boca ahora o tendré que atizarte con mi palo de escoba?! ¡Ahora mismo!».

No hubo respuesta. La joven estaba furiosa y parecía la mismísima Kali, la Diosa Negra. Se acercó a la imagen y le arreó varios golpes en la cara con su palo. Kali gimió y lloró. Se quitó la mano de la boca y recobró su aspecto de siempre. «¡Eso está mejor!», murmuró la joven. Recogió el cubo y el palo de escoba y volvió a casa con la noticia de que había conseguido que Kali se quitara la mano de la boca.

Todo el pueblo estaba expectante con la noticia. Todos corrieron al templo a verlo con sus propios ojos y no se lo podían creer. Alabaron a la joven como la mejor de las esposas castas cuya virtud le había otorgado poderes milagrosos. Le dieron una gran recompensa y muchos regalos.

Pero la suegra estaba aterrorizada por ese incidente. Temía que su nuera tuviera extraños poderes y que se vengara de ella por todas las cosas terribles que le había hecho durante tantos años. «Mi nuera debe de ser algo bruja y ¡quién sabe lo que podría hacernos!».

Una noche oscura, madre e hijo hablaron susurrando.

–Hijo, esta mujer ha asustado a la propia Kali, la Diosa Madre, y la obligó a destaparse la boca. No dejará que nos marchemos sin hacernos nada. Le hemos pegado, matado de hambre y hecho de todo. Se vengará. Terminará con nosotros. ¿Qué vamos a hacer?

–No se me ocurre nada. Dímelo tú –respondió el hijo cobardemente.

–Ahora está dormida. La envolveremos en su estera, la llevaremos al campo y la quemaremos en la pira que hay allí. Te conseguiré otra novia hermosa.

–Muy bien, vamos a hacerlo ahora –dijo él.

Enseguida la amordazaron y la enrollaron en su ropa de cama y su estera. La joven se despertó, pero no se movió, fingiendo que estaba dormida. La llevaron a la pira que había en el campo fuera de la aldea y la ocultaron detrás de unas matas mientras preparaban la leña para quemarla. En cuanto se alejaron, se las arregló para rodar y aflojar la estera en la que estaba envuelta. Se escurrió y se liberó de ella, tiró de la cuerda con la que le habían atado las manos y la rompió, se quitó la mordaza de la boca y encontró un leño por allí cerca, lo agarró y lo envolvió con la estera y la ropa de cama. Entonces, se alejó un poco, se subió a un baniano y se ocultó entre sus ramas.

La madre y el hijo llegaron apresuradamente, colocaron las ramitas y ramas alrededor de la estera, pusieron troncos y le prendieron fuego. La cubrieron de paja seca. Empezó a arder con llamas altas, mientras ellos observaban cómo se quemaba. Cuando los nudos de la leña crujieron y estallaron, dijeron: «Los huesos se están partiendo». Cuando el tronco que había dentro de la estera prendió, su nudo se resquebrajó con las llamas y salió disparado como una bala. Estaban satisfechos porque el cráneo había explotado, como ocurre en una cremación. Estaba amaneciendo y se fueron a casa.

La joven seguía escondida en las ramas del árbol. Esa noche, cuatro ladrones se habían sentado debajo de ese árbol a repartirse el botín. Acababan de desvalijar la mansión de un hombre rico y habían robado joyas, oro y dinero en efectivo. Vieron que había fuego a lo lejos. Así que uno de ellos trepó al árbol para ver si había alguien cerca del fuego. Llegó justo hasta donde estaba la joven. Al ver que había alguien allí sentado, preguntó en voz baja:

–¿Quién hay ahí?

Ella audazmente alargó la mano y le tapó la boca, susurrando:

–Chis, no tan alto. Soy un ser celestial. Estoy buscando un hombre bueno y rico. Me casaré contigo y te haré más rico de lo que jamás hayas podido imaginar. ¡Guarda silencio!

El ladrón no se podía creer lo que le estaba sucediendo. Le tomó la mano y le preguntó:

–¿Eres real?

–Hum –murmuró ella.

Entonces, se sacó lentamente su bolsita de mezcla de betel y nuez de areca,* le dio a él un poco y ella también se puso una pequeña cantidad en la boca. Él se acercó para besarla. Ella se dio la vuelta y le dijo:

–Mira, todavía no estamos casados. Pero puedes poner tu hoja de betel en mi boca con tu lengua. Cuando haya comido de tu boca seré tu verdadera esposa. ¿De acuerdo?

El ladrón estaba loco de contento. Sacó la lengua con la hoja de betel masticada y se la acercó a la de ella. La joven enseguida cerró los dientes, atrapándole la lengua, y le dio un soberbio bocado. Él gritó por el dolor insoportable que le había ocasionado, soltó las manos y se cayó. Sus compañeros salieron corriendo alocadamente, presa del pánico. El hombre que se había caído había perdido la lengua y tan solo balbuceaba y vomitaba sangre, haciendo sonidos como «da da dadada...»; también corría detrás de sus compañeros.

---

* N. de la T.: En la India, es costumbre masticar una mezcla de especias y otros ingredientes, envueltos en una hoja de betel (un tipo de vid), a la que llaman *paan*; tiene un sabor aromático y dulce, y también puede llevar tabaco. Tiene distintos nombres según la zona de la India y del sudeste asiático.

Sus ruidos hacían que los otros se asustaran y corrieran más, mientras él les pisaba los talones.

Al amanecer, la joven bajó cautelosamente del árbol y, para su sorpresa, vio mucho oro, joyas y dinero. Rápidamente lo envolvió todo y se fue enseguida a casa. Cuando llamó a la puerta, gritando «suegra, suegra, ¡por favor, abre la puerta!», esta le abrió dubitativamente, y se quedó blanca de terror al verla. Allí estaba delante de ella su sonriente nuera. La suegra se desmayó. La joven la llevó al salón, le roció agua fresca sobre la cara y la reanimó. Su esposo estaba allí de pie, sin saber qué pensar.

–¿Cómo has...? ¿Cómo es que estás...? –le preguntó su suegra cuando recobró la conciencia y abrió los ojos.

–Después de que me quemarais, los mensajeros de Yama, el dios de la muerte, me llevaron ante él –respondió rápidamente la joven–. De sus ojos saltaban llamas, como de los de nuestra Kali, la diosa de nuestra aldea. En cuanto me vio, dijo: «Enviadla de vuelta. Su suegra es una pecadora. Traédmela aquí y que el Cuervo de Hierro se ocupe de ella, que la haga pedazos con su pico. Sumergidla en calderos de aceite hirviendo». Esto es lo que decía de ti. Yo me arrodillé a sus pies y le supliqué: «No le hagas esto a mi suegra. Es una muy buena mujer. Castígame cuanto quieras, pero, por favor, no le hagas nada a mi suegra». Esto le agradó, incluso sonrió, y me dijo: «Ahora puedes irte. Lo haremos como has dicho. Pero si tu suegra vuelve a molestarte, la traeremos a rastras. Mis mensajeros estarán siempre vigilando». Entonces, me dio todo este oro, joyas y dinero, y me envió a casa. La gente habla mal del dios de la muerte, pero conmigo se ha portado muy bien.

La suegra abrazó a su nuera con miedo y el corazón encogido.

–Eres el ángel de esta casa. Me has salvado de las garras de los mensajeros de la muerte. A partir de ahora, haré lo que digas.

Perdona todo lo que te he hecho. ¿Lo harás, mi querida nuera? –le dijo, tocándole la barbilla tiernamente.

La joven pasó a ser la matriarca de la casa. Su suegra y su esposo satisfacían sus deseos y todos fueron felices.

Muchos cuentos populares de la India reflejan el maltrato por parte de las suegras; transmiten la práctica habitual en la India de que la novia se marche de su casa y vaya a vivir a la de los padres del novio. También reflejan el patrón arquetípico que hemos explorado en este capítulo: la transferencia de autoridad de una generación a otra.

La nuera al principio de la historia es la sirvienta incuestionable de su suegra, como lo fue Psique. Su transición a matriarca de la casa comienza cuando satisface furtivamente un deseo profundo. Del mismo modo que Psique abrió la caja de la belleza, la heroína de esta historia se marcha sigilosamente al templo de Kali para comerse su ración de *talada*. En ambas historias, es un deseo ferviente el que incita a las heroínas a la transgresión, a traspasar la raya prohibida. Reivindicar la autoridad implica a menudo desafiar una norma o tabú colectivo.

Ambas historias conllevan la usurpación del poder divino. Al principio, Psique desafía a la diosa Afrodita sin darse cuenta, porque es más bella que ella. Posteriormente, de manera consciente, decide tomar un poco de la belleza de Perséfone para sí misma. En el cuento hindú, la nuera propicia el cambio para mejor cuando se enfrenta directamente a la diosa Kali, la amenaza y la golpea. Más adelante, engaña al ladrón diciéndole que es un ser celestial. Por último, se presenta ante su esposo y su suegra como portadora de la autoridad del dios de la muerte. En las historias mitológicas, una de las formas más rápidas de recibir un terrible castigo es desafiar la supremacía de un dios o de una diosa. Sin embargo, a Lilith no le molesta que la confrontemos. Lleva mucho tiempo exiliada y está encantada de volver a nosotras. Nos anima cuando le pedimos ser tratadas como sus iguales. Volver a conectar con ella no será un acto de arrogancia, sino una fuente de vida.

Atreverse a reclamar un poco de autoridad divina parece ser uno de los requisitos para el crecimiento personal y el empoderamiento de la mujer. La autoridad siempre se basa en lo transpersonal: la mayoría de los reyes han proclamado que su poder venía de los dioses. Para hallar nuestra autoridad personal tendremos que conectar con el principio divino o aquello que es más grande que el yo. Tener una conexión viva con la diosa nos ayudará a conocer nuestro lugar en el cosmos. Entonces, no seremos ni demasiado arrogantes ni demasiado humildes, pero podremos reivindicar nuestro justo lugar porque tendremos el sustento de nuestra relación con lo divino.

Kali y Lilith podrían ser hermanas. Kali es la madre divina y la máxima manifestación de Shakti o la energía cósmica primordial. También es la diosa del tiempo, del cambio, del poder y de la destrucción, y se la suele representar en su aspecto aterrador: de piel azul oscuro y con la lengua fuera, lleva una guirnalda de cabezas humanas y un cinturón de brazos humanos cortados. El hecho de que la joven de la historia pueda darle órdenes a la diosa indica que renovar su conexión con su energía atroz es justo y apropiado. Ha sido amable y sumisa durante demasiado tiempo.

La inteligente nuera va al templo de Kali para alimentarse y satisfacer su profunda necesidad de sustento. Cuando perseguimos nuestras necesidades con una intencionalidad clara, encontramos nuestro destino. La joven deja perpleja a la diosa por todo lo que engulle. Cuando prestamos atención a nuestras necesidades y deseos, nuestro mayor apetito por la vida puede ser un valor añadido, que nos conecta con las energías divinas. En tal caso, la diosa nos ayudará. Nuestra audacia recibe su recompensa. En el cuento, la heroína se ha de enfrentar a la diosa antes de enfrentarse a su suegra. Una vez que tiene su mano a mano con la diosa, se vuelve invencible.

Para que una mujer afirme su autoridad, ha de conocer a su Kali o Lilith interior. Los intentos de autoafirmación sin tener esta conexión interior profunda fracasarán. La astuta nuera va al templo de Kali para su encuentro secreto con lo que la va a nutrir. Reconocer sus necesidades es un acto sagrado. Satisfacer esas necesidades hace que entable la relación correcta con la diosa y refuerza su conexión. Cuando atendemos nuestras necesidades, estamos en comunión con la diosa. El cuento nos enseña que para encontrar esta energía, primero tendremos que expresar nuestros anhelos y deseos más profundos. El destino de la joven es convertirse en la matriarca. Encontrar nuestro destino siempre tiene algo de divino.

La nuera vuelve a ser benévola con su suegra al final de la historia. No busca venganza y es buena gestora. Consigue derrocar la autoridad opresiva de su suegra y ocupar el lugar que le corresponde sin convertirse en una tirana.

LA FUERZA DE LA CONVICCIÓN

Tener verdadera autoridad implica confiar en nuestras percepciones y análisis, aunque nadie más vea las cosas como nosotras o lo que vemos suponga una amenaza para lo establecido. Ivana se había educado en la antigua Unión Soviética y tenía recuerdos vívidos de lo que era el abuso de poder y silenciar a la gente. Aunque en un principio vino a mi consulta por sus problemas con su hijo adolescente, hubo otro asunto que se convirtió en el centro de nuestras sesiones. Estaba empezando a sospechar que la clínica en la que trabajaba de enfermera estaba involucrada en prácticas poco éticas y fraudulentas. En nuestras visitas semanales, me habló de sus sospechas. Estas, al final, se convirtieron en una convicción de que allí pasaba algo. Habló de sus observaciones con sus superiores y se quedó atónita cuando la acusaron de haber malinterpretado las cosas y la intimidaron diciéndole que lo mejor sería que se olvidara del asunto. Al principio, dudó de sí misma. ¿Había interpretado mal las cosas? Los intentos de sus superiores de socavar su confianza en sus propias percepciones es otro ejemplo del fenómeno luz de gas, que vimos en el capítulo tres. Pero como se había educado en la Unión Soviética, era consciente de cómo se usaban dichas tácticas para silenciar y desanimar a quienes se atrevieran a poner algo en duda. Cada vez que reflexionaba tranquilamente sobre los hechos de dicha situación, tal como los había venido observando, se reafirmaba en su convicción de que debía confiar en su intuición, y de ahí surgió su valor. Ivana dudaba sobre lo que tenía que hacer, y consideramos las diferentes opciones. Podía seguir trabajando y no decir nada, dejar de trabajar allí e irse a otra parte sin mirar atrás, o denunciar la práctica a la autoridad competente.

Ivana rechazó rápidamente la primera opción. Era una persona con principios, y el mero hecho de ir a trabajar para cobrar el sueldo teniendo que mirar hacia otro lado ante dicha práctica poco ética era algo que no podía digerir. Así que se planteó dejar el trabajo. Sus especialidades era muy demandadas, y no le costaría encontrar otro puesto. Sin embargo, no le parecía correcto irse sin decir nada. Convertirse en una delatora parecía la opción ética, pero conllevaba muchas desventajas y peligros. Podía involucrarla en procedimientos legales y administrativos, y perjudicar su carrera, pues otras empresas del mismo ramo podrían tener reservas para contratarla. Denunciar a la clínica también supondría traicionar a sus supervisores, a los cuales había tenido en alta estima y por quienes todavía sentía cierta lealtad.

A Ivana le encantaba su profesión. Poner en peligro su carrera era un asunto de suma importancia para ella. Había muchos días en los que dudaba de sí misma. ¿Había malinterpretado las evidencias? Pero seguía volviendo siempre a su confianza en su percepción. Al final, decidió confiar en sí misma. Supo que había llegado el momento de ejercer su autoridad. A pesar de los riesgos, optó por denunciar la infracción de la clínica. Los procedimientos que se llevaron a cabo revelaron que no se había equivocado en su apreciación de la situación. Fueron tiempos difíciles, sufrió muchas pérdidas y tuvo muchas dificultades. No obstante, una vez dado el paso, se dio cuenta de cuánta razón tenía. Sintió un gran alivio. «Duermo mejor», me dijo. Había reivindicado con convicción su conocimiento, poder y autoridad personal. Fue requerida para testificar y tuvo que aparecer frecuentemente en los medios cuando se destapó el escándalo. Su seguridad en sí misma y su confianza para gestionar estas situaciones de alto estrés sorprendieron a la propia Ivana. Se sentía muy viva y en posesión de sus fuerzas, aunque había algunos que intentaban desacreditarla en público. Su gran visibilidad y su confianza en sí misma acabaron conduciéndola a un puesto de liderazgo, donde prosperó.

Ivana, comprensiblemente, había tenido miedo de dar semejante paso. Haciendo uso de su autoridad, desencadenó el caos y la destrucción. Perdió amistades. Vio como algunas de las personas que le agradaban y admiraba perdían su trabajo. Su relación matrimonial también se vio afectada a medida que aumentaba su preocupación. Había veces en las que le asaltaban las dudas. Aun así, tenía la claridad mental como para saber que había hecho lo correcto. Había defendido lo que era justo, incluso a riesgo de sufrir muchas pérdidas, pero eso supuso un gran triunfo en la reivindicación de su poder, su capacidad de acción y su autoridad. Fue un reconocimiento exultante de que podía confiar en su conocimiento interior, y cuando lo hizo, su vida se expandió.

Pasar a otro nivel de autoridad tiene un precio. Hemos de abandonar ilusiones y afrontar verdades amargas respecto a nosotras y al mundo. Hemos de sacrificar la cómoda creencia de que los demás saben más que nosotras y nos dirán en qué hemos de creer y cómo hacer que todo funcione. Hemos de responsabilizarnos del gran poder que tenemos, que es posible que temamos en secreto. La chispa vital nos invita a salir de la sombra de la obediencia y a adentrarnos en el centro de nuestra vida. Nos invita a que nos convirtamos en dueñas de nosotras mismas, a que conectemos con nuestro conocimiento profundo y reclamemos conscientemente nuestra fuerza y vivacidad.

PREGUNTAS PARA REFLEXIONAR

1. Al principio de la historia de Psique y Eros, ella es muy pasiva. Solo cuando se enfrenta a su suegra, empieza a descubrir su capacidad de acción. ¿En qué momentos de tu vida has sido pasiva? ¿En qué aspectos de tu vida actual te limitas a reaccionar en lugar de actuar?

2. Psique disfruta de las noches con su misterioso marido. ¿Te has permitido no ser consciente de cosas importantes? Tal vez has dejado que tu pareja gestionara la economía familiar o no has pensado en cosas importantes que algún día tendrás que afrontar. ¿Cuál crees que será el precio de no querer ser consciente de estas cosas?

3. A Afrodita no le gusta demasiado Psique y le da muchas tareas imposibles. ¿Dónde está la Afrodita de tu vida? Tal vez sea otra persona la que tiene la autoridad: una jefa, alguien de tu familia o incluso, literalmente, tu suegra. Quizás sea una institución de la que eres responsable la que te exige cosas. ¿Cuál es tu actitud respecto a esta persona o entidad?

4. Psique ha de asegurarse de evitar sucumbir a su sentimiento de compasión por el cadáver si quiere completar su última tarea. Tener autoridad a menudo implica tomar decisiones difíciles y valorar más la estructura y la justicia que tu preocupación por la situación de una persona. ¿Qué puesto ocupa la compasión en tu forma de tomar decisiones difíciles?

5. Psique abre la caja de la belleza y la joven nuera se come el *talada* en secreto. Estas historias nos demuestran que reivindicar algo para nosotras forma parte del proceso de adquirir autoridad. ¿Cuándo has sido valiente para conseguir algo que deseabas? ¿Cómo te ayudó serlo para tener más autoridad?

6. La nuera del cuento hindú es maltratada por su suegra y por su esposo, pero no intenta huir de la situación ni vengarse. En su lugar, utiliza su ingenio para convertirse en una digna oponente, y de este modo, consigue vencerlos. Aunque abandonar una mala situación a veces sea lo mejor, tal vez tengamos más de lo que imaginamos para hacer cambios. Recuerda alguna ocasión en que hayas sido maltratada. ¿En qué momento fuiste capaz de convertirte en una oponente digna y defenderte a ti misma o reafirmarte para realizar cambios?

CAPÍTULO 9

LA CRUELDAD: RECONOCER TU AGRESIVIDAD

Solo nosotros mismos podemos luchar por nuestra vida y responsabilizarnos de lo que nos encontramos por el camino.

Aldo Carotenuto, *Eros y pathos*

Shirley Chisholm fue la primera mujer afroamericana elegida para el Congreso de Estados Unidos. El primer cargo que le asignaron fue en el Subcomité de la Cámara para Asuntos Forestales y Aldeas Rurales. Pero plantó cara a las tradiciones congresistas negándose a aceptarlo: ella aspiraba a algo más importante para la comunidad urbana de Bedford-Stuyvesant, en Brooklyn, a la cual representaba. El orador John McCormack la animó a ser «una buena soldado», pero Chisholm no se conformó. Al final, la sacaron de dicho cargo y la asignaron al Departamento de Asuntos de los Veteranos.[1] A ella no le importaba que los demás se molestaran. Cuando se tenía que hacer algo, lo hacía le pesara a quien le pesara. En el politiqueo que condujo a la convención de los demócratas de 1972, los líderes negros apoyaban distintas estrategias y no se ponían de acuerdo para unificar sus criterios. Entre toda aquella confusión, Chisholm dio un paso al frente y anunció su candidatura para la presidencia de Estados Unidos. Posteriormente, uno de sus ayudantes diría que «estaban haciendo bulto, meándose en sus propios zapatos [...] hasta que Shirley al final los mandó a todos al infierno y puso en marcha una campaña».[2] Chisholm era famosa por su inteligencia y por su elocuencia a la hora de hablar en público, pero una de sus cualidades más conocidas era que no le importaba nada ser agresiva. El lema de su campaña fue «ni se me compra ni se me ordena».

Aunque la compasión y la piedad sean cualidades admirables, confiar demasiado en ellas puede desconectarnos de nuestras verdaderas necesidades y deseos, y apagar nuestras brasas candentes. A veces, la vida nos pide que seamos crueles. Conectar con la crueldad y la agresividad cuando es necesario nos ayudará a descubrir nuestra autoridad. En inglés, hace siglos, *reuthe*[*] significaba 'piedad' o 'compasión'. Ser cruel, entonces, es no tener piedad. Implica que podemos alejarnos fríamente de las necesidades ajenas. No obstante, para muchas mujeres, descubrir su propia crueldad no será fácil. Para ello, hemos de conocer a Lilith en su aspecto más oscuro y aterrador. Descubrir este aspecto de nuestro espíritu fogoso conlleva enfrentarnos a nuestra naturaleza indomable y despiadada, a aquello que nos exige sin compasión que aceptemos responsabilizarnos de nosotras mismas; así es como nos ayuda a crecer. Si veneramos a la diosa oscura y aprendemos de ella, podremos reclamar parte de su poder.

La agresividad y la crueldad son cualidades que a muchas nos cuesta reconocer y desarrollar. Están especialmente prohibidas, generan tensión y son potencialmente peligrosas. Nos puede parecer siniestro e incómodo admitir que somos capaces de ser crueles. Aceptar nuestra agresividad puede ser especialmente duro si

* N. de la T.: Actualmente, *crueldad* en inglés es *ruthlessness*: *ruth* ('piedad'), *less* ('sin'), *ness* (sufijo para sustantivizar el adjetivo).

hemos tenido una relación difícil con uno de nuestros progenitores que haya sido cruel con nosotras. Tal vez hayamos sobrevivido a nuestra infancia diciéndonos a nosotras mismas que nunca seremos como nuestra madre. Nuestro sentimiento de «no como mi madre» puede haberse convertido en una creencia básica a la que hemos tenido que aferrarnos. En tales casos, abrirnos a la posibilidad de que nosotras también tenemos la capacidad de ser agresivas puede amenazar a nuestro propio sentido del yo. Vale la pena recordar que la agresividad relacionada con un asunto consciente no es crueldad gratuita ni la búsqueda del poder egoísta. La agresividad y la crueldad conscientes se convierten en herramientas que podemos usar con cuidado al servicio de nuestro crecimiento personal.

No podremos prosperar si no estamos dispuestas a reivindicar nuestras necesidades, cuando sea necesario, aunque sea a expensas de otro. Las mujeres que no son capaces de aprender esta lección se agotan y se quedan vacías en sus interminables intentos de cuidar a los demás. Aunque parecen altruistas, inevitablemente desarrollan resentimiento. La negación de sus necesidades y la amargura que ello conlleva tiende a filtrarse de formas sutiles, a menudo envenenando las relaciones con los demás. Para evitarlo, hemos de ser amigas del aspecto oscuro de la diosa: la indomable, la que es capaz de utilizar su agresividad al servicio de sus metas.

LA AGRESIVIDAD

Uno de los significados de agresividad es 'predisposición para atacar o para el enfrentamiento'. Estar conectadas con nuestra capacidad para ser agresivas no implica que nos peleemos con cualquiera o que descarguemos nuestras frustraciones indiscriminadamente. Por el contrario, significa que hemos integrado nuestro poder personal y nuestra capacidad para mantenernos firmes. Tal como implica la definición, supone estar preparadas para luchar cuando es necesario. Los demás perciben esto en nosotras implícitamente, y esa percepción altera sutilmente su forma de respondernos.

En el caso de las chicas, la conexión con nuestra agresividad suele retirarse hacia las profundidades de nuestro ser en la adolescencia, que es cuando se nos orienta hacia satisfacer las necesidades y expectativas de los demás. Puesto que no desarrollamos una relación consciente con esta facultad cuando se manifiesta, puede parecernos que está fuera de control y que supone una amenaza. Si nuestra agresividad ha sido relegada e inutilizada durante una o dos décadas, es probable que nos cueste manejarla y nos resulte extraña, molesta e incluso peligrosa. Cuando retomemos la conexión, tal vez nos parezca un instrumento demasiado potente para nosotras. La agresividad no integrada suele expresarse de manera tosca, cruel o ineficaz.

Mangonear es un ejemplo de agresividad mal dirigida. Puede desarrollarse en el matrimonio cuando todavía no hemos integrado nuestra agresividad y aprendido a utilizarla. Cuando una mujer mangonea a su esposo o pareja, siempre está criticando, y con frecuencia, también incluye el desprecio. Aunque los hombres también tratan a sus parejas con desprecio, parece ser que somos las mujeres las que solemos tener esta conducta particular. El mangoneo no nos permite canalizar bien nuestra energía asertiva. Puede que tengamos toda la razón del mundo para estar irritables, hasta las narices o decepcionadas de nuestra pareja, pero las quejas y broncas diarias no nos traerán los cambios que queremos y deteriorarán nuestra intimidad y conexión. Si te das cuenta de que sometes frecuentemente a tu pareja a críticas despectivas o bromas sarcásticas, tal vez se deba a tu saludable impulso de autoafirmación, a la vez que deberías considerar la naturaleza potencialmente destructiva de cómo se está manifestando en tu vida. No es fácil integrar nuestra capacidad para ser agresivas. Primero tendremos que aceptar que somos capaces de hacer daño y responsabilizarnos de ello. Nos invita a ser plenamente conscientes de nuestro poder. Y eso implica que tendremos que adquirir un conocimiento profundo de Lilith y de sus hermanas mitológicas.

En nuestro empeño por conocer nuestro poder femenino oscuro, no podemos ignorar su potencial destructivo. Si lo tratamos con demasiada permisividad, podríamos hacernos daño o hacérselo a otros. Un cuento de los hermanos Grimm nos advierte de los peligros que corremos si subestimamos su poder.

FRAU TRUDE

Érase una vez una niña muy testaruda. Siempre desobedecía a sus padres cuando le decían qué tenía que hacer.

–He oído hablar mucho de *Frau* Trude. Algún día quiero ir a verla. La gente ve cosas increíbles allí, y pasan cosas muy raras, tengo mucha curiosidad –les dijo un día.

Sus padres le prohibieron expresamente ir allí.

–*Frau* Trude es malvada y comete actos malvados. Si vas a verla, tenemos miedo de que te suceda algo terrible.

Pero la niña no les hizo caso y fue a casa de *Frau* Trude.

–¿Por qué estás tan pálida? –le preguntó *Frau* Trude.

–¡Oh! –exclamó ella, temblorosa–. He visto algo que me ha asustado.

–¿Qué has visto?

–He visto un hombre verde en tu escalera.

–Era un cazador.

–Luego, he visto un hombre negro.

–Era un carbonero.

–Luego, he visto un hombre rojo como la sangre.

–Era un carnicero.

–Oh, *Frau* Trude, me he asustado cuando he mirado por tu ventana y no te he visto, pero he visto al diablo con una cabeza de fuego.

–¡Ajá! –exclamó ella–. Has visto a la bruja con su verdadero atuendo. Hace mucho tiempo que te estoy esperando y deseando tu llegada. ¡Ahora, ilumina mi camino!

Dicho esto, convirtió a la niña en un tronco y la echó al fuego. Cuando ya había prendido por completo, se sentó junto al fuego para calentarse.

–¡Qué luz tan brillante! –exclamó.

Esta historia breve es sorprendente. No tiene un final feliz como cabría esperar en un cuento de hadas. Seguramente, sirvió de cuento de aviso para los niños desobedientes. Pero también contiene verdades psicológicas profundas. *Frau* Trude es una imagen de la diosa oscura, del aspecto destructivo de la naturaleza. Experimentamos su poder destructivo cuando envejecemos, enfermamos o morimos. La vemos en las inundaciones, terremotos y todo tipo de desastres naturales (aunque muchos de ellos también tengan algún componente humano). Jung afirmó que lo inconsciente es asimismo una manifestación de la naturaleza. Podemos ver el elemento destructivo de la naturaleza en acción en la psique, cuando el inconsciente se apodera de la mente, como en las psicosis u otros estados mentales extremos.

En el jardín trasero de mi casa tengo un estanque que alberga muchos seres vivos, como peces, ranas y libélulas. Varias veces cada verano, las ranas depositan montones de huevos cerca de la orilla. Entonces, observo cómo los cientos de diminutos puntitos negros se convierten en renacuajos que, con sus contoneos, acaban liberándose de la gelatinosa masa del huevo. Con el paso de las semanas, los renacuajos van creciendo. De vez en cuando, veo a alguna ninfa de libélula feroz que se los come. Me encantan las ranas; sus ojos son como joyas y croan durante las tardes estivales. Siempre me gusta ver una nueva tanda de huevos de rana porque sé que eso significa que habrá más ranas. Ver a las enormes ninfas de libélula cazar y comerse los diminutos renacuajos me hace sufrir, pero así lo ha diseñado la naturaleza. Hay demasiados huevos de rana, más de los que podría albergar el estanque si todas llegaran a sobrevivir. La carnicería de renacuajos y la destrucción que presencio forman parte del inexorable ciclo de la vida y de la muerte en el que todos estamos inmersos. Para la naturaleza, una vida es solo un tronco más para la leña de *Frau* Trude.

A la niña le fascinan las historias que ha oído sobre esa mujer. Los ejemplos de la capacidad de destrucción de la naturaleza, como los tornados o los volcanes, nos cautivan porque son oscuramente numinosos. La capacidad de destrucción de la naturaleza es imparcial e impersonal. La enfermedad y la muerte nos visitan indiscriminadamente. En el cuento, los padres son conscientes del potencial destructivo de esta energía y le ordenan a su hija que no se acerque a ella.

La niña, sin embargo, no respeta suficiente a esta diosa oscura. No tiene la actitud correcta hacia lo inconsciente. Da por hecha su seguridad y supone orgullosamente que ese aspecto destructivo de la naturaleza no puede hacerle daño o que ha de existir para su diversión y para experimentar emociones fuertes.

Como aspecto de la naturaleza, lo oscuro femenino es inflexible y despiadado. La naturaleza no mima o muestra misericordia, sino que nos exige que demos a la vida lo mejor de nosotras mismas, como lo hace ella con cada uno de esos renacuajos. Es implacable y no espera menos de nosotras. Nos pide que aceptemos responsabilizarnos de nosotras mismas y que alcancemos nuestra mejor versión.

Un compromiso con la diosa oscura supondrá un encuentro iniciático que implicará que reivindiquemos nuestra capacidad para la oscuridad y la agresividad. Hay un cuento ruso que aborda un tema similar, donde la heroína adopta una actitud bastante distinta que la de la niña de *Frau* Trude.

BASILISA LA BELLA

En el reino de un zar, vivía un comerciante. Su esposa y él tenían una hija, Basilisa la Bella, a la que amaban mucho. Cuando la niña tenía ocho años, la madre enfermó gravemente y cuando era evidente que iba a morir, llamó a su hija y le habló con solemnidad.

«Querida hija, estas son mis últimas palabras. Escucha bien lo que te voy a decir y cumple mis deseos. Me estoy muriendo y te entrego esta muñequita bendecida por mí. Protégela, nunca se la enseñes a nadie y llévala siempre contigo, pues no existe otra muñeca igual en el mundo. Cuando te acechen la tristeza o el mal, lleva la muñeca a un rincón, dale algo de comer y de beber y cuéntale tus penas. Ella te dirá cómo tienes que actuar en tu momento de necesidad».

Entonces, besó a la pequeña Basilisa en la frente y dio su último suspiro.

Basilisa sufrió mucho tras la muerte de su madre. Pasó las largas noches siguientes sin poder dormir, en la cama llorando. Una noche, recordó a la muñequita. Se la sacó del bolsillo y le dio algo para comer y beber.

—¡Ay, muñequita! —le dijo llorando—. Escucha mi lamento. ¡Mi amada madre está muerta y me siento sola sin ella!

Los ojos de la muñeca empezaron a brillar como si fueran luciérnagas, y de pronto cobró vida. Comió un poquito y bebió otro tanto; después de eso, empezó a hablar:

—No llores, pequeña Basilisa. El duelo es peor por la noche. Túmbate, cierra los ojos, consuélate y duérmete. La mañana es más sabia que la noche.

Basilisa la Bella se tumbó, se consoló y se durmió. A la mañana siguiente, su dolor no era tan profundo, y sus lágrimas, menos amargas.

Al cabo de un tiempo, el comerciante pensó en volver a casarse. En el pueblo de al lado, había una viuda que tenía dos hijas. El hombre pensó que podría ser una buena compañera, ama de casa y buena madrastra para Basilisa. Así que se casó con ella y la llevó a su casa, pero Basilisa no tardó en darse cuenta de que la mujer no era como su padre esperaba.

Era fría y cruel, y solo se había casado con el comerciante por su riqueza. Por Basilisa solo sentía envidia y rencor, pues se estaba convirtiendo en una belleza, mientras que sus hijas eran demacradas y vulgares. Su madrastra y sus hermanastras le imponían múltiples tareas, con la esperanza de que se agotara y se afeara. Entretanto, ellas se tumbaban en cualquier parte de la casa para realizar sus cuidados de belleza. Pero no les servían de nada. Las hermanastras seguían siendo demacradas y feas, mientras que Basilisa era cada día más hermosa.

La razón era la muñeca de Basilisa, sin la cual jamás hubiera podido soportar la crueldad de su madrastra y sus hermanastras.

Cada noche, cuando todos se habían dormido, la niña se metía en un armario y sacaba la muñeca de su bolsillo. Le daba algo de comer y de beber y le contaba sus penas. Los ojos de la muñeca brillaban, comía y bebía un poco, y le decía lo que tenía que hacer. Entonces, mientras Basilisa dormía, la muñeca limpiaba la cocina, iba a buscar agua al pozo, sacaba las malas hierbas del jardín y echaba leña a la estufa; todo lo que Basilisa tenía que hacer al día siguiente era descansar a la sombra.

Sucedió que el comerciante tuvo que viajar a una tierra lejana. Durante su ausencia, la madrastra ideó un plan para deshacerse de su hijastra de una vez por todas. Por la noche asignó una tarea a cada una de las hijas. La mayor tenía que hacer encaje, la mediana tejer un par de medias y Basilisa hilar lino. Les ordenó que no pararan hasta haber terminado la tarea. Encendió una sola vela, apagó todas las velas y chimeneas de la casa y se fue a la cama. Después de varias horas trabajando, la hija mayor hizo ver que enderezaba la mecha de la vela, pero al hacerlo la apagó, tal como le había dicho su madre que hiciera, así que ya no había luz.

–No hay más fuego en toda la casa y no hemos terminado nuestras tareas. Basilisa, tendrás que ir a buscar fuego a casa de nuestra vecina más cercana.

La casa más cercana era la choza de la terrible Baba Yaga, que vivía en medio de un siniestro bosque. Las hermanastras la sacaron de la casa y le dijeron que no volviera sin el fuego.

Basilisa se sentó en la puerta y se puso a llorar. Entonces, sacó su muñeca y le dio de comer y beber.

–¡Ay, muñequita! He de ir a la casa de la terrible bruja Baba Yaga y pedirle fuego. ¡Tengo miedo de que me coma! ¿Qué he de hacer?

La muñeca habló después de haber comido y bebido:

–¡No temas, Basilisa! Ve adonde te han enviado. No te pasará nada.

Y Basilisa se puso la muñequita en el bolsillo y empezó a caminar hacia el corazón del bosque.

Caminaba en la oscuridad y la marcha era dura. Después de caminar muchas horas, oyó el sonido de cascos de caballo. Un jinete vestido de blanco galopaba sobre un caballo blanco. En cuanto hubo pasado, empezó la frescura del amanecer. Siguió caminando. Muchas horas después, pasó un jinete vestido de rojo cabalgando sobre un caballo rojo, y el sol alcanzaba su cenit en el cielo.

Caminó y caminó, y al caer de nuevo la noche, llegó a un verde jardín. En medio se encontraba la cabaña, que se sostenía sobre unas patas de pollo. El jardín estaba cercado por una valla con calaveras humanas; en cada poste había una. Las bisagras de la verja estaban hechas de huesos de pie humano, y la cerradura, de mandíbulas. Basilisa se detuvo, aterrorizada. En ese momento, pasó un jinete vestido de negro montando un caballo negro. Cayó la noche, y los ojos de las calaveras de la valla de Baba Yaga se iluminaron de rojo.

Entonces, se oyó un sonido de algo que pasaba muy rápido. Era Baba Yaga, que llegaba volando por el bosque, montada en un gran mortero, dándose impulso con la mano de mortero, a la vez que borraba las huellas que dejaba tras de sí con una escoba.

—¡Cabañita, cabañita! ¡Gírate tal como tu madre te ha dejado!

La cabaña giró con sus patas de pollo y se puso mirando a la bruja. Baba Yaga estaba a punto de abrir la verja y entrar, pero se detuvo a oler.

—¡Huelo a sangre de ruso!

Basilisa estaba aterrada, pero recordó las palabras de ánimo de la muñequita. Se acercó a Baba Yaga y se inclinó.

—Solo soy yo, Abuela, Basilisa. Mis hermanastras me han enviado a pedirte fuego, pues se nos han apagado todas las luces.

—Conozco a tus hermanastras. Si quieres que te dé lumbre, deberás quedarte y trabajar para mí. De lo contrario, ¡te comeré para cenar!

Baba Yaga se dio la vuelta y le ordenó a la verja que se abriera; dicho esto, se abrió de golpe. La bruja entró silbando, y Basilisa la siguió tímidamente. La verja se cerró con candado detrás de ellas.

Una vez dentro, Baba Yaga se tumbó junto a la estufa y le ordenó a Basilisa que le llevara toda la comida del horno. Basilisa le llevó suficiente comida como para satisfacer a tres hombres fuertes. También cerveza, vino y miel de la bodega. Baba Yaga se lo comió y bebió todo; a Basilisa solo le dejó un trozo de corteza de pan y un poco de sopa de col.

Después de haber comido, a Baba Yaga le entró sueño, pero habló con dureza antes de quedarse dormida.

«Mañana, después de que me haya ido, limpia y barre el jardín. Luego toma una fanega* de trigo del almacén y sácale todas las piedrecitas y guisantes silvestres. Luego, asegúrate de tener preparada una copiosa comida para cuando vuelva. Si no lo haces, ¡tú serás mi cena!».

La anciana se giró hacia la pared y enseguida empezó a roncar tan alto que Basilisa supo que estaba profundamente dormida. Entonces, se fue a un rincón, sacó su muñeca, le dio de comer y beber, y le explicó que Baba Yaga le había puesto unas tareas imposibles.

«No temas, Basilisa. Repite tus oraciones y vete a dormir, pues la mañana es más sabia que la noche», le dijo la muñeca.

Así que se tumbó en el suelo y se quedó dormida.

Cuando se levantó al día siguiente todavía era de noche. Miró por la ventana y vio pasar al jinete blanco sobre su caballo blanco, que saltó la valla en el momento en que empezó a amanecer. Baba

* N. de la T.: Cuarenta y cinco kilos.

Yaga ya se había marchado. La joven contemplaba maravillada la cabaña de la bruja, que estaba repleta de todo tipo de cosas maravillosas. Entonces, recordó las tareas que tenía que hacer. Puedes imaginar su alivio al encontrarse con que el jardín ya estaba limpio de hierbas y barrido, y al ver a la muñequita terminando de separar las últimas piedrecitas y guisantes del trigo. Lo único que tenía que hacer era cocinar la cena para la bruja, y se puso a ello con diligencia.

Cuando se acercaba la noche, vio pasar al jinete negro sobre su caballo negro y saltar la valla. Justo después, oyó un terrible silbido y apareció Baba Yaga. La bruja inspeccionó el jardín, la cabaña y el trigo, mientras le decía que si encontraba algo mal, se la comería para cenar. Pero la muñequita había realizado tan bien las tareas que Baba Yaga no pudo encontrar ni una mala hierba en el jardín o una piedrecita en el trigo. Estaba furiosa, pero intentó disimular. Entonces, dio tres palmadas y llamó a sus fieles sirvientes. Al momento, aparecieron tres pares de manos y empezaron a moler el trigo.

Baba Yaga se sentó y Basilisa le sirvió una copiosa cena, suficiente para cuatro hombres fuertes. La bruja se la comió toda, huesos incluidos. Después de cenar, le ordenó que hiciera las mismas tareas al día siguiente, pero, además, tenía que limpiar, una a una, una fanega de semillas de amapola. Se giró hacia la pared y enseguida se puso a roncar.

Basilisa sacó su muñequita del bolsillo y se fue a un rincón. Como había sucedido la noche anterior, la muñeca la consoló.

«Ahora, vete a dormir, Basilisa, pues la mañana es más sabia que la noche».

Basilisa repitió sus oraciones, se tumbó y se durmió.

A la mañana siguiente, vio que la muñequita había hecho todas las tareas que le había mandado Baba Yaga y solo quedaba cocinarle la cena. Al atardecer, volvió a oír el sonido de Baba Yaga al acercarse, cuando pasaba el jinete negro galopando sobre su caballo del mismo color. Se puso el sol y las cavidades de los ojos de las calaveras se encendieron a la llegada de la bruja, que olisqueó e inspeccionó todo cuidadosamente. Pero, como el día anterior, no pudo hallar defecto alguno al trabajo de Basilisa. Volvió a dar tres palmadas para llamar a sus sirvientes, y aparecieron los tres pares de manos para llevarse las semillas de amapola y prensarlas para hacer aceite.

Basilisa le sirvió la cena que le había preparado, cantidad suficiente para cinco hombres fuertes, y también le puso cerveza y miel sobre la mesa. Baba Yaga no dejó nada, mientras Basilisa la observaba de pie.

Cuando hubo terminado de comer, Baba Yaga le gritó:

–¿Por qué estás ahí de pie como si no pudieras hablar?

–No quería hablar sin tu permiso, abuela, pero si me lo permites, te haré unas preguntas.

–Bueno, solo recuerda que no todas las preguntas conducen al bien. Si sabes demasiado, envejecerás enseguida.

–Cuando venía por el bosque, vi un hombre vestido de blanco montado sobre un caballo blanco. ¿Quién era?

–Ese era mi día blanco y brillante. Es uno de mis sirvientes, pero no puede hacerte daño. Pregúntame más.

–Más tarde, al avanzar el día, me adelantó un segundo jinete, vestido de rojo y montado sobre un caballo rojo brillante. ¿Quién era?

–Era mi sol redondo y rojo. También es mi sirviente, pero no puede hacerte daño. Pregúntame más –le dijo, apretando los dientes.

–También vi un tercer hombre, vestido de negro, sobre un caballo negro. ¿Quién era?

–Es mi sirviente, la noche oscura y negra. No puede hacerte daño. ¡Pregúntame más! –le exigió, poniéndose furiosa. Pero

Basilisa se calló–. ¡Pregúntame más! ¡Pregúntame por mis tres pares de manos sirvientas!

Basilisa observó la impaciencia en los modos de la bruja.

–Con estas tres preguntas me basta. No quiero envejecer demasiado pronto por saber demasiado.

–Es bueno para ti que me hayas preguntado solo por lo que has visto fuera de la cabaña. Si me hubieras preguntado por los tres pares de manos, te habrían atrapado y llevado afuera para convertirte en comida, como hicieron con el trigo y las semillas de amapola. Ahora soy yo quien tiene una pregunta. ¿Cómo has podido acabar todas las tareas que te he encomendado?

Basilisa estaba tan asustada por la forma en que la bruja hacía rechinar sus dientes que casi le habla de la muñequita, pero reaccionó a tiempo.

–La bendición de mi madre muerta me ayuda –respondió.

Baba Yaga se levantó de golpe y empezó a gritar.

–¡Vete inmediatamente de mi casa! ¡No quiero que entre en mi casa nadie que esté bendecido! ¡Vete ahora mismo!

Basilisa salió corriendo de la cabaña y se fue al jardín. Detrás de ella oyó a Baba Yaga gritar a la verja para que se abriera. Entonces, la bruja agarró una de las calaveras que tenía en la valla y se la lanzó a Basilisa.

–¡Ahí tienes el fuego para tu madrastra y tus hermanastras! ¡Llévaselo y que lo disfruten!

Basilisa puso el cráneo en un palo y corrió por el bosque tan rápido como pudo. Era de noche, pero encontró su camino por la luz que desprendían los ojos de la calavera, que solo se apagaban al amanecer. Caminó todo el día y, por la noche, ya había llegado a casa de su madrastra. Pensó que a esas alturas ya habrían encontrado alguna otra fuente de luz y tiró la calavera por encima del seto, pero ella le habló:

—No me tires, bella Basilisa. Llévame con tu madrastra.

Y Basilisa metió la calavera dentro de la casa. Entonces, sus ojos empezaron a brillar ferozmente y su mirada comenzó a seguir a la madrastra y a las hermanastras adondequiera que iban hasta que murieron quemadas.

Al principio de la historia, sabemos que Basilisa tiene una buena madre. La muñequita es una elocuente imagen de la habilidad interior de tranquilizarse a sí misma y conectar con sus recursos internos. Esta facultad es el don que recibimos si hemos tenido una buena figura materna. Si nuestra madre o cuidadora nos consolaba siempre que nos pasaba algo, nosotras interiorizamos esta habilidad y aprendimos a consolarnos a nosotras mismas. Esta buena madre interior es como magia en nuestra vida, una fuente inagotable de sabiduría y consuelo. La muñeca mágica de Basilisa es la representación perfecta de esta facultad de autoserenarnos. Siempre está con nosotras, pero tal vez ni siquiera seamos conscientes de ella hasta que la necesitamos. Nuestra capacidad para cuidar amorosamente de nosotras mismas cuando estamos consternadas se manifiesta principalmente en cómo nos hablamos con nuestra voz interior. No obstante, tener una buena madre puede suponer un problema. Si recibimos cariño y estamos bien atendidas, tal vez nos cueste más encontrar nuestra agresividad. Unos cuidados maternales lo «bastante buenos» pueden enseñarnos a confiar en nosotras mismas, a regular nuestras emociones y a esperar que el mundo sea justo con nosotras, pero también puede privarnos de la conexión con nuestra crueldad, que tan necesaria es cuando las cosas dan un oscuro giro inesperado.

LA VOZ INTERIOR

La mayoría de las personas no prestamos mucha atención a nuestras conversaciones interiores, pero este diálogo influye enormemente en nuestros estados de ánimo, nuestra autoafirmación y nuestra resiliencia en general. Si nos estamos regañando constantemente o damos rienda suelta a nuestras dudas y miedos, esta voz interior tendrá un efecto corrosivo sobre nuestra alma. Si nos hablamos con amabilidad y compasión, nos calmaremos y fortaleceremos, estaremos preparadas para afrontar posibles dificultades.

Lo primero que necesita cualquiera cuando no está bien (de nuestra madre, pareja o nosotras mismas) es que nos escuchen. Necesitamos que escuchen y reconozcan nuestros sentimientos. Es horrible cuando la persona en la que confiamos nos dice que estamos exagerando o le quita importancia a nuestra preocupación. La muñeca es el oyente receptivo para Basilisa, que la ayuda a manifestar sus preocupaciones.

Cuando sentimos que nos han escuchado, solemos tranquilizarnos. Entonces, puede sernos útil hablar con alguien que nos ayude a ver las cosas desde otra perspectiva o que tenga la actitud de resolver problemas. La muñequita hace por Basilisa lo que una buena madre hace por un hijo o una hija y lo que las personas resilientes hacen por ellas mismas. Los psicólogos lo llaman *descatastrofizar*. Cuando nos enfrentamos a un problema, solemos estar abrumadas. Perdemos perspectiva y el problema parece más grave de lo que es. Suponemos que el resultado será irremediablemente el peor posible. Esta actitud puede inducirnos a sentimientos de pánico e incluso a dejarnos paralizadas. No solo nos sentimos peor cuando pensamos de este modo, sino que estamos demasiado asustadas y nos sentimos demasiado indefensas para actuar con eficacia. Si estamos cansadas o hambrientas, es más probable que nuestra respuesta sea catrastrofista.

La muñequita le recuerda a Basilisa que «la mañana es más sabia que la noche». Esta frase es una hermosa forma poética de afirmar una verdad esencial: que los problemas suelen parecernos más manejables después de haber dormido. No tiene mucho sentido darles vueltas a los problemas por la noche cuando estamos agotadas. Podemos concedernos el regalo del descanso, con la certeza de que probablemente podremos afrontar el problema con energía renovada al despertarnos. Cuando posponemos enfrentarnos a una dificultad hasta la mañana siguiente, podemos entregar nuestro problema a nuestro inconsciente mientras dormimos. Nuestro inconsciente, al igual que la muñeca de Basilisa, hace las tareas por la noche, trabaja en nuestros conflictos mientras descansamos.

Tener una buena madre interior nos permite relacionarnos con nuestro inconsciente, que es la fuente de consuelo y sabiduría a la que podemos recurrir en los momentos difíciles. Los complejos parentales positivos tienen un gran impacto en la vida de una persona porque interiorizamos la capacidad de autotranquilizarnos y gestionar las emociones conflictivas. Sin embargo, las experiencias positivas con nuestros progenitores pueden hacer que no estemos tan bien preparadas para vivir en el mundo. Si nuestro padre o madre nos trataron con cariño de pequeñas, puede que no seamos conscientes de lo cruel que puede ser el mundo. No esperamos que los demás sean desagradables o manipuladores. Y rara vez habremos usado nuestra agresividad para conseguir lo que queremos o para protegernos. Si hemos tenido la bendición de tener una buena madre, tendremos que aprender a servir a la diosa oscura antes de ser iniciadas en el uso de nuestra agresividad. Basilisa ha de ir a conocer a Baba Yaga para encontrar el fuego porque ella todavía no ha conectado con este aspecto de su propia chispa vital.

APRENDER A SER CRUEL

Baba Yaga es compleja y ambivalente. No solo es horrible, peligrosa y temible, sino que también es justa y sabia. Le da a Basilisa el fuego prometido y sabe que necesitará la calavera para enfrentarse a su madrastra y a sus hermanastras. En otros cuentos rusos, Baba Yaga es considerada una sabia. Por ejemplo, en *Marya Morevna*, el héroe Ivan pide ayuda a Baba Yaga. Koschei, el Inmortal, ha capturado a la princesa guerrera y esposa de Ivan, Marya Morevna. Ivan ha de ir a ver a Baba Yaga y conseguir un caballo mágico; de lo contrario, no podrá vencer a Koschei. Tras someter a Ivan a algunas pruebas, Baba Yaga le concede el corcel mágico.

Baba Yaga, al igual que Kali, es hermana de Lilith: feroz, despreciable e implacable. Tiene jurisdicción sobre el sol, el amanecer y la noche. Es la guardiana de antiguos secretos y de una gran sabiduría. Es mucho más que una bruja. Es una diosa de naturaleza arcaica, una deidad eslava primordial que ha persistido a lo largo de las eras. Cuando Basilisa se enfrenta audazmente a Baba Yaga y acepta trabajar para ella, se convierte en una especie de acólita de esta diosa oscura. Lilith y Baba Yaga saben ser crueles. Basilisa necesita desarrollar la habilidad de ser cruel. Ha tenido una buena madre, pero no puede conectar con su propio fuego.

Cuando Baba Yaga le da la calavera con la instrucción de entregársela a su madrastra, le está ofreciendo el don de la agresividad ígnea, bendición que la joven no hubiera podido recibir de su madre. Una vez en casa, Basilisa siente el impulso de volver a su papel de «buena chica» y lanza la calavera sobre la valla, pero la calavera le habla para recordarle que Baba Yaga le dijo que se la entregara a su madrastra. Del mismo modo que la muñequita representa la facultad de atender y tranquilizar que aprendió de su bondadosa madre, la calavera se puede ver como la voz de la madre oscura Baba Yaga, que ahora lleva consigo.

Nuestra habilidad para ser agresivas (para defendernos a nosotras mismas, para marcar nuestros límites y, cuando sea necesario, dirigir el fuego de nuestra ira hacia alguien que nos haría daño) es una cualidad que procede de la diosa. Es oscuramente divina, apenas de este mundo. Es peligrosa y no se debe utilizar indiscriminadamente o sin motivo alguno. Existen diferentes versiones para el final de la historia, pero el más común es que Basilisa entierra la calavera después de que su madrastra y sus hermanastras han sido consumidas por su fuego. Parece que se da cuenta de que es peligroso hacer uso de esta facultad divina. El acto de enterrar la calavera es una imagen de lo que la cultura espera de las mujeres. Se nos ha enseñado a enterrar nuestra agresividad. El hecho de que la historia termine de este modo revela la extraordinaria ambivalencia que albergan las mujeres al conectar con este tipo de potencial interior.

Una película de 2006 trata un tema similar: una joven inocente ha de aprender con la diosa oscura. Ha de descubrir lo que realmente le importa y aprender a ser cruel para respetar sus valores más profundos.

EL DIABLO VISTE DE PRADA

El diablo viste de Prada presenta a una bella ingenua, Andy Sachs (Anne Hathaway), que trabaja en una revista de moda como ayudante de su mítica jefa, Miranda Priestly (Meryl Streep). La historia de Andy se parece a la de Basilisa. Se ha graduado en la universidad y acaba de llegar a Nueva York. A pesar de su extraordinario currículum, tiene problemas para encontrar un buen trabajo como periodista. Al final, cuando ya se está quedando sin opciones, responde a un anuncio para un puesto de ayudante de la editora de *Runaway*, una prestigiosa revista de moda. Su inclinación por la justicia social y la falta de sentido del gusto en el vestir chocan con la obsesión por el aspecto y el tenso ambiente que se respira en *Runaway*, pero consigue el trabajo.

Miranda, su jefa, es conocida por su temperamento exigente y frío. Miranda es una fuerza que se ha de tener en cuenta. Puede fulminarte con una mirada. Es más que una imagen de competitividad despiadada y egocentrismo absoluto. Es una manifestación de la diosa oscura. Como Baba Yaga, es una imagen de la naturaleza pura: implacable, despiadada, unas veces cruel y otras fuente de vida. Aunque Andy nunca ha oído hablar de ella, todo el mundo le recuerda constantemente que «un millón de chicas matarían por este trabajo» y que una buena recomendación de Miranda le abrirá cualquier puerta.

Andy, igual que le pasa a Basilisa, tiene que realizar una serie de tareas aparentemente imposibles. Ha de encargar e ir a recoger el almuerzo de Miranda a una brasería y entregárselo en el momento justo. Miranda incluso le pide que le consiga el manuscrito no publicado del siguiente libro de *Harry Potter* para sus dos hijas: hazaña tan imposible como cualquiera de las asignadas a Basilisa.

Miranda, como Baba Yaga, parece estar (o se imagina que está) en el reino de los superhumanos. En una escena se la ve exigiéndole a Andy que le encuentre un vuelo para salir de Florida. Hay un huracán y se han suspendido todos los vuelos, pero ella despectivamente se refiere a la tormenta como un «absurdo problema climático».[3] Hay una escena en la que Miranda está observando desde la ventana del hotel y se ven los árboles balanceándose violentamente por los fuertes vientos, mientras le exige a Andy que le encuentre la forma de regresar a casa. Baba Yaga controla el día, el mediodía y la noche, pero Miranda cree que el tiempo atmosférico debería obedecer sus órdenes.

La iniciación de Andy al mundo de la alta costura está llena de momentos cómicos. Su disimulado desprecio y su sentido de superioridad moral no le pasan desapercibidos a Miranda. Mientras esta última revisa el vestuario para una sesión de fotos, delibera en voz alta sobre la elección del cinturón, y a Andy se le escapa una risita audible. En el silencio total que viene a continuación, explica nerviosamente que «todavía está aprendiendo sobre estas cosas». Miranda la fulmina con la mirada.

> ¿Estas... cosas? Ah, de acuerdo. Crees que esto no tiene nada que ver contigo. Tú vas a tu armario y seleccionas ese jersey azul deforme porque intentas decirle al mundo que te tomas demasiado en serio como para preocuparte por lo que te pondrás. Pero lo que no sabes es que ese jersey no es solo azul. No es turquesa. Ni es marino. En realidad es azul cerúleo [...]
> No obstante, ese azul representa millones de dólares y muchos puestos de trabajo. Y resulta cómico que creas que elegiste algo que te exime de la industria de la moda. Cuando, de hecho, llevas un jersey que fue seleccionado para ti por personas como nosotras. Entre un montón de cosas.[4]

Andy ha de aprender a respetar el poder de Miranda y a relacionarse con él con veneración antes de poder experimentar el lado útil de esa energía despiadada.

EL ASCENSO

El punto de inflexión llega después de que Andy no consiguiera que Miranda regresara de Florida durante el huracán y se perdiera el recital de piano de sus hijas. Miranda le echa una tremenda bronca por su fracaso. Andy se va corriendo con lágrimas en los ojos a ver a su compañero Nigel, que es el redactor jefe de la revista y amigo personal de Miranda. Nigel expresa un desinterés total por la angustia de Andy. La acusa de ser una quejica y le dice que deje el trabajo si no le gusta.

> Podemos conseguir otra chica en cinco minutos, una que realmente quiera este trabajo [...] ¿Quieres que te diga: «Pobrecita, Miranda te atormenta». Ella solo hace su trabajo. ¡Despierta! [...] No tienes idea de cuántas leyendas se han creado entre estas paredes, y lo peor de todo, no te interesa. Porque esto es un «trampolín» para ti. A este lugar, donde muchas personas matarían por trabajar, tú solo vienes a trabajar. Y te preguntas por qué no te besa la frente y te da una estrellita dorada por tu tarea al final del día.[5]

La reprimenda de Nigel despierta algo en Andy. Le está diciendo que la naturaleza –la vida– no recompensa la autocomplacencia y la falta de interés en el trabajo. Nos exige todo, un compromiso total con nuestro florecer. Andy se había estado comportando como una niña, quería su estrella de oro por ser buena alumna. Hasta ese momento de la película, no se había responsabilizado plenamente de sí misma. A partir de ahí, cambian las cosas.

Se da cuenta de que se había mantenido ajena a Miranda y a la misión de la revista, por su odio secreto a la moda. A partir de entonces se compromete. Le pide a Nigel que la ayude a cambiar su forma de vestir y vemos cómo pasa de ser una desaliñada estudiante universitaria del Medio Oeste a convertirse en una elegante referente de la moda. Ahora no se guarda nada. Se despide de su postura de desdén y crítica defensiva y empieza a ver el mundo a través de los ojos de Miranda. Ha empezado la iniciación.

La antítesis de Andy en toda la historia es la ayudante principal de Miranda, Emily Charlton (interpretada por Emily Blunt). Emily es una persona muy rígida y obsesionada por la moda. No tardamos mucho en darnos cuenta de ello, pues la ayudante principal de Miranda, la acompañará a la Semana de la Moda en París, y este viaje es de suma importancia para ella. Se pasa todo el tiempo preparándose para el viaje, haciendo dieta y esperándolo con ilusión. Después de que Andy se comprometiera con Miranda, esta le pasa el testigo de la calavera brillante y la reta a no tener miedo de aceptarla.

MIRANDA: La semana de París es la más importante de todo mi año. Necesito al mejor equipo conmigo. Que ya no incluye a Emily.

ANDY: Espera. Me quieres a *mí* para... Oh, no. Emily se morirá. París es toda su vida. [Miranda la mira con sorpresa. No le importa nada].

ANDY: Hace semanas que no come. No puedo hacerle esto, Miranda. No puedo.

MIRANDA: Si no vienes, supondré que no te interesa tu futuro en *Runaway* o en cualquier otra revista. [Andy la mira]. Tú decides.[6]

Andy elige ir a París, toma el cuchillo figurado que le ha dado Miranda y le da a Emily una puñalada en la espalda. Miranda la ha retado a reconocer su excelencia, abandonar su actitud de chica buena del Medio Oeste y dar prioridad a sus necesidades y deseos, aunque implique ser cruel. Esta es la lección que Andy ha de aprender.

Más adelante, Andy demuestra que puede hacer uso de su recién reivindicada facultad de ser agresiva. En París, se da cuenta de que no pertenece al mundo de la alta costura. Sus valores no coinciden con los de Miranda. Paradójicamente, ahora tiene que asestarle la puñalada en la espalda a Miranda. La deja plantada sin remordimientos en un momento crítico. Tira el teléfono que la ha tenido ligada a su jefa a una fuente y deja atrás esa vida. Ya puede manejar su agresividad para cumplir su propio destino y ya no necesita ser la ayudante de Miranda.

Al final de la película, vemos a Andy en una entrevista para un buen puesto de periodista. El editor le pregunta por su trabajo en *Runaway*, y Andy admite que «la fastidió»:

EDITOR: Eso no es lo que me han dicho. Llamé para que me dieran referencias, dejé el recado a una muchacha altiva y a continuación recibí un fax de la propia Miranda Priestly diciendo que de todas las ayudantes que ha tenido, usted ha sido sin duda alguna su mayor decepción. Y que si no la contrato, es que soy idiota.[7]

Andy superó la prueba. Se ganó la aprobación de Miranda no por estar dispuesta a complacerla o a ser meticulosa, sino por haber aprendido a utilizar su agresividad para su propio bien y su desarrollo. Andy triunfó precisamente por decepcionar a Miranda. En su aprendizaje, descubrió cómo conocer sus necesidades y deseos y encontró la crueldad que necesitaba para dar prioridad a la evolución de su alma.

LO QUE EXIGIMOS PARA NOSOTRAS

Grace es una mujer que, inconscientemente, empleó la energía del embaucador para ir a la universidad que quería. Cuando vino a mi consulta la primera vez, me llamó la atención la suavidad de su voz y el tono dubitativo que utilizaba al hablar. Menuda y ligera, se sentó en mi diván acurrucada en un extremo como si quisiera ocupar el menor espacio posible. Se había criado en una familia donde no había cabida para sus necesidades, y siempre tenía miedo de hacer algo que molestara o decepcionara a otras personas.

Grace era fuerte y fogosa por naturaleza. Había sido bendecida con muchas de las cualidades de Lilith, pero se había desconectado de la mayoría de ellas en su infancia, que había estado marcada por el alcoholismo de su padre y la depresión de su madre. Una parte de nuestro trabajo se centraba en su profesión. Tenía un trabajo que no le gustaba y deseaba dejarlo y quedarse en casa a cuidar de sus dos hijos. Sin embargo, no podía hacerlo, en parte porque se sentía en deuda con su jefa, Cate. Cate era una mujer mayor, sin hijos, que la había acogido, la había sacado de otra agencia y había sido su mentora para enseñarle todo lo que necesitaba para convertirse en su sustituta. La amabilidad de Cate conmovió a Grace, pero a veces se sentía asfixiada por las expectativas que conllevaba esa atención. Cuando tuvo claro que no quería seguir trabajando, la supervisión de Cate empezó a resultar más incómoda y opresiva. Grace sabía que Cate se quedaría destrozada si ella se iba. Seguir su corazón implicaba estar dispuesta a herir a otra persona.

Mientras estaba reflexionando sobre cómo comunicarle su dimisión, tuvo un sueño donde una anciana llamada Jane le decía que tenía que superar su «complejo podrido». Conocía a Jane de la iglesia. Me dijo que le parecía que esa mujer era desagradable y egocéntrica. No le preocupaba demasiado lo que los demás pensaran de ella. Jane tenía algunas de las cualidades agresivas y de fuego que Grace necesitaba encontrar. El «complejo podrido» se refería a la tendencia a experimentar grandes dudas y un sentimiento de culpa, siempre que hacía algo que le pareciera egoísta. Satisfacer sus necesidades siempre le hacía sentirse podrida.

«Exigimos a los demás solo lo que no somos capaces de darnos a nosotros mismos», según el analista junguiano Edward Edinger.[8] Grace, cuando las cualidades de su Lilith interior todavía estaban reprimidas, recurrió a su jefa con la esperanza de que le diera permiso para seguir su corazón, pero la aprobación no llegaría nunca por su parte. Tenía que autorizar sus propios planes, sabiendo que Cate se sentiría herida y traicionada.

Al final, encontró el valor y la claridad necesarios para decírselo. Cate, como cabía esperar, se enfadó, se disgustó y la trató con frialdad durante el resto de las semanas que siguió trabajando allí. No obstante, para Grace encontrar la crueldad necesaria para hacer lo que ella quería en lugar de lo que querían los demás supuso un cambio de vida. Como suele suceder, dar un paso hacia su integridad y su autenticidad despertó en ella un sentimiento general de estar más viva y de mayor bienestar. Reavivar sus brasas olvidadas la conectó con su chispa revitalizadora. A los pocos meses de haber dejado su trabajo, tuvo este sueño:

> Había encontrado la fuente de toda el agua del Ártico. Había estado navegando en kayak con otra persona, y seguíamos ruta cada vez más al norte. El viaje fue sorprendentemente corto. Fue majestuoso y sagrado, a la vez que mundano/cotidiano en el sentido de que estábamos cerca de una carretera muy transitada y también había basura, como si fuera un río sucio. Rogué para que la humanidad encontrara una forma mejor de tratar nuestra agua.

Grace se emocionó con este sueño. Entendió que, a pesar de que todavía le quedaba trabajo por hacer, se había conectado firmemente con su propia fuente de renovación interior.

La facultad para ser cruelmente agresivas es uno de los aspectos más oscuros de la naturaleza humana. Se puede usar para amenazar, herir o humillar a los demás con el fin de tener poder sobre ellos, y cuando estamos conectadas con nuestra agresividad, la tentación de usarla para castigar siempre está presente. Existen buenas razones para ser precavidas con esta cualidad. No obstante, no podremos vivir nuestro patrón si no somos capaces de dirigir nuestra agresividad en nuestro propio nombre.

Cuando tenía unos treinta y tantos años, iba a una psicóloga que no era buena para mí. Sabía que tenía que terminar nuestro tratamiento, pero tenía miedo de herir sus sentimientos. Por esos tiempos tuve este sueño:

> Voy en un coche en el asiento del pasajero. Tony Soprano está al volante.

Tony Soprano es un criminal de carrera y se podría decir que un sociópata, aunque compasivo. Pero nunca se escabulle cuando ha de hacer cosas difíciles. Si tiene que matar a alguien para proteger a su familia o su negocio, lo hace. Aunque me costó mucho reconocer a mi Tony Soprano interior, el sueño me animó a reconciliarme con él para ver si podía encontrar la crueldad que necesitaba para poner fin a una relación que no me hacía ningún bien.

Baba Yaga no nos va a dar una estrella de oro por ser sumisas. Ella quiere que nos mostremos con toda nuestra vivacidad. Esto puede suponer que luchemos para ganar y que tengamos que olvidarnos de la compasión por nuestro oponente. Puede suponer que no intentaremos evitar adoptar una postura que sabemos que provocará malestar o incluso sufrimiento a otras personas que nos importan, cuando la situación lo requiere. Encontrar nuestra agresividad ígnea y usarla al servicio de nuestro propio crecimiento y desarrollo puede ser muy difícil para las mujeres. Si deseamos que se manifieste aquello que quiere venir a este mundo a través de nosotras, tendremos que aprender a ser feroces, agresivas y crueles.

Cuando estas cualidades van acompañadas de sabiduría, nos conceden el poder que necesitamos para cumplir nuestro destino.

PREGUNTAS PARA REFLEXIONAR

1. La chica de *Frau Trude* no escucha las advertencias de sus padres y se convierte en leña para la bruja. ¿En qué momento de tu vida te has confiado demasiado? Tal vez no prestaras atención a las claras señales de advertencia de que alguna situación no era correcta para ti. ¿Qué sucedió? ¿Qué aprendiste de ello?

2. Cuando Basilisa está preocupada, tiene un recurso interior que la ayuda a distanciarse de las situaciones y a afrontar las dificultades. Cuando te enfrentas a un reto, ¿cómo es tu diálogo interior? ¿Cómo te hablas a ti misma? ¿Qué sueles hacer cuando estás deprimida o te enfrentas a la adversidad?

3. Basilisa tiene unas hermanastras malvadas que son egoístas y déspotas. ¿En qué momentos de tu vida eres como Basilisa y has estado o estás a merced de la mezquindad de otros? ¿Y cuándo eres como las hermanastras, prepotente y arrogante?

4. Basilisa ha de viajar hasta las profundidades del bosque para conocer a Baba Yaga. Siente miedo, pero sabe que tiene a su muñequita en el bolsillo. ¿Has vivido alguna vez en tu vida la experiencia de estar adentrándote en un bosque oscuro? Tal vez estabas de duelo o deprimida. ¿Cuáles fueron tus recursos interiores durante esta etapa?

5. Baba Yaga es una imagen de una poderosa energía arcaica y transpersonal. Basilisa, al vivir con ella, conecta con la sabiduría

bruta e instintiva que representa Baba Yaga. ¿Cuándo has conectado con tu Baba Yaga interior? ¿Cómo fue esa experiencia?

6. Basilisa usa la calavera para alumbrarse por el camino de regreso a casa, pero una vez allí, casi la tira definitivamente. Cuando nos convertimos en adultas, tal vez podemos ver con claridad los patrones inadecuados de nuestra familia de origen. Sin embargo, muchas veces caemos en los mismos patrones cuando volvemos a casa de visita. ¿Cuáles son los patrones en los que sueles caer cuando vas a visitar a tu familia?

7. Basilisa consigue meter la calavera: ahora ya ha conectado con su agresividad. ¿En qué momentos de tu vida eres capaz de ser apropiadamente agresiva? ¿Cuándo te resulta difícil?

CAPÍTULO 10

EL REGRESO: AMAR TU DESTINO

El impulso de convertirse en lo que uno es,
es invenciblemente fuerte, y siempre puedes confiar en
él, pero eso no significa que necesariamente las cosas
tengan que salir bien. Si tú no estás interesado en tu
propio destino, lo inconsciente sí lo está.

C. G. Jung, *C. G. Jung Speaking* (Habla C. G. Jung)

Podemos rescatar nuestras cualidades proscritas de su exilio y crearles un lugar confortable en nuestra vida. Veremos que estos aspectos de nosotras mismas no son peligrosos o diabólicos, sino aliados incondicionales en nuestra búsqueda de la compleción. Jung dijo que nuestro inconsciente «refleja la cara que le presentamos. La hostilidad le da un aspecto siniestro, la amabilidad suaviza sus facciones».[1] Muchas mujeres han rechazado, menospreciado y malentendido sus energías proscritas durante mucho tiempo; por consiguiente, han llegado a temerlas. Pero son un almacén repleto de brasas candentes.

Cuando volvemos a acogerlas, nos ayudan a reencontrarnos con nosotras mismas. Entonces, aunque valoremos nuestras cualidades femeninas, como nuestra capacidad para relacionarnos, para ser compasivas y emotivas, también podemos conectar con nuestras otras cualidades, como la astucia, la capacidad para embaucar, la agresividad y la autoridad, para alcanzar nuestras auténticas metas y deseos. Conocemos nuestro corazón. Somos capaces de sintonizar y atender las necesidades de los demás, pero también de elegir conscientemente no hacerlo. Por esta razón, podemos entregar nuestro amor y nuestros cuidados libremente y con alegría, no porque tenemos que seguir un guion obsoleto que nos exige obligaciones indiscriminadas.

EL CONEJO BUENO

Cuando Lucie vino a mi consulta, era muy desgraciada. «Siempre estoy enfadada –me confesó entre lágrimas–. Incluso me enfado por tener que lavarme los dientes». Lucie se había pasado la vida siguiendo las normas y haciendo lo que le decían los demás. Ser una «buena chica» tenía sus ventajas, era muy buena en muchas cosas, pero también le había costado muy caro. Estaba atrapada en un matrimonio desgraciado y tenía varias amistades que sentía que le restaban en vez de sumar, pero no era capaz de romper con ellas. Era una gran escritora y no le había ido mal con sus publicaciones. No obstante, no era capaz de apostar por ella misma o cuidar su inspiración creativa con un esfuerzo adecuado. Apenas podía controlar su ira reprimida. Aunque intentaba sinceramente afrontar la vida con su personaje amable, su rabia se filtraba por todas partes infectando sus relaciones con los demás, que podían notar su irritabilidad y vulnerabilidad. Puesto que la gente sentía inconscientemente que su considerable ira se dirigía solo contra ella misma, esto propiciaba que se aprovecharan de ella, lo cual no hacía más que empeorar las cosas y que se sintiera aún peor.

Su familia había enfatizado siempre que había que cumplir con el deber y hacer lo correcto. Su madre había sido una mujer brillante, pero no se sentía realizada y era infeliz. Su hermana menor tenía graves problemas de conducta que requerían la atención de su madre. Lucie quedó relegada al papel de cuidadora, era el consuelo para los perpetuos estados de ansiedad de su madre y para levantarle el ánimo cuando se venía abajo. Cuando llegó a mi consulta, en la mitad de su vida, había pasado décadas satisfaciendo las expectativas de los demás y siguiendo las normas. Hacía mucho tiempo que había perdido el contacto con su chispa vital. Ahora, sus aspectos proscritos protestaban desde su exilio creando síntomas como depresión, irritabilidad y estados de ánimo oscuros.

En nuestras primeras sesiones, Lucie tuvo un sueño que contaba elocuentemente la historia de sus instintos heridos:

> Hay un conejo marrón acurrucado en una jaula. La jaula ni siquiera está del todo cerrada. Podría salir si quisiera, pero parece que no lo sabe. Lleva pegado un papel a su pelaje que pone: «Soy un conejo bueno». Mi madre está allí. Mete la mano y se cae el papel, dejando al descubierto un corte profundo. El conejo arremete contra mí, atemorizado. Me sangra la nariz.

Lucie, que había sido el «conejo bueno» durante muchos años, apenas era capaz de esconder sus heridas, a pesar de sus esfuerzos para aparentar ser «buena». Estaba tan orientada a conectar con los demás y a satisfacerlos que se había desconectado de sí misma y le costaba reconocer sus grandes heridas. Estaba tan condicionada interiormente a no ser desagradable, egoísta o sentirse con derecho a algo, que nunca había podido ver que era muy fácil salir de la jaula donde se hallaba.

En su estado de vigilia, solía encontrarse en situaciones donde sentía que abusaban o se aprovechaban de ella, pero, como le pasaba al conejo bueno, no sabía cómo huir de ello. Lucie tenía amistad con una mujer que se llamaba Margaret, que le exigía mucha atención. Margaret siempre tomaba decisiones que acababan en drama y caos. La llamaba a menudo e insistía en que se vieran y pasaran un rato juntas. Entonces no paraba de quejarse de las terribles situaciones que tenía en su vida, las cuales se las había buscado ella misma, y pretendía que Lucie se compadeciera. Margaret nunca mostraba interés por lo que le pasaba a Lucie, ni detectaba sus necesidades. Pero si Lucie no estaba lo bastante comunicativa, atenta y solidaria, Margaret se lo recriminaba con malas palabras.

La relación con Margaret no le aportaba más que enfados y malos rollos, pero cuando le sugerí que debería considerar marcarle unos límites, se negó. Estaba tan divorciada de las cualidades de Lilith –de sentirse con derecho a adoptar una postura, de la ira sana y la indignación justificada– que marcarle límites a Margaret le parecía impensable. Por el contrario, interiorizó su rabia y su amargura, y se daba atracones de helado frecuentemente, después de haber estado con ella.

En otras facetas de su vida, también se daban situaciones parecidas: en su relación con su madre y su hermana, en el trabajo y en su matrimonio. Dedicaba una cantidad considerable de energía a reprimir las maravillosas cualidades proscritas que podían haberle aportado más vivacidad. Gran parte de nuestro trabajo terapéutico lo centramos en conseguir que hiciera las paces con estas cualidades desagradables interiores, para que pudiera abandonar el rol de «conejo bueno» y reclamar su fiereza.

Durante los años que hizo terapia, me habló bastantes veces de una compañera escritora llamada Kira, que parecía ser que encarnaba muchas de las cualidades a las que Lucie había renunciado. Kira era prolífica y muy aficionada a autopromocionarse. Lucie nunca tenía tiempo para dedicarlo a la escritura y no escribía tanto como deseaba. Aunque apenas la conocía en persona, por sus breves interacciones, había sacado la conclusión de que era distante y arrogante. Kira se convirtió en la imagen de todo lo que ella odiaba: una persona absorta en sí misma, arrogante, que se creía con derecho a todo y egocéntrica. Estas cualidades que odiaba eran justamente las que más falta le hacían. Semana tras semana, en las sesiones, sacaba a relucir su venenosa envidia y resentimiento hacia Kira. Esta se le aparecía en sueños, donde se comportaba con despiadada insensibilidad por los sentimientos que tenía Lucie en esos sueños.

De algún modo, las energías proscritas que encarnaba Kira a Lucie le parecían tan inalcanzables, que sentía que estaba cruelmente cerrada a esos potenciales vivificantes. Al cabo de unos años, tuvo este sueño:

> Estoy buscando objetos perdidos en el agua, en una zona poco profunda: aletas, escarpines. Hay dos islas pequeñas deshabitadas, un poco alejadas de la orilla. Creo que es el Pacífico Noroeste. Las islas se ven frondosas y bellas. Estoy triste porque nunca me he alejado de la orilla. Creo que nunca he ido mar adentro y visitado esas islas, pero, de pronto, me doy cuenta de que debo de haber estado, porque el equipo de natación es mío. Pensaba que me costaría encontrarlo; sin embargo, estaba allí mismo.

En el sueño, Lucie mira con nostalgia el agua y las islas, dando por hecho que están fuera de su alcance. El sueño le hace saber que, en realidad, ya ha estado allí. Cuando tuvo este sueño, no podía sentir que esa tranquila escena fuera algo a lo que hubiera accedido habitualmente, del mismo modo que no podía ver que las envidiables cualidades de Kira eran las que tenía que reivindicar como propias. Durante nuestro trabajo terapéutico, la envidia e incluso el odio que sentía por Kira se fueron disolviendo y transformando gradualmente en una especie de curiosidad intensa y doloroso anhelo. La animé a que se adentrara en esos sentimientos, y Lucie tuvo el valor de hacerlo, tanto en su imaginación como en la vida real.

Las oportunidades para conectar con Kira se presentaban solas, y ella las aprovechaba. Acabó conociéndola mejor (a Kira, la persona real) y se dio cuenta de que le gustaba mucho. Esta conexión exterior se correspondió con el reencuentro con su Kira interior. Tuvo el valor para divorciarse. Se volvió más atrevida y menos discreta con respecto a su escritura y adquirió compromisos con proyectos más grandes y ambiciosos.

Sus sentimientos hacia Kira se suavizaron y se transformaron en admiración y afecto verdaderos, y surgió el deseo de estrechar distancias. Al cabo de muchos años, tuvo este otro sueño:

> Kira me ha escrito una carta. Sé que es especial y que trata de cuánto se preocupa por mí, a pesar de que todavía no la he leído. Ha dejado la carta sobre una pila de otras cosas –objetos de arte, ropa–, todas ellas también especiales. Pero entonces no encuentro la carta. No tiro la toalla, miro una y otra vez en el mismo sitio. No me doy por vencida; estoy decidida –con «suavidad», gentileza, sin estrés o presión– a seguir mirando en el mismo sitio.

«Siempre redescubrimos nuestro contenido psíquico inconsciente en otras personas»,[2] escribió Jung. Lucie había encontrado en Kira esas energías proscritas de la autoprotección y la autoafirmación que tanto había relegado en etapas anteriores de su vida. Había encontrado una forma de abrirse a ese aspecto de sí misma que anteriormente había estado prohibido y descubrió que esas características, en realidad, no son destructivas. Aunque todavía esquiva, su Kira interior es una amiga entrañable.

Cuando podemos mirar de frente a los aspectos de los que hemos renegado, nuestra vida cambia. Hay un cuento de hadas griego que ilustra esto de un modo conmovedor y que puede ayudarnos a entender mejor la historia de Lucie.

LA PRINCESA MALDITA

Érase una vez una reina que tenía tres hijas para las que no podía hallar marido. Un día, llegó una mendiga a palacio. Vio el pesar de la reina y le ofreció consejo. «Puedo ayudarte, pero has de hacer lo que te diga. Esta noche, cuando tus hijas se vayan a dormir, observa cómo duermen y ven a informarme por la mañana». Así lo hizo la reina: observó que la hija mayor dormía con las manos en la cabeza, la mediana con las manos en el pecho y la menor con las manos en la falda. La reina informó de todo a la mendiga.

«¡Escúchame bien! Tu hija pequeña, la que duerme con las manos en la falda, está maldita. Su malvada Moira* también está afectando a sus hermanas».

La reina quedó muy afectada por esta afirmación y no sabía qué hacer. Pero la hija menor se acercó a su madre. «Lo he oído todo, madre, y sé que mi Moira está impidiendo que mis hermanas se casen. Sé lo que he de hacer. Ordena que cosan el oro de mi dote en el dobladillo de mi vestido y déjame ir».

Su madre intentó disuadirla, pero la joven ya había tomado la decisión. Recogió algunas cosas, se vistió con ropa sencilla y se

* N. de la T.: Conocidas como parcas en la mitología romana, las moiras son una deidades femeninas de la mitología griega. Eran tres principales, cada una con una función distinta en el ciclo de vida de los humanos. Se consideran una personificación del destino.

despidió de su madre y de sus hermanas. Al partir, vio dos novios que se acercaban al palacio a caballo.

La joven caminó y caminó, y al anochecer, había llegado a la casa de un vendedor de telas de un pueblo. Preguntó si podía pasar allí la noche y la dejaron quedarse en el sótano. Esa noche acudió su Moira malvada y empezó a rasgar todas las telas que había almacenadas en el sótano. La Moira tiró los rollos de tela y lo cortó todo a tiras. La princesa le rogó que parara, pero esta la amenazó con cortarla a tiras también a ella.

A la mañana siguiente, el vendedor de telas se quedó desolado. «¡Qué va a ser de mí! ¡Me has arruinado!». Pero la princesa sacó algunas monedas de oro del dobladillo de su falda y se las dio al comerciante. Entonces se marchó tras desearle lo mejor y continuó su camino. Por la noche, llegó a la casa de un vendedor de objetos de cristal y le pidió permiso para pasar allí la noche. Sucedió lo mismo que la noche anterior. Apareció su Moira y rompió todos los objetos de la tienda, gritando y aullando mientras lo hacía. Cuando se despertó el comerciante por la mañana y vio lo que había sucedido, se puso fuera de sí, pero la princesa le dio unas monedas de oro del dobladillo de su falda y siguió su camino.

Esta vez, caminó hasta llegar al palacio real de ese país. Se presentó ante la reina y le pidió trabajo. La reina era sabia y enseguida vio que la princesa era de cuna noble, a pesar de que su atuendo era sencillo. Le pidió que se sentara a su lado y que hiciera un bordado con perlas, pero cuando la joven se puso a trabajar, los cuadros se cayeron de las paredes y las perlas se esparcieron por todas partes. Por la noche, mientras la princesa estaba con la reina, los platos volaron de los estantes y los sirvientes se quejaron, pero la reina les dijo que tuvieran paciencia: «Es una princesa, pero está bajo el influjo de una Moira malvada. ¡Compadeceos de ella!».

Un día la reina le dijo a la princesa: «no puedes seguir así, con esa Moira persiguiéndote a todas partes. Has de encontrar la manera de cambiar tu Moira –le dijo un día la reina a la princesa.

Pero la princesa no sabía cómo hacerlo, y la reina se lo explicó. Lejos de allí, en una montaña alta, vivían todas las Moiras. La princesa tenía que ir hasta la montaña y buscar a la suya.

«Dale el trozo de pan que te voy a dar y dile: "Moira que decretas mi destino, cambia mi destino". No te marches hasta que haya tomado el trozo de pan», le dijo la reina.

La princesa hizo lo que le había dicho la reina. Se llevó el pan y caminó y caminó hasta llegar a la cima de la lejana montaña donde había una verja. Se paró, llamó y apareció una hermosa mujer muy bien vestida. La miró un momento y le dijo: «Tú no eres mía», y se marchó. Al cabo de unos minutos, apareció otra Moira, tan hermosa como la primera. «No te conozco», le dijo. Las Moiras fueron desfilando de este modo durante un rato, hasta que apareció una mujer con el pelo enmarañado y rasgos perversos. La joven se estremeció, pero estaba decidida.

«¿Eres mi Moira?», le preguntó, conociendo de antemano la respuesta. La horrible mujer se rio cruelmente y la joven supo que la había encontrado. Entonces le entregó el pan y le dijo: «¡Moira que decretas mi destino, cambia mi destino!».

La demacrada mujer le tiró el pan a la cara, le escupió y le gritó que se marchara. Pero la princesa no se rindió. Cada vez que la malvada Moira le tiraba el pan, ella lo recogía y se lo volvía a dar, pidiéndole que cambiara su destino. Al final, la Moira agarró el pan.

–¡Escúchame! –le dijo, sacando un ovillo de hilo de seda de su bolsillo–. Toma este ovillo de hilo y guárdalo hasta que venga alguien a buscarlo. Cuando lo haga, exígele su peso en oro.

La joven tomó el ovillo de hilo de seda y volvió al palacio de la reina. Esta vez, no hubo más platos rotos ni perlas por el suelo.

El rey de una tierra vecina estaba listo para casarse, pero al vestido de la novia le faltaba algo de hilo de seda. Los hombres del rey iban de un sitio a otro buscando el hilo correcto, y se enteraron de que en el reino vecino había una princesa que tenía un ovillo de hilo de seda. Enviaron a un mensajero para pedirle que fuera a palacio con su ovillo a ver si coincidía con el traje. Cuando llegó la princesa y enseñó el hilo, todos pudieron ver que combinaba perfectamente con el vestido de la novia. La princesa dijo que vendería gustosamente el ovillo por su peso en oro. Pusieron el ovillo en uno de los platos de la balanza y una cantidad de oro en el otro, pero la balanza no se movía. Siguieron añadiendo oro, pero seguía sin moverse. Entonces, el hijo del rey se puso en el plato de la balanza ¡y el peso se equilibró por completo! «Si vamos a tener la seda, ¡entonces tendrás que tenerme a mí!», dijo el príncipe.

Y el príncipe y la princesa se casaron y vivieron felices para siempre.

En psicología interpretaríamos que la Moira malvada de la joven es su potencial de destrucción, rabia, fealdad y otras cualidades con las que no mantiene una relación adecuada conscientemente. «Cuando no somos conscientes de una situación interna, esta se manifiesta externamente como el destino»,[3] según Jung. Dado que la princesa no se relaciona con sus energías proscritas, estas se manifiestan de un modo incontrolable y destructivo. Asimismo, la agresividad y la ira reprimidas de Lucie parecían venir del exterior.

La joven desempeña la función de chivo expiatorio de la familia. Ella es la razón por la que sus hermanas no pueden avanzar en sus vidas; por tanto, ha de ser sacrificada. Siempre que existe algún grado de disfuncionalidad en una familia, suele suceder que hay alguno de sus miembros que carga con el peso de ser consciente de este hecho. La madre de Lucie pudo disfrazar su profunda insatisfacción con su vida con un millar de pequeñas lamentaciones sobre la salud de su perro. Su hermana pudo desempeñar el papel de diva en las reuniones familiares, acaparando la atención en lugar de afrontar los verdaderos problemas. Solo Lucie parecía tener que sufrir el trauma familiar conscientemente. Como la joven del cuento, el chivo expiatorio suele ser la persona que tiene la tarea de transformar y redimir el sufrimiento de la familia a través del sufrimiento consciente.

La joven ha de marcharse de casa para que la historia tenga un final feliz. Para confrontar las cualidades Lilith tendremos que separarnos psicológicamente de nuestra familia de origen. Nuestros padres probablemente fueron cómplices en animarnos a divorciarnos de nuestros instintos de asertividad. Aunque este no sea nuestro caso, la integración de las cualidades oscuras siempre exige que nos convirtamos en una versión de nosotras mismas que todavía no conocemos. No podemos ser la niña de nuestros progenitores y la persona en la que hemos de convertirnos. Como escribe el mitólogo Michael Meade: «Es difícil para los padres ver la naturaleza interna de su hijo o hija a través del velo de sus propias expectativas. Y cada niño o niña es portador de algo que está esperando manifestarse en el mundo, al otro lado de la puerta que lo separa de sus progenitores».[4] La muchacha del cuento ha de abandonar su hogar para encontrarse con su destino. Del mismo modo, Lucie tuvo que hacer un arduo trabajo interior para separarse de la identidad que su madre le había impuesto. Marcharse de casa, es decir, discriminar entre nuestros valores y los de nuestra familia, es el primer paso hacia la madurez psicológica.

La heroína del cuento sufre mucho hasta que conoce a la reina, que puede ver su verdadera naturaleza y la anima a que tenga su fatídico encuentro en la montaña. Aunque podamos ver a la reina como una figura interna, como una fuente de sabiduría y apoyo interior, a veces también conocemos personas así en el mundo exterior. Ese tipo de personas es capaz de ver nuestro carácter básico e incitarnos a que lo reivindiquemos. La doncella del cuento halla el valor para afrontar su aspecto oscuro e incluso hacerse su amiga. Eso no es tarea fácil. Cuando nos hemos pasado la vida evitando conocer nuestro potencial para la fealdad, afrontar esto puede ser aterrador, humillante e incluso desestabilizador.

En mi terapia con Lucie, en ocasiones le hacía ver que, en realidad, no era una persona muy agradable. Su verdadera naturaleza era explosiva, apasionada, desagradable e incisiva. Estas eran cualidades maravillosas, pero no se las permitía tener. Para ella no era agradable oírme decir que no creía que fuera una persona dulce y complaciente por naturaleza. Con el tiempo, empezó a sentir que podía expresar estos otros aspectos de sí misma.

Cambiar nuestro destino no es un proceso fácil y directo. No hay una sola receta para la transformación. Con frecuencia, quienes vienen a terapia llegan a ser conscientes de su «terrible destino»: las actitudes internas, las constelaciones de las heridas del pasado y los mandatos defensivos que los obligan a hacer algo y los frenan. Entonces, me preguntan con desesperación: «¿Qué hago al respecto?». La respuesta se refleja en esta historia. Para conseguir un cambio psicológico duradero, hemos de estar preparadas para afrontar esa parte de nosotras mismas que nos frena, y luego, hemos de estar dispuestas a mantener la relación. La princesa le devuelve paciente y persistentemente el pan a su Moira, sin guardarle rencor. No desea dominarla o hacer que se rinda, solo tiene un ardiente deseo de ser reconocida y recibida. Cuando realmente queremos transformar algún aspecto doloroso de nuestra vida, hemos de estar muy pendientes de él, para darnos cuenta de nuestros patrones diarios, para sentir curiosidad sobre qué nos motiva y para buscar nuevas formas de plantearnos asuntos antiguos y persistentes. Tendremos que dirigirnos a esas partes oscuras y turbias con un rostro amable, con la intención de conocerlas. Las encontraremos en sueños, y esto nos dará la oportunidad de aprender de ellas. Tendremos fe en que las cosas cambiarán, aunque nos cueste creerlo.

El poeta Rainer Maria Rilke aconsejó a otro joven poeta, de un modo que capta la naturaleza del proceso de transformación reflejado en la imagen de echar el pan:

> Tenga paciencia con todo lo no resuelto en su corazón e intente amar *las preguntas mismas* como habitaciones cerradas y como libros escritos en un idioma muy extraño. No busque ahora las respuestas que no pueden serle dadas, porque no podría vivirlas. Y se trata de vivirlo todo. *Viva* ahora las preguntas. Quizás así, gradualmente, sin darse cuenta, un día lejano llegue a vivir la respuesta.[5]

Cuando vamos a tientas para hallar un modo de seguir adelante y no estamos seguras de qué vamos a hacer, hemos de seguir echando pan a nuestro destino, seguir viviendo y seguir amando nuestras preguntas.

Los filósofos griegos de la Antigüedad hablaron de amar a nuestro destino o *amor fati*. Para amar nuestro destino tendremos que hacer sitio a todas nuestras partes desagradables. Después de habernos pasado la vida negando una parte de nuestra alma, esta se vuelve salvaje y descontrolada. No será fácil domarla. No conseguiremos la integración haciendo un esfuerzo superficial. Nuestro intento de conectar con nuestra parte salvaje y nuestra ferocidad ha de ser sincero. Hemos de estar dispuestas a ofrecer algo que nos importe. Cuando la primera hermana de *El pájaro del brujo* le da pan al brujo, le está entregando su fuerza vital a una energía saboteadora que la engullirá y terminará controlándola. Cuando la princesa le da pan a su Moira, está alimentando una parte vital de sí misma y relegada durante mucho tiempo y la está acogiendo de nuevo en casa.

Las cualidades proscritas de Lucie estaban tan reprimidas que, al principio, solo podía experimentarlas a través de las de Kira, hacia la cual sentía envidia y odio. Lucie trabajó intensamente para reconciliarse con sus cualidades odiosas. Parte de su trabajo consistió en permitirse un acercamiento a Kira. Al cabo del tiempo, llegaría a amarlas tanto en Kira como en ella misma. Esta transformación cambió el centro de gravedad en su personalidad. Ya no sentía que tenía que ser compulsivamente amable. Empezó a poner límites a las personas y a las situaciones que le restaban energía y reivindicó más tiempo para escribir. Cultivó las relaciones que le aportaban algo y mejoró su actitud para permitirse sentir placer. Realmente, cambió su destino.

Cuando estamos conectadas tanto con nuestras cualidades relacionales y de entrega a los demás como con las asertivas y proscritas, cambia nuestra manera de vivir en el mundo. No nos sentimos oprimidas. Estamos más cómodas en nuestra piel. Experimentamos menos inseguridad y más alegría. Al enfrentarnos a las dificultades, tendremos más recursos internos a los que recurrir. Sea cual fuere nuestro destino, podremos afrontarlo con capacidad de acción y resiliencia.

PREGUNTAS PARA REFLEXIONAR

1. Parece que nunca le sale nada bien a la heroína de *La princesa maldita*. ¿En qué momentos de tu vida has sentido que nada te salía como tú querías, como si estuvieras bajo una maldición? ¿Cómo interpretas esa situación? ¿Qué hiciste para intentar cambiar tu destino?

2. Cuando la princesa se da cuenta de que ella es la razón por la que sus hermanas no se pueden casar, decide marcharse. Se va de casa para conocer a su Moira. ¿En qué momento de tu vida has tomado la decisión valiente de dejar atrás lo que te era familiar? ¿Cómo te han funcionado esas experiencias?

3. La princesa trabaja para una reina que entiende su situación y que puede ayudarla. No halló la misma comprensión y ayuda en su madre. A veces hemos de encontrar a alguien que no sea de nuestra familia para que nos ayude a entender nuestro destino y sepamos qué hemos de hacer al respecto. Este duro trabajo de cambiar nuestro destino siempre exige la separación psicológica de nuestros padres. ¿En qué momento de tu vida has encontrado ayuda externa para entenderte a ti misma que no encontraste en tu familia de origen?

4. La princesa ha de hallar a su Moira y convencerla de que acepte su regalo. Afrontar nuestro destino significa ser capaces de reconocer nuestros puntos fuertes, nuestras limitaciones inherentes y nuestra situación en la vida. ¿Cuándo te ha pedido la vida que afrontes tu destino? ¿Cuál fue el resultado?

5. La Moira de la princesa le da un ovillo de hilo, pero, al principio, no está claro cómo la va a ayudar esto. A veces, la vida nos trae regalos extraños que no sabemos cómo nos van a ayudar. ¿Cuáles son los talentos o acontecimientos afortunados que te han sucedido, pero que, al principio, no tenías claro cómo iban a beneficiarte? ¿Cómo se han desarrollado con el tiempo en tu vida?

EPÍLOGO

EL REENCUENTRO CONTIGO MISMA

El fuego te atraviesa. Eso que te guía
te fuerza hacia tu camino.

C. G. Jung, *El libro rojo*

El fuego es un antiguo símbolo de transformación. Purifica quemando lo que ya no sirve. Funde lo que se ha vuelto rígido y altera la naturaleza básica de aquello que toca. Si hay partes de nosotras que se han quedado aletargadas o carentes de sentido, encender de nuevo nuestra chispa vital puede aportarnos calidez, vivacidad y la ardiente autenticidad que procede de estar conectadas con nuestro fuego central.

No es fácil conservar nuestra conexión con el fuego central. Su intensidad puede ser demasiado fuerte; por tanto, nos distraemos y distanciamos de él. Nos resulta más fácil concentrarnos en lo que nos pide el mundo exterior y nos olvidamos de cuidar nuestra llama interior. Recuperar las brasas candentes que dejamos atrás en el leñero es un proyecto de por vida. Cuando nuestra mejor versión se ha convertido en una desconocida, conseguir que vuelva a casa será una tarea agridulce. Tendremos que reconocer los años perdidos. Tendremos que abandonar las fantasías que nos han servido de consuelo. Pero volveremos a ser nosotras mismas. Nos renovaremos. Hay un poema de Derek Walcott que describe este tierno retorno.*

Tu destino es ser consumida por las llamas de la vida; todas podemos elegir aceptar nuestro destino o alejarnos de él. Reivindicar nuestra capacidad para la agresividad creativa y la sexualidad apasionada, para ser audazmente desagradables, hábiles embaucadoras, ardientes deseosas, astutas sagaces, furiosas empoderadas y autoritarias valientes nos ayudará a encender nuestra vida. Cuando incorporemos estas cualidades en nuestra conciencia, dejarán de presentarse de maneras ineficaces y pasivo-agresivas; todo lo contrario, estarán a nuestra disposición para utilizarlas al servicio de nuestro crecimiento personal. Se convertirán en parte de nuestro repertorio, junto con aquellas cualidades que nos sirven para cuidar a los demás: crianza, empatía, amabilidad, gentileza y generosidad. Cuando tengamos acceso a los dos grupos de cualidades, viviremos en el mundo siendo más conscientes, más poderosas y con más capacidad de acción.

Integrar estas cualidades no será fácil. Tendremos que trascender la seguridad y la limitación del concepto que tenemos sobre nosotras mismas. Tendremos que explorar habitaciones prohibidas, dar voz a pensamientos vedados y empuñar nuevas armas. La llamada para aprender a ser astutas, las incitaciones a la sensualidad y la exigencia de reclamar el deseo romperán las costuras de las ajustadísimas prendas que nos hemos hecho a medida. Tendremos que acostumbrarnos a ser más grandes.

Jung habló de las ventajas de vivir plenamente, de aquellos que «llenan la probeta de la vida [...] y la vacían hasta los posos». Predijo que, en tales casos, «estas personas no dejan nada atrás, todo lo que quería ser incinerado ha sido consumido, y reciben con agrado la

* N. del E.: El poema se titula «Love After Love» (El amor después del amor) y se encuentra en la obra Sea Grapes.

paz de la vejez».[1] Si encontramos las brasas candentes que se ocultan bajo la ceniza gris, podremos vivir con más fogosidad, prendiendo fuego a todo el material combustible que nuestra naturaleza nos ha aportado. Podremos bebernos hasta los posos de la vida y no dejar nada por quemar. Y podremos volver al hogar de nuestra naturaleza esencial. Podremos regresar.

AGRADECIMIENTOS

Este libro es una especie de estofado. En él, he combinado distintos ingredientes de diversas fuentes. Tal vez haya cortado, rebanado y sazonado, pero muchas de las ideas de este libro las he aprendido de mis profesores, incluidos autores junguianos e instructores de mi programa de formación junguiana, así como del propio C. G. Jung. Sin embargo, hay algunas ideas que surgieron de discusiones con colegas y amigos o en el proceso del trabajo terapéutico con mis pacientes. De modo que ha habido tantas contribuciones en el desarrollo de estas ideas que no sería posible mencionar a todas las personas implicadas, pero hay unas cuantas con las que me siento especialmente en deuda.

Las voces de Joseph Lee y Deb Steward se dejan oír en cada página. Son mis compañeros de pensamiento y mejores amigos. Doy las gracias a Anne Walsh por sus consejos y reflexiones, especialmente durante los últimos años. Me siento en deuda con Julie Bondanza por todos sus años de enseñanzas y supervisión. La sección de las Erinias no podría haberla escrito sin su ayuda, y fue tan generosa con su tiempo que se permitió volver a hablar de este tema una segunda vez. Allison Colby me ayudó a pulir mis ideas como amiga y como una de las primeras lectoras de mi manuscrito. Hanne Steen me apoyó en mi primer libro y ha hecho importantes contribuciones en este otro. Parand Meysami y Manijeh Rabiei-Roodsari me aconsejaron con profundidad sobre el sentido de uno de los cuentos. Aunque ese cuento no se ha incluido en la versión final de este libro, les estoy muy agradecida por compartir conmigo sus conocimientos.

También estoy muy agradecida a mis pacientes, gracias a las cuales he aprendido mucho. Mi agradecimiento especial a las que generosamente me han autorizado a utilizar su material. Gracias a las mujeres que han venido a mis retiros, donde trabajamos con algunos de los cuentos de este libro. Las reflexiones y experiencias que compartimos me han ayudado a definir mis ideas; os estoy muy agradecida por ello.

Bea González y Lewis LaFontaine han sido ambos importantes recursos. Las cuentas en las redes sociales de Bea (@SophiaCycles) ofrecen una generosa cantidad de citas de Jung, y siempre ha estado dispuesta a ayudarme a encontrar algo cuando se lo he pedido. El sitio web de Lewis (carljungdepthpsychologysite.blog) ha sido una gran ayuda las numerosas veces que he buscado citas, y también me ha ayudado generosamente a buscar la referencia de dichas citas. Roxy Runyan ha sido una publicista flexible, animosa e incondicional. Faith Tillery diseña extraordinarios sitios web para escritores y siempre está alegre y dispuesta a ayudar, a pesar de que hay momentos en que soy muy desorganizada. Estoy muy agradecida por la valiosa ayuda de mi asesora de literatura, filmografía y videojuegos, mi hija.

No tengo palabras para agradecer la labor de reconocimiento de Adriana Stimola. Siempre ha reconocido el valor de mi trabajo y siempre ha tenido una palabra de ánimo para mí. Todavía no estoy segura de lo que hice en alguna vida pasada para merecer a Haven Iverson como editora. Es sistemáticamente amable, alentadora y motivadora, pero al mismo tiempo tiene buen ojo editorial. Encarna la poderosa combinación de cualidades que he intentado describir en este libro. Mi más sincero agradecimiento a todo el equipo de Sounds True. Ha sido el lugar perfecto para mis libros.

Por último, infinitas gracias a Dom por su paciencia y apoyo. Soy muy afortunada de tenerte junto a mí en este viaje.

NOTAS

Introducción

1. Siegmund Hurwitz, *Lilith, the First Eve: Historical and psychological Aspects of the Dark Feminine* [Lilith, la primera Eva: aspectos históricos y psicológicos de lo femenino oscuro], edición Kindle (Einsiedeln, Suiza, Editorial Daimon, 2012), 119.
2. Marie-Louise von Franz, prólogo de *Lilith, the First Eve*, de Hurwitz, 13.
3. Murray Stein, *El mapa del alma* (Barcelona, Luciérnaga CAS, 2004).
4. Jennifer Connellan y otros, Sex Differences in Human Neonatal Social Perception, *Infant Behavior and Development 23*, n.º 1 (enero de 2000), 113-118, doi.org/10.1016/s0163-6383(00)00032-1.
5. Carol Gilligan, *In a Different Voice: Psychological Theory and Women's Development* [Con otra voz: teoría psicológica y desarrollo femenino] (Cambridge, Massachusetts, Harvard University Press, 2016).
6. Paul Holdengraber, Adam Phillips, The Art of Nonfiction n.º 7, *Paris Review*, n.º 208 (primavera de 2014), theparisreview.org/interviews/6286/the-art-of-nonfiction-no-7-adam-phillips.
7. Marie-Louise von Franz, *The Interpretation of Fairy Tales* [La interpretación de los cuentos de hadas], (Boston, Massachusetts, Shambhala, 1996), 2.
8. Heinz Westman, *The Springs of Creativity* [Las fuentes de la creatividad], (Londres, Routledge & Kegan Paul, 1961), 12.
9. C. G. Jung, *Obra completa, vol. 8, La dinámica de lo inconsciente*, 2.ª ed. (Madrid, Trotta, S.A., 2022).
10. Obituary: Grandma Moses Is Dead at 101; Primitive Artist «Just Wore Out», *The New York Times*, 14 de diciembre de 1961, timesmachine.nytimes.com/timesmachine/1961/12/14/118526623.html?pageNumber=1.
11. Arnold B. Cheyney, *People of Purpose: 80 People Who Have Made a Difference* [Personas con propósito: 80 personas que han marcado la diferencia], (Parsippany, Nueva Jersey, Good Year Books, 1998), 110.

12. C. G. Jung, *Obra completa, vol. 14, Mysterium Coniunctionis: investigación sobre la separación y la unión de los opuestos anímicos en la alquimia* (Madrid, Trotta, S.A., 2002).

Capítulo 1

1. C. G. Jung, *Obra completa, vol. 8, La dinámica de lo inconsciente*, 2.ª ed. (Madrid, Trotta, S.A., 2022).
2. Mary Bray Pipher, *Reviving Ophelia: Saving the Selves of Adolescent Girls* [Resucitar a Ofelia: salvar los yoes de las jóvenes adolescentes], (Nueva York, Nueva York, Riverhead Books, 2005), 19.
3. Liz Dennerlein, Study: Females Lose Self-Confidence Throughout College, *USA Today*, 26 de septiembre de 2013, usatoday.com/story/news/nation/2013/09/26/study-females-lose-confidence-college/2871111/.
4. Katty Kay y Claire Shipman, The Confidence Gap, *The Atlantic*, mayo de 2014, theatlantic.com/magazine/archive/2014/05/the-confidence-gap/359815/.
5. Clarissa Pinkola Estés, *Mujeres que corren con los lobos* (Barcelona, B De Bolsillo, 1998).
6. Marie-Louise von Franz, *The Collected Works of Marie-Louise von Franz: Archetypal Symbols in Fairytales, vol.3, The Maiden's Quest* [Obra completa: símbolos arquetípicos en los cuentos de hadas, La búsqueda de la doncella, vol. 3], (Asheville, Carolina del Norte, Chiron Publications, 2021).
7. *Ex Machina*, dirigida por Alex Garland (Santa Mónica, California, Universal City Studios Productions, 2014), 1:48 minutos de duración.
8. Edward F. Edinger, *Ego y arquetipos* (Madrid, Editorial Sirena de los Vientos, 2018).

Capítulo 2

1. Yanna J. Weisberg, Colin G. DeYoung y Jacob B. Hirsh, Gender Differences in Personality Across the Ten Aspects of the Big Five, *Frontiers in Psychology 2* (agosto de 2011): 178, doi.org/10.3389/fpsyg.2011.00178.
2. Christian Jarrett, Do Men and Women Really Have Different Personalities? *BBC Future*, 12 de octubre de 2016, bbc.com/future/article/20161011-do-men-and-women-really-have-different-personalities.
3. C. G. Jung, *Obra completa, vol. 7, Dos escritos sobre psicología analítica* (Madrid, Trotta, 2007).

4. James Hollis, *Mythologems: Incarnations of the Invisible World* [Mitologemas: encarnaciones del mundo invisible], (Toronto, Canadá, Inner City Books, 2004), 62.
5. Safron Rossi, *The Kore Goddess: A Mythology and Psychology* [La diosa Kore: mitología y psicología], (Arroyo Grande, California, Winter Press, 2021).
6. Natalia Klimczak, 2,500-Year-Old Mummified Crocodile Yields Surprises, *Ancient Origins*, última actualización 18 de noviembre de 2016, ancient-origins.net/news-history-archaeology/2500-year-old-mummified-crocodile-yields-surprises-007031.
7. Lora E. Park, Ariana F. Young y Paul W. Eastwick, (Psychological) Distance Makes the Heart Grow Fonder: Effects of Psychological Distance and Relative Intelligence on Men's attraction to Women, *Personality and Social Psychology Bulletin 41*, n.º 11 (2015), 1459-1473, doi.org/10.1177/0146167215599749.
8. *El castillo ambulante*, dirigida por Hayao Miyazaki (Tokyo, Japón, Studio Ghibli, 2004), duración: 1:59.
9. *Ibid*.
10. *Ibid*.
11. Dorothy Parker, *Enough Rope: A Book of Light Verse* [Cuerda suficiente: un libro de versos ligeros], (Bristol, Reino Unido, Ragged Hand, 2022), 72.

Capítulo 3

1. Mark Winborn, *Interpretation in Jungian Analysis: Art and Technique* [Interpretación en análisis junguiano: el arte y la técnica], (Nueva York, Nueva York, Routledge, 2019).
2. Clarissa Pinkola Estés, *Mujeres que corren con los lobos* (Barcelona, B De Bolsillo, 1998).
3. *Yo, Tonya*, dirigida por Craig Gillespie (Los Ángeles, California, Lucky Chap Entertainment, 2017), 1:59 de duración.
4. *Ibid*.
5. Heidi Anne Heiner, *Sleeping Beauties: Sleeping Beauty and Snow White Tales from Around the World* [Bellas durmientes: cuentos de La bella durmiente y Blancanieves de todo el mundo], (Nashville, Tennessee, SurLaLune Press con CreateSpace, 2010).
6. C. G. Jung, *C. G. Jung Letters*, vol. 1, 1906-1950, [En castellano, está Carl Gustav Jung, Sigmund Freud, correspondencia de Editorial Trotta], ed. Gerhard Adler y Aniela Jaffe (Nueva York, Routledge, 1973), 237.

7. *El mago de Oz*, dirigida por Victor Fleming (Beverly Hills, California, Metro-Goldwyn-Mayer, 1939), duración 1:42.
8. *Ibid*.
9. *Ibid*.
10. *Ibid*.
11. *Ibid*.
12. *Ibid*.
13. David Kealy, George A. Hadjipavlou y John S. Ogrodniczuk, On Overvaluing Parental Overvaluation as the Origins of Narcissism, *Proceedings of the National Academy of Sciences 112*, n.º 23 (2015): E2986, doi.org/10.1073/pnas.1507035112.
14. Dieter Baumann, Quo Vadis, Helvetica?, en *The Rock Rabbit and the Rainbow*, ed. Robert Hinshaw (Einsiedeln, Suiza, editorial Daimon, 1998), 110.

Capítulo 4

1. *Quo Vadis, Aida?*, dirigida por Jasmila Žbanić (Sarajevo, Bosnia y Herzegovina, Deblokada Film, 2020), duración 1:41.
2. *I Love Lucy*, Return Home From Europe [Regreso a casa desde Europa], dirigido por James V. Kern, guion de Jess Oppenheimer, Madelyn Davis y Bob Carroll, presenta a Lucille Ball, Desi Arnaz y Vivian Vance, emitido el 14 de mayo de 1956.
3. Richard Burton, *The Richard Burton Diaries* [Los diarios de Richard Burton], editor Chris Williams (New Haven, Connecticut, Yale University Press, 2012), 352.
4. Lucille Ball, *Love, Lucy* (Nueva York, Berkley, 2022), vii.
5. Lewis Hyde, *Trickster Makes This World: Mischief, Myth, and Art* [El embaucador hace el mundo: travesura, mito y arte], (Nueva York, Farrar, Straus y Giroux, 2010), 9.
6. *Ibid.*, 13.

Capítulo 5

1. David Shipman, *Judy Garland: The Secret Life of an American Legend* [Judy Garland: la vida secreta de una leyenda americana], (Nueva York, Hyperion, 1994).
2. C. G. Jung, *Visions: Notes of the Seminar Given in 1930-1934* [Visiones: notas sobre el seminario impartido en 1930-1934], volumen 2, ed. Claire Douglas (Princeton, Nueva Jersey, Princeton University Press, 1997), 758.

3. C. G. Jung, *El Zaratustra de Nietzsche*, vol. 2 (Madrid, Editorial Trotta, 2021).
4. San Mateo, 13: 45-46.
5. Charles Dickens, *Oliver Twist* (Barcelona, Editorial Vicens Vives, 2013).
6. Leslie Jamison, Why Everyone Feels Like They're Faking It, *The New Yorker*, 6 de febrero de 2023, newyorker.com/magazine/2023/02/13/the-dubious-rise-of-impostor-syndrome.
7. Brené Brown, Listening to Shame | Brené Brown, TED, 16 de marzo de 2012, vídeo de YouTube, 20:38, youtube.com/watchv=psN1DORYYV0&ab_channel=TED.

Capítulo 6

1. M. Esther Harding, *Los misterios de la mujer* (Barcelona, Obelisco, 2022).
2. Christine Downing, *Myths and Mysteries of Same-Sex Love* (Lincoln, Nebraska, Authors Choice Press, 2006), 205.
3. Jean H. Him, Wilson S. Tam y Peter Muennig, Sociodemographic Correlates of Sexlessness Among American Adults and Associations with Self-Reported Happiness Levels: Evidence from the U.S. General Social Survey, *Archives of Sexual Behavior 46*, n.º 8 (noviembre de 2017), 2403-2415, doi.org/10.1007/s10508-017-0968-7.
4. Joanne Bagshaw, Why Do Lesbians Have More Orgasms than Straight Women?, *Psychology Today*, 16 de febrero de 2016, psychologytoday.com/us/blog/the-third-wave/201602/why-do-lesbians-have-more-orgasms-straight-women.
5. Downing, *Myths and Mysteries*, 210.
6. *Ibid*., 197.
7. *Ibid*., 211.

Capítulo 7

1. Siegmund Hurwitz, *Lilith, the First Eve: Historical and psychological Aspects of the Dark Feminine* [Lilith, la primera Eva: aspectos históricos y psicológicos de lo femenino oscuro], edición Kindle (Einsiedeln, Suiza, Editorial Daimon, 2012), 36.
2. Esquilo, *La Orestiada* (Barcelona, Editorial Juventud, 2001).
3. *Ibid.*
4. David Whyte, *La belleza oculta de las palabras cotidianas: el sustento y el significado esencial de las palabras cotidianas* (Barcelona, Ediciones Koan, 2021).
5. Dorsha Hayes, *The Bell Branch Rings* [La rama de la campana suena] (Nueva York, W. L. Bauhan, 1972), 26.

Capítulo 8

1. Blanche Wiesen Cook, *Eleanor Roosevelt: Volume One: 1884-1933* (Nueva York, Nueva York, Penguin, 1993), 179.
2. *Ibid.*, 179.
3. Linda Schierse Leonard, *La mujer herida* (Barcelona, Ediciones Obelisco, 2005).

Capítulo 9

1. Susan Brownmiller, This Is Fighting Shirley Chisholm, *The New York Times*, 13 de abril de 1969.
2. Evelyn M. Simien, *Historic Firsts: How Symbolic Empowerment Changes U.S. Politics* [Los primeros en la historia: cómo el empoderamiento simbólico cambia la política de Estados Unidos], (Nueva York, Nueva York, Oxford University Press, 2016), 32.
3. *El diablo viste de Prada*, dirigida por David Frankel (Los Ángeles, California, Fox 2000 Pictures, 2006), duración 1:49 minutos.
4. *Ibid.*
5. *Ibid.*
6. *Ibid.*
7. *Ibid.*
8. Edward F. Edinger, *Ego y arquetipos: una ventana a los símbolos de transformación* (Toledo, España, Sirena de los Vientos, 2018).

Capítulo 10

1. C. G. Jung, *Obra completa, volumen 12, Psicología y alquimia* (Madrid, Trotta, 2015).
2. C. G. Jung, *Obra completa, volumen 10, Civilización en transición* (Madrid, Trotta, 2001).
3. C. G. Jung, *Obra completa, volumen 9, parte 2, Contribuciones al simbolismo del sí-mismo* (Madrid, Trotta, 2011).
4. Michael Meade, *The Water of Life: Initiation and the Tempering of the Soul* [El agua de la vida: iniciación y el atemperamiento del alma] (Seattle, Washington, Greenfire Press, 2006), 35.
5. Rainer Maria Rilke, *Cartas a un joven poeta*, trad. Sebastián Bermejo (Barcelona, Letra Minúscula, 2024).

Epílogo

1. C. G. Jung, *Obra completa, volumen 8, La dinámica de lo inconsciente* (Madrid, Trotta, 2022).

SOBRE LA AUTORA

Lisa Marchiano, licenciada en Trabajo Social Clínico, es analista junguiana y escritora. Es una de las anfitrionas del popular pódcast de psicología de lo profundo *This Junguian Life* (Esta vida junguiana). Es profesora en el Instituto C. G. Jung de Filadelfia, y enseña y da conferencias en numerosos lugares. Lisa es autora de *Maternidad, un viaje heroico*. Vive y trabaja en Filadelfia.